2020 年浙江工业大学重点建设教材项目

浙江省普通本科高校"十四五"重点立项建设教材

Social Survey
Design and Evaluation

社会调查
设计与评估

主　编　◎祝建华

副主编　◎陈　忱　肖云泽　傅　衍

ZHEJIANG UNIVERSITY PRESS
浙江大学出版社
·杭州·

图书在版编目（CIP）数据

社会调查：设计与评估 / 祝建华主编. -- 杭州：
浙江大学出版社，2023.8
ISBN 978-7-308-24044-4

Ⅰ．①社… Ⅱ．①祝… Ⅲ．①社会调查—调查方法
—教材 Ⅳ．①C915

中国国家版本馆CIP数据核字(2023)第134271号

社会调查：设计与评估
SHEHUI DIAOCHA: SHEJI YU PINGGU

主　编　祝建华

副主编　陈　忱　肖云泽　傅　衍

策划编辑　柯华杰
责任编辑　郑成业
责任校对　高士吟
封面设计　春天书装
出版发行　浙江大学出版社
　　　　　（杭州市天目山路148号　　邮政编码　310007）
　　　　　（网址：http://www.zjupress.com）
排　　版　杭州林智广告有限公司
印　　刷　杭州杭新印务有限公司
开　　本　787mm×1092mm　1/16
印　　张　18
字　　数　320千
版 印 次　2023年8月第1版　2023年8月第1次印刷
书　　号　ISBN 978-7-308-24044-4
定　　价　59.00元

前　言

　　社会调查广泛应用于政治学、社会学、管理学、传播学、人口学、文秘专业等社会科学，也越来越多地应用于各级政府的政策研究以及民政、计划生育、工会、妇联、共青团等实际工作部门的工作中，是一项重要的方法技术。"社会调查方法"是行政管理、公共事业管理等多个专业的必修课。作为一门方法类课程，它具有综合性、方法性和实践性，以社会调查基本原理与具体方法为核心，重点介绍社会调查的概念与特征、一般程序、选题、研究设计、抽样的技术、概念操作化的技术、问卷设计的技术、访谈的技术、研究报告的撰写方法。通过理论教学与研究实践相结合，这门课程帮助学生系统掌握社会调查的基本概念、理论、方法和技术，树立科学精神，培育方法素养，重点培养学生的家国情怀、科学精神、社会责任感以及知行合一的品质和团结协作的大局观。与此同时，社会调查的环境也发生了很大的变化，大数据、人工智能的不断发展带来了新的机遇和挑战。为了适应新时代社会调查的特点，更好地服务于新文科人才的培养，我们计划出版一本以社会调查为主题的新形态教材。经过将近 3 年时间的努力，教材终于得以付梓。本教材是"社会调查方法"课程教学团队共同努力的成果。

　　本教材在结构上分为两个部分，一共十二章，内容涵盖了社会调查方法的核心体系和具体应用。第一部分是关于社会调查方法的设计，第二部分介绍了如何运用社会调查方法进行评估。这两个部分既相互独立，又紧密关联。

　　第一部分为社会调查方法的设计，对社会调查的方法体系进行了系统介绍，主要包括第一章到第十章的内容：第一章是导论，强调了在社会研究中具有科学精神与方法素养的重要性，对社会调查涉及的相关概念和一般程序进行了概述；第二章是选择调查课题，介绍了文献综述的具体方法；第三章是调查方案的设计，厘清了调查对象与研究对象的区别，搭建起调查方案的基本框架；第四章是抽样，对当前最典型的几种抽样方法进行了介绍，尤其是在一些大型调查中运用得比较多的绘图抽样等方法；第五章是测量，这是问卷设计的"前奏"，介绍了测量的基本概念及主要量表的设计；第六章是问卷设计，这是本教材的核心内容之一，对问卷设计的各个环节进行了详细的介绍；第七章是调查资料的收集，介绍了几种主要的资料收集方法，尤其是结合问卷调查进行的资料收集方法；第八章是调查与资料收集的中国实践，结合中国社会的特征进行分析，针对社会调查中可能遇到的一些具有中国特色的现象和问题进行了探讨；第九章是调查资料处理及统计分析基础；第十章是结果呈现与调查报告的撰写。第一部分内容是社会调查的核心内容，读者可以通过学习这一部分系统地掌握社会调查的基本方法。第二部分是评估部分。近年来，社会项目评估、政策评估的重要性日益凸显，对相应的科学方法也提出了更高的要求。因此，这一部分主要介绍社会调查在社会项目和政策评估研究中的应用。主要包括两章内容：第十一章主要介绍了定量评估、定性评估以及综合评估的方法，尤其是社会调查方法在其中的应用；第十二章介绍了实地研究评估的方法，这是在偏重定量研究的社会调查方法基础上的必要拓展，尤其关注实际的政策研究中经常用到的观察和访谈技术。有关社会项目评估、政策评估的方法还有很多，由于篇幅的限制，本教材主要介绍几种与社会调查紧密相关的评估方法，更多的内容可参阅课程团队的其他著述。

本教材坚持"理论够用为度、突出实践教学"的宗旨，突出理论性、实践性、互动性、多元性四大特色，遵循高阶性、创新性、挑战度导向设置，力求培养解决复杂问题的综合能力和高级思维，介绍最前沿的抽样与调查方法，有机融合本土实践案例与前沿创新元素；紧扣"新文科"发展要求，融入新方法理论、新数字技术、新思政元素、新实践案例。本教材坚持前沿性与本土化结合，既注意社会调查的中国情境，又吸收中国社会研究的本土化成果和最新进展，同时将公共管理专业学生"爱党、爱祖国、爱社会主义、爱人民、爱集体"的"五爱"素养与"专业理解能力—社会调研能力—业务动手能力—管理实践能力—系统整合能力"的"五力"培养相融合。

近年来，大数据与人工智能飞速发展，正改变着人类的生活方式，极大地推动科技发展和人类文明进步。研判式和生成式的人工智能也在改变着整个教育界，对教育产生了巨大的影响。为了回应这种变化的大趋势，我们的教材也有必要突破传统，尽可能加入数字化的内容。本教材的绝大部分章节都配有相应的视频，扫描二维码就可以观看相应的课程内容；同时提供了大量的课程案例和练习，扫描二维码即可获得，增强了教材的数字互动性，拓展了教学内容，提升了教学效果，体现了"新形态"教材的独特性，有效回应了时代的需求。这是本教材区别于其他方法类教材的最大优势之一。后期在改编和修订教材的时候，我们也会不断地进行动态调整，使内容与时俱进。

　　感谢恩师风笑天教授，也感谢国内外众多从事方法研究与教学的同仁，本教材的很多观点都来源于各位大家的学术传承与传播，我们只是扮演了"搬运工"的角色。当然，这也激励我们要更加努力地投入到调查方法的研究与教学中，在实际的教学与研究中碰撞思想，汇聚真知灼见。

　　唯有登高，才能望远。

祝建华

2023 年 7 月于杭州西子湖畔

目 录
CONTENTS

第一章 导 论   1
    第一节   科学精神与方法素养   1
    第二节   社会调查概述   4
    第三节   社会调查的一般程序   11

第二章 选择调查课题   17
    第一节   选择调查课题   17
    第二节   文献综述的写作   31

第三章 调查方案的设计   42
    第一节   调查的目的与对象   42
    第二节   调查方案的基本框架   49

第四章 抽 样   54
    第一节   抽样的概念与程序   54
    第二节   概率抽样方法   62
    第三节   非概率抽样方法   73
    第四节   大型社会调查中的绘图抽样方法   77

第五章 测 量   84
    第一节   测量   84
    第二节   从理论到实际：操作化   92
    第三节   量表   98

第六章　问卷设计　　111

　　第一节　问卷的概念及结构　　111

　　第二节　问卷设计的核心遵循　　116

　　第三节　问卷设计的步骤　　119

　　第四节　问卷的主体设计　　122

第七章　调查资料的收集　　135

　　第一节　资料收集方法的类型与特点　　135

　　第二节　自填式问卷法　　139

　　第三节　结构式访问法　　147

　　第四节　资料收集的关键环节、访问技巧与

　　　　　　质量保证　　150

第八章　调查与资料收集的中国实践　　161

　　第一节　语境与问卷调查　　161

　　第二节　行政资源的影响　　165

　　第三节　被访者因素　　168

第九章　调查资料处理及统计分析基础　　172

　　第一节　调查数据的整理　　172

　　第二节　单变量统计与分析　　180

　　第三节　多变量统计与分析　　188

第十章　结果呈现与调查报告的撰写　　203

　　第一节　调查报告概述　　203

　　第二节　调查报告的撰写　　208

第十一章　定量、定性及综合评估方法　　　217

　　第一节　定量评估方法　　　217

　　第二节　定性评估方法　　　224

　　第三节　综合评估方法　　　234

第十二章　实地研究评估方法　　　248

　　第一节　实地研究与评估　　　248

　　第二节　访谈评估　　　256

　　第三节　观察评估　　　263

参考资料　　　272

后　记　　　277

第一章 导 论

第一节 科学精神与方法素养

具有一定科学精神和方法素养，是做好社会研究的一种保证。对于有志于社会科学事业的研究者来说，增强科学精神、提高方法素养是其进行社会学研究所必须修炼的基本功。

一、科学精神

科学精神是随着近代自然科学的诞生，在继承人类早期历史发展的思想遗产基础上逐渐发展起来的科学理念和科学传统的积淀，是科学文化深层结构中蕴涵的价值和规范的综合，体现着科学的哲学和文化意蕴。在社会学研究中，社会研究是提出问题并运用系统科学的方法寻求解决方案和方法的科学活动，而科学精神就是在进行社会研究中所必需的精神，无论研究者要研究什么问题、采用何种研究方法，都必须坚持科学精神。

科学精神是科学的方式方法、科学思想、科学行为规范及气质等凝结而成的综合结果，它包括科学发展所形成的优良传统、认知方式、行为规范和价值取向。科学精神体现在科学研究的各个环节中，是社会研究的立身之本。首先，社会研究应当遵守一切科学都必领遵守的逻辑性要求，也就是说，社会研究的推理假设判断、思维思考方式、论证过程与结果都必须符合逻辑，逻辑性为社会研究的科学性提供了基本规范和准则；其次，社会研究必须有很强的系统条理性和规范严密性，从社会研究的规划设计、程序设置、方法选择，到具体的调查研究、理论分析、实证分析，都必须做到系统化、条理化、规范化、严密化，不能存在过分的漏洞和偏差，更不能似是而非；再次，社会研究的全过程都应当符合社会现实和客观条件，作为一种经验性的探索，一方面，社会研究应当从社会实际条件出发，在客观合理的范围内进行，另一方面，社会研究是为了回答和解决现实问题，具有回应性；最后，社会研究是在研究者与研究对象互动过程中进行的活动，研究者应当具备实事求是、求真务实、开拓创新的科学态度。

一项完美的科学研究，应当具有深刻的理论性、逻辑性、创新性、回应性。在社会研究过程中，研究者应当始终秉持科学的理念和精神，认真学习和理解理论著作，并在其指引和熏陶下循着科学的道路不断创新实践。在研究和探索的过程中，我们会遇到各种各样的问题、挑战、考验。但是，我们仍应当以科学精神迎难而上，这主要是因为：第一，科学精神是实证的，科学的实践活动是检验科学理论真理性的唯一标准；第二，科学精神是可重复、可检验的，科学研究的规律应具备可重复、可检验原则；第三，科学精神须经过严格精确的分析，科学不停留在定性描述层面上，要有确定性、精确性；第四，科学精神要有协助精神，现代科学研究项目规模较大，往往需要依靠多学科和社会多方面的协作支持，才能有效地完成任务。

总的来说，社会研究是一个螺旋式上升的探索认知过程，不存在永恒的真理，研究者应当在反复的"求真"与"证伪"的过程中不断思考、探索和求证，在科学精神的指引和指导下坚守初心，不断探寻。

二、方法意识与方法素养

一名合格的社会研究者，除了应当具备科学精神外，还须具备方法意识和方法素养。作为一种经验性探究活动，社会研究在遵循基本思维逻辑要求的同时，还面临着大量操作性、技术性的实践问题。对于此类问题，仅凭抽象的理论概念或具体方法和技术的学习是不够的，还需要具有较强的方法意识和方法素养。

方法意识是主观性的，研究者在实际解决问题和实践探索过程中，能够积极主动地在思想上从方法的角度去思考、去分析、去判断、去选择。在社会研究中，研究者应当不断地增强自己的方法意识，要注意避免受到传统思维定式的影响。避免盲目追求不切实际的"最佳"结果。最优解在现实生活中几乎是不存在的，因为有太多的影响因素，所以研究者应当探寻的是"最适合、最适用"的解答。也就是说，社会研究者应当具备方法意识并不是要评判研究方法的优劣，而是在于切实把握不同研究方法所体现出的共同的科学精神。具有方法意识的研究者可以在进行研究时自然而然地从方法的角度去思考，倘若缺乏这种方法意识，社会研究者则可能因此而无法有效实践，研究效果大打折扣。

方法素养则是将方法意识内化于心、外化于行的结果，它是经过一定时间的刻意培养而形成的，反映了社会研究者在理解和解释社会现象的过程中采取各种社会现实的方式方法的综合应用能力和实践能力。它在一定程度上意味着社会研究者在从事一项经验研究时所能达到的系统性、科学性、周密性的能力。社会研究者应当不断提高自身的方法素养，将社会研究的方法意识从刻意关注升华到自发思考，将方法意识内化成本能的行为素养，从而在处理研究问题时能够科学地选择恰当的研究方法、明确什么样的研究问题应该采用何种研究方法、为什么采取这种研究方法以及采用这种方法的好处和局限性，并能整合运用诸多具体的研究技术和手段，使其内化为解决问题的思路和方法。

在社会学研究中，方法与理论不是彼此孤立的关系，而是紧密联系、相互支撑的，它们共同为解决社会学问题而存在。理论往往是抽象的、概括的、深刻的，而方法总是具体的、琐碎的。但是，研究方法不仅是研究问题的方法，更是理论指导下的方法。

综上所述，科学精神、方法意识、方法素养是做好社会研究的三要素，一个优秀的社会研究者应当同时具备这三种基本素质。研究者在研究过程中应当秉持着科学的理念和精神，严格遵循调研过程中的基本逻辑和规范，尊重调研过程事实，客观记录分析，主动选择运用恰当的社会统计分析工具和方法来协助研究。

第二节　社会调查概述

一、社会研究的主要方式

社会研究的主要方式

　　社会研究是为了更好地认识社会、解决社会问题、探讨社会发展客观规律和推动社会发展而进行的研究。社会研究需要通过社会研究方式来实现。社会研究方式（research mode）是指研究者在社会研究过程中所采用的具体的工作方式，即研究者采用的与研究目的相关联的研究条件控制、资料获取、信息解读、分析等规范性的程序[①]。目前应用较为普遍的研究方式是调查研究、实地研究、实验研究、文献研究四种。每一种类型的研究方式都具有特定的优势和局限，每一种研究方式都可以独立地完成一项具体的社会研究，它们都是社会研究中重要的研究策略。

1. 调查研究

　　调查研究（survey research）是社会研究中最常见的研究方式，是通过自填式问卷或结构式访问来对样本资料推估总体信息以认识其规律的量化研究方法。其广泛应用于社会生活的诸多领域，可以对社会生活状况进行调查，也可以对社会问题进行调查，还可以进行市场调查、民意调查以及学术调查。抽样、问卷设计、统计分析都充分体现了其定量的技术特征：第一，调查研究要求通过随机抽样来获取样本资料，且样本容量应当较大，一般现代社会调查样本容量应大于 300 个；第二，调查问卷是资料收集的重要工具，它联结了研究者与研究对象、理论与现实，为后续的数据分析提供了支撑；第三，调查研究的数据结果需要进行统计分析。调查研究将会获得大量的可量化的样本数据结果，必须依靠计算机、云计算等工具来进行数据分析，才能得出可靠的研究结论。

---

① 庄虔友.略论社会科学研究中的研究设计 [J]. 社会科学管理与评论，2012（1）：11-17.

2. 实验研究

实验研究（experiment research）旨在探求现象间的因果关系，一般预先提出一种因果关系的尝试性假设，再在高度控制的条件下，通过操纵自变量来观察因变量是否受前者影响而发生变化，以确定自变量和因变量之间是否存在因果关系。标准的实验研究包含三组基本要素（准实验设计有所欠缺）：自变量与因变量；前测与后测；实验组与控制组（对照组）。实验刺激的效果＝（实验组后测－实验组前测）－（对照组后测－对照组前测）。假设要研究"鼓励暗示（自变量）与学习成绩（因变量）之间的因果关系"，首先选择在人数、男女比例、学习成绩，甚至任课教师等方面都相同或相近的两个班级，然后同时对两班学生进行相同科目、相同试题的测验（前测），接着对其中一个班级的学生进行鼓励教育（实验组），另一个班级的学生维持原来的教学（控制组），等到学期末的时候重新对两班学生进行科目相同、试题相同的测验（后测），比较两班成绩。如果两班后测成绩相差不大，则说明鼓励教育与学习成绩之间并无明显因果关系；而如果实验组成绩明显提高，控制组成绩提高不明显，或者两组成绩虽然都有提高但实验组比控制组成绩提高更明显，则可以认为鼓励教育与学习成绩之间有因果关系。

3. 实地研究

实地研究（field research）是在不进行任何假设的状态下直接进入研究对象生活中，通过参与观察和访谈的方式获取资料，并对所获资料定性分析来理解和解释现象的研究方式。实地研究通常采用参与式观察和无结构访问来获取资料，且具有以下特点。第一，不带有任何理论假设。研究者要做的仅仅是加入到所研究的特定人群中，不是要去证实或证伪某种理论假设，而是从经验材料中归纳推理。第二，研究对象有限。实地研究不强调研究对象应具有广泛的代表性，强调的是对少数经典个案的深入观察。第三，原始互动性。研究者要设法融入并成为研究对象，而不是作为局外人进行观察，研究者通常不能暴露自己的真实身份和目的，要在与研究对象的交往互动过程中进行观察，不进行任何干涉评价。第四，获得的资料主要是定性资料。获得的资料主要是对研究对象的深度描述和分析，以达到对其的深度理解和认知。实地研究适合对个人、群体、组织、机构、社区、事件等进行研究，如"农村低保户生活状况的研究""农民工工作环境及待遇研究"，研究者就可以作为参与观察者深入体验低保户、农民工的生活，逐步建构理论。

4. 文献研究

文献研究（document research）是一种通过收集现存的，以文字、数字、符号、图像等信息形式出现的第二手资料（即文献资料），进而来探讨和分析各种社会行为、社会关系及其他社会现象的研究方式。文献研究无须与研究对象接触就可以获得相关资料。社会研究者最常用的文献定量研究包括内容分析、二次分析、现存统计资料分析三种。

内容分析是对包括网络、电视、歌曲、照片、绘画、广告、杂志、信件、日记等各种信息传播形式的显性内容进行客观、系统、定量的描述与分析，揭示文献所反映的社会现实，探讨社会现象之间的相互关系，适用范围最为广泛，如"不同年代歌曲的歌词所反映的爱情观的变化""不同年代女性形象照片的变化所反映的时代和观念的变迁"等。

二次分析主要是对其他研究者先前收集和分析过的原始调查数据进行新的再次分析和研究。这主要有两种目的：一种是发现新问题，进行新研究；另一种则是运用新方法、新技术检验前人的研究结果。使用这种方法的大前提是现实社会中存在大量相关的可获得的原始数据，如利用中国人民大学的"中国综合社会调查"（CGSS）数据库进行相关研究。

现存统计资料不仅可以作为社会科学研究的历史背景材料，其自身还可以成为数据和资料的来源，对这种现存统计资料的分析就是现存统计资料分析法。其与二次分析有区别，虽然二者都是已经收集好的资料，但是二次分析所用的是原始数据资料，现存资料统计分析用的是以频数、百分比等统计形式出现的聚集资料，主要集中于国家和各级政府部门所编制的统计数据，最典型的就是来自各类统计年鉴的数据等。

二、社会调查的概念与特征

1. 社会调查的概念

社会调查的概念

　　关于社会调查的概念，不同学者的认识不尽相同。有的学者认为，社会调查是搜集社会资料的活动与过程；有的学者认为，社会调查是对社会现象的完整认识过程，既包括资料搜集的过程，也包括资料分析的过程；有学者认为，社会调查是采用自填式问卷或结构式访问的方法，系统直接地从取自总体的样本里收集量化资料，并通过这些资料的统计与分析认识社会及其规律的一种社会研究方式。综合诸多学者的观点，本书将社会调查定义为：在科学理论指导下，研究者为实现研究目标，有计划、有组织地运用恰当的调查研究方法和手段，系统直接地搜集有关社会现象的资料，并有意识地对其进行研究分析，从而达到认识社会、改造社会目的的社会研究方式。它包含以下四层意思。

　　第一，社会调查是一种主动性的认识活动。任何社会调查都是为了实现特定的研究目的而进行的认识活动。

　　第二，社会调查的对象是社会现象。它既可以是客观的社会事实，如人口规模变动情况，也可以是表达人们主观态度、意见等的社会事实。

　　第三，社会调查是通过掌握社会真实情况来解释社会事实及其发展变化规律，以达到改造社会的目标。社会调查不只是简单地反映社会事实，更要通过对所收集到的资料进行加工处理来指导社会的真实情况，寻求改变的途径和方式。

　　第四，社会调查要使用科学的调查研究方法。调查研究方法既包括考察、了解社会实际情况的各种感性认识方法，又包括对收集到的感性材料进行统计分析和思维加工的各种理性认识方法。

2. 社会调查的特征

　　社会调查作为一种有目的的认识社会现象的活动，具有以下三大特点。

　　（1）实践性

　　社会调查的实践性是指社会调查过程离不开人的实践活动。它主要有三层含义。

第一，社会调查应当深入到实际社会生活中，从社会生活中直接收集第一手材料；第二，社会调查的研究课题来自现实社会，研究结果服务于现实社会，因而它具有鲜明的现实性；第三，社会调查的方法与技术具有很强的操作性。社会调查的这一特点使它区别于纯粹的文献研究和实验室研究。

（2）客观性

社会调查的客观性是指调查者在进行社会调查时，必须秉持实事求是、一切从实际出发的科学态度。在社会科学研究中，研究者的立场、观点必然会对研究过程产生影响，这是难以完全避免的。社会调查区别于理论研究的一个显著特点就是它更强调忠实于客观事实。理论假设必须经受客观事实的检验，一切调查结论必须来源于客观事实材料，不能服从于某种主观意愿或某个利益主体的需要。

（3）综合性

社会调查的综合性特征有如下三层含义。第一，研究视角的综合性。社会调查研究是放开视野、综观全局的。即使是研究具体社会现象，也是从该现象与其他现象的相互关系中去把握和认识，从不同角度对该现象进行深入的多层次分析。任何孤立片面地认识事物的方法，都不是调查研究的正确方法。第二，运用知识的综合性。社会调查不仅涉及某一学科或某一知识领域的知识，而且还涉及哲学、经济学、社会学、政治学、社会心理学、统计学、逻辑学、计算机技术等诸多学科、诸多领域的知识。社会调查是诸多学科知识的综合性运用。第三，研究方法的多样性。社会调查可以运用抽样调查、典型调查、个案调查等多种方式，访问法、问卷法、观察法等多种方法，以及录音、摄像、电脑处理数据等多种技术手段。社会调查常常是多种研究方法与手段的综合运用。

三、社会调查的主要类型

1. 探索性调查、描述性调查和解释性调查

根据调查的目的或作用，社会调查可以分为探索性调查、描述

社会调查的主要类型

性调查和解释性调查。

（1）探索性调查是为了了解现象的性质、确定调查的方向和范围而进行的初步资料搜集的调查，有助于帮助确定问题、明晰研究思路、获取更多信息资料。其形式相对灵活，较为典型的是二手资料调查、经验调查、小组座谈和选择性案例分析等。

（2）描述性调查是准确全面地描述社会现象的总体状况和特征的调查，关注的是社会现象"是什么""怎么样"的问题。例如，在研究低收入群体的返贫风险时，首先要清楚了解的就是低收入群体是什么，具有什么特征，如年龄、受教育程度、职业、家庭背景等。它可以是定量调查，如采用问卷抽样调查收集资料进行统计分析，也可以是定性调查，如个案调查。

（3）解释性调查是在一定的命题或假设基础上运用演绎方法探讨现象间的相关关系或因果关系的调查，回答的是社会现象"为什么"的问题，旨在解释原因、说明关系，一般是在描述性调查的基础上进行的。例如研究"不同年代的人不同恋爱观的成因"、研究"高校毕业生就业倾向及其影响因素"等。

2. 普遍调查、抽样调查、典型调查、个案调查和重点调查

根据调查对象的范围，社会调查可以分为普遍调查、抽样调查、典型调查、个案调查和重点调查。

（1）普遍调查简称普查，是对调查对象的所有个体逐一进行的调查。其一般通过两种方式进行：一种是统计报表，由上级普查部门（通常是国家行政部门）制定普查表，下级有关部门填报，如经济普查；另一种是直接登记，由专门的普查机构和调查员用专门的调查表直接调查登记，如人口普查。普查获得的调查资料具有全面性和准确性，有助于了解一个区域、一个行业的基本状况，但也存在工作量大、费时、费力、费钱的问题。

（2）抽样调查是从调查对象总体中选取一部分个体进行调查，再将调查结果推广到总体中，遵循的是部分反映整体的逻辑。抽样调查的调查规模较小，可以迅速地获得资料数据，在节约成本的同时能够迅速详细地获取信息，可以广泛应用于诸多领域，如人口、经济、就业、教育、卫生、居民生活等。但是其实施较复杂，调查时间短，调查的广度和深度受限，不适用于调查规模小、异质性大、边界不明晰的调查对象。

（3）典型调查是从若干同类调查对象中选取一个或几个代表性对象作为典型进行调查，是较为系统、深入的定性调查，调查总体同质性较强，对调查者的经验要求较高，能获得比较丰富可靠的一手感性资料，但是典型代表的选择可能会受调查者主观意志左右。

（4）个案调查也称个别调查，是为了特定目的，对特定对象（个人、家庭、单位或事件）进行的调查，通过分析该个案的全部情况，反映其整体情况。

（5）重点调查是对某种社会现象进行的集中的调查，调查对象是对全局起决定性作用的一个或几个单位，如通过对全国重点旅游城市淡季和旺季酒店价格的统计调查了解我国旅游城市在淡季和旺季住房价格的大体变动趋势。

3. 行政统计调查、生活状况调查、社会问题调查、市场调查、民意调查和研究性调查

根据性质或应用领域，社会调查可以分为行政统计调查、生活状况调查、社会问题调查、市场调查、民意调查和研究性调查。

（1）行政统计调查是一种客观调查，一般是由国家和各级政府部门为了解一个国家、地区或一个行业的基本情况所进行的宏观的、概况性的调查，通常采用普遍调查的形式，如人口调查、资源调查、行业调查等。

（2）生活状况调查是通过了解人们日常社会生活各方面的基本状况，对某一时期、某一社区或某一社会群体的社会生活状况所进行的调查，如对某城市居民生活质量的调查等。

（3）社会问题调查即针对社会中所存在的各种社会问题进行系统的调查，找出问题的症结，提出解决社会问题的意见，如农民工子女教育问题、未成年人犯罪现象调查等。

（4）市场调查即为了更好地销售商品而围绕某类产品或商品的市场占有率、顾客购买情况、广告宣传效果等所进行的调查，如化妆品市场调查、饮料市场调查等。

（5）民意调查也称民意测验或舆论调查，即围绕某些社会舆论的热点问题对社会民众的意见、态度等主观意向进行的调查，如民众对医疗保险制度改革的态度调查等。

（6）研究性调查是对某类社会现象的一般规律或普遍法则进行探索和研究的学术性社会调查，广泛应用于社会学、政治学、人口学、教育学、传播学等社会科学学科领域。

社会调查根据不同的标准还有其他的分类方式，这里不一一列举。总而言之，社会调查的类型较多，应用也十分广泛。

第三节　社会调查的一般程序

社会调查的一般程序

　　社会调查作为一种系统的、科学的认识活动，有着相对固定的程序，它是社会调查自身内在逻辑结构的体现。我们可以将社会调查的一般程序分为五个阶段：选题阶段、准备阶段、调查阶段、分析阶段和总结阶段。

一、选题阶段

　　选择一个合适的调查问题是社会调查最首要也是最重要的阶段，它是社会调查活动的起点，是整个调查工作的第一步。好的开始是成功的一半，一个合适的调查问题在一定程度上决定着整个调查工作的成败，决定着调查成果的好坏优劣。因此，应当高度重视选题阶段，做好社会调查的准备工作，避免因盲目调查而导致的人力、物力、财力、精力的浪费。选题阶段的主要任务就是根据研究者的研究意愿、研究目的、研究能力，从社会现象、社会问题和焦点中选择出有价值、有创新、可行的调查问题，然后具体和细化研究范围和内容，将相对笼统、含糊、宽泛的研究领域或社会现象具体化、精确化，将其转化为既具有研究价值和研究意义，又具有研究创意和可行性的研究问题，在此基础上提出明确具体的研究假设。

　　选题阶段应当坚持以下三大原则，调查者在确定课题时，通常需要撰写调查备忘录，说明调查的目的性、必要性和可行性。

　　首先，社会调查一定是有明确的研究目的的，或是探究社会现象的内在本质和发展规律，或是寻找评价活动的事实依据，抑或是寻找决策活动的事实依据。如果社会调查没有明确的目的，那么调查将是无意义的，进行调查就是浪费人力、物力、财力。

　　其次，社会调查应当具有一定的理论价值。换言之，计划进行的社会调查对于预定的目的而言，应该是必需的、有作用的、不可替代的。如果社会调查不符合上述条件，就没有必要进行。

　　最后，社会调查应当是调查者有条件进行的。调查者进行社会调查，需要具备一定的知识、能力、社会关系、设备、资金、时间等。每项社会调查所需要的具体条件不同。如果调查者不具备相应的条件,社会调查就有可能半途而废[①]。

二、准备阶段

社会调查的准备阶段包括调查设计和问卷对象准备工作,包括从调查思路、策略到调查方式、方法和具体技术的各个方面。例如,调查方案的详细设计、调查样本的抽取、变量测量以及组织调查队伍。

科学设计调查方案是保证社会调查取得成功的关键步骤。慎重组织调查队伍是顺利完成调查任务的组织保证。

此外,在准备阶段,还应当做好以下三方面的工作:第一,做好文献查阅工作,包括查阅各类文献、前人研究成果、报纸、杂志、档案资料等;第二,做好专家学者的咨询工作,尽可能向有关的专家学者询问、请教,以便更好地进行调查设计;第三,做好试调查工作,在大规模实施调查前,通过小规模的试调查发现调查方案设计的疏漏之处。

总之,准备阶段是社会调查的决策阶段,在大规模的社会调查和较为复杂的社会调查中,应当认真做好调查前的准备工作,避免人力、物力、财力、时间的浪费,确保调查结果的科学性。

三、调查阶段

调查阶段也称作资料收集阶段或调查方案执行阶段,是获取第一手资料的关键阶段,主要任务是根据调查设计要求和调查方案中确定的调查方法和技术进行资料的收集工作。要做好这个阶段的外部协调和内部指导工作。一方面要充分与被调查地区或单位进行沟通协调,争取他们的支持和帮助;另一方面要密切联系调查对象,争取他们的理解和配合,尊重被调查者的意愿。在直接调查中,调查者往往要深入实地接触被调查者,调查人员往往较为分散,且工作量较大,情况复杂多变,经常会遇到非标准化的问题,指挥调度相对困难。在这种情况下,要想高质量完成调查工作,就要在调查初期做好调查人员的实践训练,帮助他们熟悉调查流程,统一调查质量标准;在调查中期注意及时交流和总结调查工作的经验和教训,及时发现和解决调查工作中出

现的新情况、新问题，确保调查工作的平稳推进；在调查后期做好扫尾工作，严格检查和初步整理调查资料，及时发现问题、解决问题。如果采用间接调查方法，如文献调查法、自填式问卷调查法、网络调查法等，社会调查的组织者应当与调查相关单位做好协调工作，争取他们的支持和帮助，并组织调查人员做好自填式问卷调查的问卷发放和回收等工作[①]。

四、分析阶段

在实地调查结束之后，就需要对新收集的资料进行整理和分析，此时调查就进入了研究分析阶段。

首先是要对资料进行审核整理，一是全面审核资料，保证资料的真实、准确和完整；二是整理资料，即将鉴别后的资料进行汇总和加工，使之系统化和条理化，并以集中简明的方式反映调查对象的总体情况和主要特征。

其次是要对资料进行统计分析，对整理后的调查资料进行数量关系的研究分析，揭示调查对象的发展规模、水平、结构以及与其他事物的内在联系，可以证实或推翻假设，为理论研究提供切实可行的数据资料。

最后要对资料展开理论研究，即运用科学的逻辑和科学理论与方法，对经过审核整理和统计分析的资料和数据进行科学思维加工，揭示调查对象的内在本质，说明社会现象之间的相关关系或因果关系，预测调查对象的发展趋势，作出对调查对象的理论说明，检验研究假设，得出研究结论，如果是应用性调查课题则须在此基础上提出切实可行的具体工作建议。

总之，分析阶段是整个社会调查从感性认识向理性认识深化和提升的阶段，也是主要的成果产出阶段。社会调查成果产出与否、成果质量高低以及社会影响大小，基本都取决于分析阶段工作的质量。

五、总结阶段

总结阶段的任务主要是撰写调查报告、评估调查结果和应用调查成果。

调查报告是整个社会调查研究成果的集中体现，是对社会调查工作质量和研究成

---

① 江立华，水延凯. 社会调查教程精编本 [M]. 2 版. 北京：中国人民大学出版社，2020：53.

果及研究结论的重要总结，它以文字和图表的形式，将整个调查工作从调查目的、方式，到调查资料的收集分析方法，再到调查得出的结论、调查成果，以及发现的问题和提出的政策建议系统、集中、规范地阐述和说明，从而尽可能使调查报告在理论研究和实际工作中发挥相应的作用。

评估调查结果主要包括学术成果评估和社会成果评估。前者主要是客观评价社会调查所提供的事实和数据资料、理论观点和说明，以及所使用的调查研究方法；后者主要是对社会调查结论的采用率、转引率和对实际工作的指导作用，作出实事求是的估计。对社会调查成果的评估必须以实践为基础，在实践中应用和检验调查结论。

应用调查成果就是研究者应当基于调查报告的结论提出政策性的建议和解决存在问题的方式方法，发挥社会调查在认识社会现象、探索社会规律、解决社会问题等方面的作用。在评估调查的基础上，广泛应用调查成果，认真总结调查工作的经验和教训，寻求改进调查工作的方法和途径，为日后的进一步调查提供基础。

总之，社会调查的五个阶段是相互关联、相互交织的，它们共同构成社会调查的一般过程，缺少任何一个阶段，调查工作都将无法顺利实施。图1.1展示了社会调查从选择调查问题开始，直到报告调查结果为止的全过程以及每一阶段的基本内容。

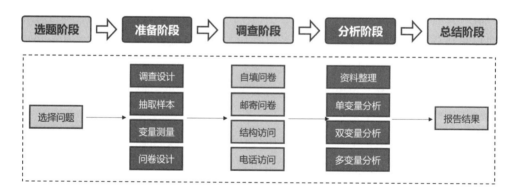

图 1.1　社会调查的一般程序

举例来讲，假设要进行一项有关城市居民生活状况的社会调查。首先，在选题阶段，经过文献查词等步骤综合考量，决定选取"杭州市城市居民基本生活状况"作为调查问题；其次，在明确研究问题的基础上设计详细的调查方案，随机抽取500个样本对象进行调查，明确调查的变量，即居民生活状况，包括收入、住房、医疗等，在此基础上做好理论储备和调查工作人员配置，根据设计好的调查问卷选取邮寄问卷与电话访问相结合的方式进行调查；最后，在对调查所获得的资料进行整理的基础上，运用统计分析工具如 Stata 软件对数据进行分析，得出结论，撰写报告，并进行综合评价，总结调查成果并应用。

拓展资料

大禹治水何以成功？ ①

大禹治水取得成功，主要因素有三：一是十三年劳身焦思、三过家门而不入的奉献精神，二是率领百官和各地民夫治水的组织才能，三是善于调查研究、勇于创新实践的杰出智慧。在治水过程中，禹的杰出智慧集中表现在以下三个方面。

首先，通过访问调查，总结鲧治水失败的教训。禹接受治水重任后，不是盲目动手大修水利工程，而是首先走访鲧的部下，了解鲧的治水情况和方法，发现鲧治水失败的主要教训是单纯用硬堵的方法治水，结果是洪水淹没面积越来越大。禹认为，要根治水患，必须寻找新的治水方法。

其次，通过山川调查，创造堵疏结合、以疏为主的治水方针。禹随身携带准绳和规矩，率领部下广泛开展山川调查，发现华夏地势西高东低，凡开渠挖沟的地方，洪水都能顺利排出；反之，洪水泛滥，堤坝修得再高也难免出现水灾。于是，他创造性地制定了疏堵结合、以疏为主的新治水方针。

最后，通过实地考察，从各地实际情况出发，实施不同的治水方法。禹治水总是测量、规划先行，测量一处，规划一处，治理一处，根据不同情况实施不同方法。例如，在兖州，雷夏洼地已汇聚成湖泽，他就将雍水、沮水导入雷夏泽；在扬州，彭蠡之域汇众水成湖，他引导彭蠡以东诸江水注入海；在豫州，伊水、洛水、瀍水、涧水注入黄河，荥播汇成一个湖泊，他还疏渗了菏泽，修筑了明都泽的堤防；在雍州，泾水、漆水、沮水、洼已水汇入渭水；在荆州，长江、汉水注入大海；等等。

---

① 水延凯.中国古代社会调查故事 [M].北京：中国人民大学出版社，2017：8-12.

✎ 小测验

扫一扫做题

👥 思考与实践

1. 为什么一名社会研究者需要科学精神与方法素养？

2. 请结合抽样调查与普遍调查各自的特点谈一谈哪种调查方法在实际生活中的应用更广泛？为什么？

3. 研究社会的主要方式有哪些？它们分别有什么特点？

4. 社会调查的一般程序是什么？具体操作和注意事项有哪些？

第二章　选择调查课题

生活中做选择无时无刻不在发生，选择是一个非常重要的工作。选择调查课题也是如此，它是开展社会调查的第一步，而且是决定全局方向的重要基础。因此，如何选择恰当的调查课题、有哪些技巧和可供参考的路径便成为重要的问题。本章将从调查课题的特征、来源，选题与研究问题，文献综述的写作等选择调查课题的核心环节展开探讨。

第一节　选择调查课题

一、调查课题的特征

调查课题的特征

社会学自确立学科以来，逐渐沉淀凝聚出了一些鲜明的传统。调查课题就继承了这些传统，其中最为关键的便是调查旨趣的实证性、竭力追求的科学性、研究取向的学理性和应用领域的多样性。

1. 调查旨趣的实证性

通常认为实证主义、人文主义和批判主义是社会学的三大理论传统，而调查课题便是实证主义传统的重要继承者。按照奥古斯特·孔德以及爱弥尔·涂尔干的论述，社会学的实证主义就是在本体论上追求自然主义取向，即尽量保持研究对象的自然状态，不要过分干预；在认识论上是经验主义的，相信社会现实是"真实"的，是可以被认识了解的，研究结果是真实可信的；在方法论上则是整体主义的，主张应将研究对象放置到整个社会之中认识和理解 ①。

因此，调查课题在调查旨趣上具有高度的实证性。调查课题不会去谈论"社会存在不存在"这种形而上的问题，它只关心社会事实，并将社会生活中的人、事、物作为研究对象，通过各种研究方法关心生、老、病、死、国家社稷等日常生活的方方面面，发现它们背后的规律，并且相信这种规律勾连着更为宏大的社会结构性背景。

2. 竭力追求的科学性

科学性是实证主义的必然结果，是调查课题竭力追求的目标。"科学方法之父"弗朗西斯·培根在《新工具论》中指出，科学知识不是通过简单的归纳，从经验事实飞跃到普遍结论就可以获取的，而是需要经过更多的中间环节，以一种不间断的方式逐渐上升，毫不放松、竭尽全力地追求真理才能获得的。为此他提出了"科学归纳法"，主张要以经验事实为重，用自然表格法来归纳总结科学规律，用科学实验来检验知识 ②。虽然以今人视角看来其观点朴素、粗糙，但在当时确实大大提升了认识世界、自然的复杂程度，并且他定下的科学归纳、科学实验的基本规则，所呼吁的竭力追求科学性的科学精神，被后世所继承并发扬光大。调查研究也是如此，调查课题不仅继承了竭力追求科学性的科学精神，需要广泛探索现象之间的因果关系，增加对社会现象的科学认识，而且致力于将"大胆假设，小心求证"的箴言转变为现实，在研究问题的提出、研究假设的形成、社会现象的测量（包括问卷设计和指标设计）、研究对象的选取（抽样）、研究资料的收集（调查执行和现场质量管控）、研究资料的处理、研究资料的分析等环节都有非常严谨、具体的要求。

当然，现代调查方法是通过几代人不断探索、逐渐发展起来的。自 17 世纪下半叶法国和英国在做出行政决策和解决社会问题中采用调查方法以来，直到 1831 年，比利时统计学家凯特勒才将统计学应用到人口和犯罪问题当中。大概在 1855 年，法国社会学家勒普莱在欧洲劳工调查中第一次实践了问卷调查法。1897 年，涂尔干首次确立了"假设—推测—检验"的研究范式，而社会学家对抽样调查的科学性认识则迟至 20 世纪上半叶美国总统大选的多次错误预测才逐步完善。直到今天，面对着越来越复杂的现代社会、爆炸的信息、膨胀的大数据，各界不断地淬炼着社会调查方法，调整着调查环节，试图更真诚、更精准地把握社会事实。

---

① 文军. 西方社会学理论: 经典传统与当代转向 [M]. 上海: 上海人民出版社, 2006: 44−45.
② 培根. 新工具 [M]. 许宝骙, 译. 北京: 商务印书馆, 1984: 128.

3. 研究取向的学理性

美国科学哲学家诺伍德·拉塞尔·汉森曾指出，"任何观察都渗透着理论"[1]，人类确实已经生活在一个被各种学说和理论渗透的世界当中。因为即使是中国社会中一位目不识丁的老人，你也会发现他的言谈举止、对人情世故的观察，处处都可能彰显着被儒家学说浸染过的痕迹。但在这个充满理论的世界当中，理论有好坏深浅之分、邪僻和周正之分、蒙昧和科学之分。为了更好地把握这个世界，调查课题是始终坚持学理取向的。调查课题很多时候会要求调查者明晰自己是谁，剥除各样偏见，澄明立场，转而在一些适切的科学的理论关照之下，选择一个有学理性的话题、有学理意义的研究对象展开思考，得出一些经得起检验的、规律性的结论。当然，如果能用自己的调查去给人以启发，甚至推动某一个理论的完善或进步，突破人类知识的边界，则是研究的最高境界。

4. 应用领域的多样性

调查课题的应用领域是多种多样的，通常可以分为学术性应用和事务性应用两大类。当然这两者并不是绝对分割的，有时还会有一些互补关系，但在社会分工越来越明显的当下，学术性的调查课题总体上是致力于探索社会生活的奥秘，查验社会现象之间的因果关系和规律性，以给人启迪、凝练理论、扩充新知——翻开任何一本学术期刊，就会发现大量的文章是通过调查课题得来的产物。调查课题的应用范围也是非常广泛的，大到人类福祉、国计民生，小到衣食住行、家长里短，关涉行政满意度、市场调研、社会问题等方方面面。例如每四年一届的美国总统大选，就是各种民意调查机构预测候选人、"各显神通"的舞台，而在每个人都可以做点小调查的当今，朋友圈里、微信群中、网页上各式各样的问卷，便是调查课题得到更广泛应用的例证。

二、选题的来源

所谓选题，就是选择一个调查课题、选择一个调查题目的简称。按照已有的学术传统和大多数学者的研究经验，选题主要从文献阅读中来、从田野调查中来、从日常生活中来，以及从给定或委派的课题

选题的来源

---

① 汉森.发现的模式 [M].邢新力，周沛，译.北京：中国国际广播出版社，1988：22.

中来。

第一，选题从文献阅读中来。文献阅读是很多人选题的来源，甚至所有选题的确定都离不开文献阅读。但是从文献中读出选题，有很多方法和技巧。冯友兰在《新理学》中论及哲学研究有"照着讲"和"接着讲"之别[1]。所谓"照着讲"是忠于哲学家的原意，对原文原著进行注疏、叙述、阐明、解释和翻译；而"接着讲"则指的是"我们现在认为这些字句应当具有的意思"，它是创造"哲学理论"的方式。冯友兰先生特别强调哲学家不能仅限于"照着讲"，更要敢于"接着讲"，哲学家要反映新的时代精神，要敢于创新。

社会调查也是这样，调查选题很多时候是从文献里读来的，研究者虽然可以照着前人的题目、意蕴"再讲一遍"，但更为重要的是接着前人未讲完的地方"接着讲下去"。这也意味着社会调查要"返本"，对已有研究有所传承、有所接续，尊重古今中外的经典创造和学术积累，并在此基础上"开新"——发现新的资料、讲出新意、反映新时代的气息。

第二，选题从田野调查中来。田野调查（field research），或译为实地研究，是研究者深入到研究对象的生活背景中，通过参与观察和深度访谈收集资料来展开研究的方式。田野调查是社会学以及人类学独特的调查方法。有学者认为在大数据发达的当下，很多技术都将被大数据、被机器人取代，但田野调查依然无法被技术取代，因为这种在实地当中人与人之间的交谈、参与式的观察，特别是发现问题的直觉是机器无论如何都取代不了的。因此，有很多学者在进行社会调查之前，都会通过田野调查去发现或者验证选题。

当然，选题从田野调查中来，有很多不同的方式，其中较为典型的有三种。一是从自己开拓的田野当中发现选题。耶鲁大学的政治人类学家詹姆斯·斯科特在东南亚的田野调查中逐渐形成了几个选题：首先是弱者的武器，指农民虽然不会正式反抗，但会磨洋工、小偷小摸，进行一些日常生活的反抗；接着是农民的道义经济学，指农民在其生存伦理被击穿的时候，会奋起激烈反抗；继而是逃避统治的艺术，指农民不接受统治，逃到山上，甚至逃出一个无国家的"赞米亚"地带。可以说，东南亚的田野调查给他带来了不少有关农民、农业政治研究的选题灵感和学术想象。二是从别人的"旧"田野中发现新选题。著名人类学家徐烺光曾在云南大理喜洲镇做田野调查，他关

---

[1]　冯友兰. 新理学 [M]. 北京：北京大学出版社，2014：7.

注到当地的家族制度，写下了名著《祖荫下》，从而让喜洲成为一个经典的田野调查点，后来不断有学者访问这个地方，从不同角度写了很多作品。例如，梁永佳的《地域的等级》关注了当地的仪式与文化。费孝通先生早年在江苏吴江做过江村经济调查，在云南魁阁做过云南三村调查，后来亦有不少学者去回访，并且选择了不同的角度进行写作。三是将旧的选题拿到新的田野中形成新的讨论。例如，马克斯·韦伯在《新教伦理与资本主义精神》这本名著中提出的宗教改革后的伦理变革对西欧理性资本主义的兴起具有重要推动作用的观点，启发了很多学者。20 世纪 70 年代后，在观察亚洲经济腾飞的过程中，也有很多学者效仿韦伯，探索东亚社会伦理与经济发展之间的关系。罗伯特·贝拉的《德川宗教：现代日本的文化渊源》、余英时的《中国近世宗教伦理与商人精神》便是这方面的代表作，他们让"旧选题"在东亚的"新田野"中形成了一些新知，又与韦伯进行了接续性的学术对话。

第三，选题从日常生活中来。能否从日常生活中发现选题，取决于研究者是不是善于做"生活的有心人"，这个"心"，就是做研究的好奇心，也是做调查研究的心力。其实有很多学者的选题就是从日常生活中来的，加州大学洛杉矶分校的阎云翔教授就是一个例子，他的《礼物的流动》与《私人生活的变革》都是以他 20 世纪 70 年代下乡做知青的东北村庄为基础撰写的。他在书中讨论了礼物流动中的社会网络关系、中国家庭结构的变迁、个体主义的兴起。当年的生活经验对他后来确定选题、启迪学术思考具有非常重要的作用。所以，田野调查的心态和学理性思考有助于在日常生活、社会现象和社会问题背后凝练出研究问题，激发出研究动力，发现研究选题。对于研究者尤其是初学者，田野调查具有十分重要的作用。

第四，选题从给定或委派的课题中来。给定或委派选题是当今社会科学研究中十分普遍的现象。学生的选题很多时候可能是从指导老师处获得的，而指导老师的选题则可能是由政府部门给定或委派，或者从与企业、市场部门合作的项目中产生的。对于学术研究来说，各种各样的社会科学研究基金则是选题更为重要的来源。每年年末国家社会科学基金委员会发布申报通知和选题指南的时候，很多社科研究者会尝试从选题指南中找到适合自己的研究选题。因为选题指南汇集了全国学术界的著名学者、前沿学者的智慧成果，也汇聚了我们国家或者某个学科最重要、最核心的问题。

国家社科基金选题指南　　2018—2022 年国家社科基金立项名单

当然，这四个来源事实上很多时候是互相交叉的，选题往往是读书、生活经历、田野调查等综合感受的产物，而面对委派的课题时，研究者肯定也有赖于自身的阅读积累和研究经验。

三、选题的基本标准

选题的基本标准

通常来说，重要性、创新性、可行性和适切性是帮助研究者进行选题定位的基本标准。

第一，选题的重要性。如何评判选题是否重要？通常通过理论价值和应用价值进行评判。选题的理论价值主要体现在选题对一门学科的发展、对某种理论的形成或检验、对社会规律的认识、对社会现象的解释是否有贡献。检视一个选题的理论价值需要调动理论知识，并定位选题是属于哪个学科脉络、哪个研究领域。例如，面对"失地农民的国家观念"这一选题，有经验的研究者往往会将这个选题列入政治社会学的国家观念研究范畴，并且通过揣摩该选题对于推进国家观念研究是否有所贡献以及能否解决一些学科问题来评估这个选题的理论价值。对于初学者来说，判断一个选题的理论价值可能存在一定困难，但随着研究经验的积累、阅读量的扩展，判断力和敏锐度都会进一步提升。应用价值则主要考虑选题对现实生活中的各种具体问题能否提供科学的回答和合理的解决办法。当然，不同学科会强调不同的应用价值，比如，公共管理专业在考虑选题的时候往往强调其政策意义，能否回应国家治理关切的重要问题，以及是否能为现实问题提供合理的对策。工商管理专业则明显会从企业管理、营商环境改善等经济性的角度来考虑选题的应用价值。

第二，选题的创新性。很多初学者很难发现选题的创新点。事实上创新并不容易，需要发挥社会学的想象力与好奇心。所谓社会学的想象力，是一种摆脱个人和文化偏狭，对个人与社会之间所存在关系的灵敏观察能力[1]，换言之，这种能力是一种能够在微小的人、事、物与宏观的社会之间进行"以小见大、以大观小"反复对观的能力。而如何挖掘一个具有创新价值的选题，很大程度上依赖于社会学想象力的运用，这种能力会帮助开拓出一些新的视角。

拓展资料

社会学想象力

学习社会学式的思考，意味着要培养我们的想象力。学习社会学不仅是像从这本书中获取知识那样的常规过程。一名社会学家必须能够摆脱个人情境的即时性，而将事情置于一个广阔的背景之中。做社会学的研究依赖于发展美国学者米尔斯所称的社会学想象力（sociological imagination）。

社会学想象力首先要求我们"想象我们脱离了"日常生活的熟悉惯例，以便从一种新的角度来看待它们。想一想喝杯咖啡这一简单的行为。从社会学的视角来看，关于这一司空见惯且枯燥乏味的行为，我们能够找到哪些可说的呢？（稍加思考之后，可以查看下文英国社会学家安东尼·吉登斯对此的解读）

一杯咖啡的社会学想象力[2]

第一，我们可以指出，咖啡不仅是一种提神的东西。作为我们日常社会活动的一部分，它还具有象征意义。与喝咖啡相关联的仪式常常要比喝光这杯饮料本身更为重要。对于许多人来说，早上这一杯咖啡是个人例行常规的核心，是开始新一天的重要的第一步。早上喝过咖啡之后，当天晚些时候还会与其他人一起喝咖啡，这是一个群体的基础，而非仅是一种个体的仪式。约在一起喝咖啡的两个人，更在乎的是聚在一起聊聊天，而不是实际喝了什么。在所有的社会中，喝与吃为社会互动提供了场合与时机，而且，它们也为社会学研究提供了丰富的题材。

第二，咖啡还含有咖啡因，咖啡因对大脑有刺激作用。许多人喝咖啡是因为它"特别提神"。通过定期地喝咖啡作短暂休息，能使在办公室长时间工作或者深夜苦读——一些学生会这么做，无论相信与否——变得更加容易忍受。咖啡是一种会上瘾的东西，但嗜好喝咖啡的人，并不会被看成是"吸毒者"。这是因为，就

---

[1]　米尔斯.米尔斯文集[M].李康，译.北京：北京师范大学出版社，2017.
[2]　吉登斯.社会学[M].8版.北京：北京大学出版社，2021：2.

如酒精一样，咖啡是一种社会能够接受的致瘾物，然而，例如可卡因便不属于此类。但是，也有一些社会允许消费可卡因，却反对消费咖啡和酒精。社会学家感兴趣的是，为什么会存在这类差异以及它们是如何产生的。

第三，一个人一旦喝了一杯咖啡，就等于卷入了遍及这个星球的一套复杂的社会与经济关系之中。咖啡是一种把地球上一些最富裕地区和最贫穷地区的人们联系在一起的产品。咖啡主要由贫穷国家生产，但却在富裕国家被大量消费。在国际贸易中，咖啡是仅次于石油的最有价值的商品，成为许多国家最大的外汇来源。咖啡的生产、运输和销售离不开距离喝咖啡的人数千英里之外的人们之间持续不断的交易。研究这种全球的联结，对今天的社会学而言是一项重要的任务。

第四，饮用一杯咖啡的举动隐含了一个社会与经济发展的长期过程。与当今西方饮食中为人所熟知的物品一样，如茶、香蕉、土豆以及白糖等，咖啡仅仅是从19世纪晚期才开始被广泛消费的，尽管此前在社会精英中喝咖啡已经颇为时髦。这种饮品源自于中东，大约从两百年前的西方扩张时期才开始成为大众消费品。我们今天喝的咖啡几乎都源自曾经被欧洲人殖民的地区，即南美和非洲，因而，其根本谈不上"天然地"属于西方饮食的一部分。殖民时代留下的遗产，至今仍然对全球咖啡贸易的发展有着巨大的影响。

第五，咖啡是当代许多关于全球化、国际公平贸易、人权以及环境破坏等争论的焦点。随着咖啡的日益普及，它的消费已经变得"品牌化"和政治化了。消费者做出的喝哪种咖啡、到何处购买的决定，已经成为生活方式的选择。人们可以选择只喝有机的咖啡、经脱咖啡因处理的咖啡，或者是经过"公平贸易"处理的，即按照足额市场价格与发展中国家的小咖啡生产者进行交易而来的咖啡。他们可以选择光顾"独立的"咖啡屋，而不是像星巴克（Starbucks）那样"连锁式的"咖啡店。咖啡饮用者可能会决定联合抵制来自某些人权和环境纪录糟糕的国家的咖啡。对于社会学家而言，表面上看起来微不足道的喝咖啡行为简直不能更吸引人了。

创新也在于选题是否能够满足读者的好奇心，以及多大程度上解决了研究者自己的研究好奇心。因此，在判断一个选题是否具有创新性的时候，就要审视这个选题是否已经在启动了社会学想象力和好奇心的前提下，讲出了一些前人研究当中没有讲出的东西，也就是前文提及的"接着讲"，"接着讲"实际上就是创新。也可以尝试检验这个选题能不能给人带来一些新的启示，是不是有运用一些新的方法、新的视角、新的理论，或者提供了他人从来没有研究过的新样本。

第三，选题的可行性。所谓选题的可行性，即从研究经验、理论储备、研究方法等方面综合考虑研究者是否有充分的条件和能力来驾驭该选题。有时也要考虑是否拥有一定的物质条件、仪器设备、充分的经费来支持研究，以及是否搭建了合理的团队。同时，研究时机也是可行性的一部分，例如在当前我国正扎实推进共同富裕的情境之下，做社会保障、公共服务的研究就迎来了一个非常重要的时机，这增加了许多研究的可行性。

第四，选题的适切性。适切性，即选题的基准线，是为"过热的头脑"泼出的"一盆冷水"，也是为"泄气的心态"鼓劲的"打气筒"。"过热的头脑"是针对思考能力很好，但经验还不是很充足的研究者而言的，因为他们会发现一些非常重要、具有较大创新价值的选题，于是便"脑袋一热冲上去"，却发现花费好大力气但做不出成果。因此，当发现一个新选题时切记问一问该选题是不是适合自己，是不是需要"见过更多的人、看过更多的山"才能做得出来。例如有些选题非常宏大，像"中国模式""中国道路研究"都是非常重要的选题，但是这种"大题大作"的选题更适合经验丰富的研究者。而有些初学者因为图方便而选择了一些很小的题目作为毕业论文，如"大一新生早锻炼打卡满意度调查"，这类题目很容易做，甚至不用调查就能得出结论。但是作为学位论文，这种题目过于简单，锻炼价值有限。所以，研究者特别是初学者并不一定要一味追求最新、最时髦的选题，而应该尽量选择那些能够"小题大做"的选题，这对夯实研究基础、锻炼调查能力、提升学术洞察力、实现学术的长远发展具有重要价值。总之，适合比一味求新更重要。

四、研究问题

研究问题

研究问题是调查研究的锁钥，缺乏研究问题的调查研究，就是一个缺乏灵魂的研究。但提出研究问题，特别是提出好的问题研究，需要花功夫，首先要辨别研究问题和问题意识，并澄清研究问题的要素和类型。

1. 研究问题与问题意识

研究问题（research question）就是一项研究想要回答的具体问题，它是一个可以通过研究来回答的问题。自从学术进入现代规范以来，研究问题是非常重要的，它关涉研究者做这个研究的原因。对一篇论文而言，研究问题是全篇的重点，引领全文的方向。例如我们提出一个问题——杭州最值得去的 10 个景点有哪些？如果以做社会调查研究的视角来回答这个问题的话，就会发现这个问题牵引着后续所有的文献阅读、构思和检验研究假设、抽样和收集数据等方方面面的工作，引领着整个研究的焦点和方向（图 2.1）。

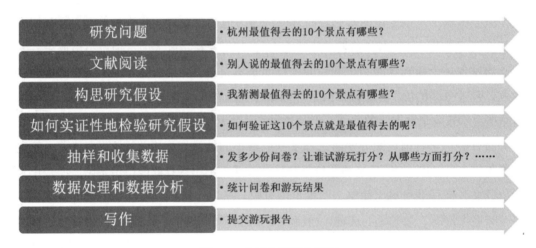

图 2.1　实例分析研究问题

问题意识（problem awareness）则指的是一种问题性的心理，是一种善于发现问题、提出问题的意识和能力。问题意识不像研究问题那样具体，它更宽泛、更抽象、更直观。问题意识时常依赖于一个人的批判性思考能力，研究经验越多，发问的能力就越强。通常来说，问题意识强的研究者很善于提出重要问题，而且善于发现前人未曾注意到的学术疑点。一些积累丰富的学术大家通常拥有问题群（problem group），每个阶段看起来在解决一个问题，甚至有些研究问题看起来非常小，但实际上这些问题之间有着紧密的联系；有些问题可能永远没有确定的答案，只能提出各种假设，去关怀、去追问，乃至成为一个终生追求的重要问题。

马克斯·韦伯就是一个非常典型的例证。他在名著《新教伦理与资本主义精神》中尝试去回答一个研究问题——为什么盈利的、商业的、投机的、剥削的、放贷的、冒险的资本主义随处可见，也就是说资本主义生产方式在全世界随处可见，但是高度理性、精密计算的，家庭跟经营相分离的，专门化的资本主义率先发生在西欧？围绕这个问题，韦伯从宗教改革后的伦理变迁是如何引发理性资本主义的兴起，写出了这一旷世名著。其实，韦伯的这个研究问题不是在研究当中单独提出的，而是在问题意识中产生的。《新教伦理与资本主义精神》的导论就展示了韦伯的问题意识以及问题的排

《新教伦理与资本主义精神》导论

布过程。韦伯首先问道：为什么科学只在西方才发展到一个今日视为普遍有效的程度？为什么印度有高度发达的自然科学和医学，但是却没有发展出理性的实验？为什么古巴比伦有天文学，有非常发达的星象学、占星术，但是却没有古希腊那样的数学基础？继而韦伯发现艺术领域也存在这种类似的疑问，他问道：世界各地都有很多声乐上合理的节拍，但为什么理性的和声、记谱法、交响乐、协奏曲以及演奏这些音乐的管风琴、钢琴以及提琴只有西方才有？同时，为什么东西方学术组织、政治组织等也存在近似问题？直到最后，他才提出了为什么资本主义率先发生在西欧的问题，并在《新教伦理与资本主义精神》中作出聚焦性的回答。为此，站在欧洲中心的立场上进行文明比较、文明互鉴，发现文明的差异，成了韦伯非常重要的问题意识背景。他后续的《支配社会学》《儒教与道教》《经济与历史》等作品都是在文明比较的问题意识关照下书写的，这样的问题意识也成就了一代大家。所以，提出研究问题很重要，但有问题意识可能更重要。

2. 研究问题的要素和类型

那么该如何提出一个研究问题呢？通常来说，研究问题会涉及七个要素——"1D""5W"和"1H"。也就是说，提出一个研究问题通常会涉及 Did（是否）、Who（谁）、What（是什么）、When（何时）、Where（哪里）、Why（为什么）以及 How（怎样）。这些要素关涉将要展开研究的研究对象、研究对象所处的时空、研究对象所处的过程，以及其中的因果关系。

就类型而言，研究问题又可以分为三大类：探索性问题、描述性问题和解释性问题。这些不同类型的研究问题，究其实质，是这七大要素在不同情境下的不同组合所

形成的。

探索性问题就是一种尚未清晰界定的、亟待研究者进行探索的问题。在社会调查当中，探索性问题很多时候是探索大规模研究可行性的一个问题，它是为确定最佳研究设计服务的。当然探索性问题的设问可能非常宽泛，甚至可以从 Did（是否）的设问出发，同时涉及全部七个要素，只是深浅不一。

描述性问题指的是通过科学观察来描述情境或事件的问题。它要回答 What（是什么）的问题，当然这个 What 也离不开 Where（哪里）、When（何时）等要件，有些时候还会包括 How（怎样），就研究者或者读者关心的事件的发生、发展、结果进行追问。很多时候定性研究喜欢问描述性问题，通过"是什么""怎样"进行描述也是定性研究所擅长的。

解释性问题则是围绕 Why（为什么）这一问题来展开的，它关注的核心是因果关系。在很多学者看来，能够回答为什么的研究才是好的研究，而定量研究就非常擅长解决解释性问题。

研究问题三种类型的要点概述如图 2.2 所示。

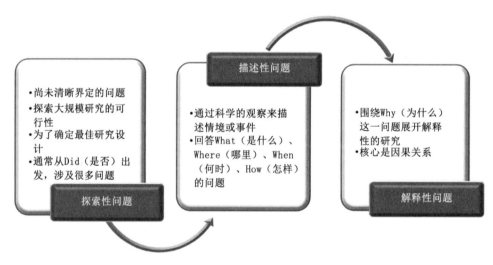

图 2.2　研究问题的三种类型

举例来说明三类研究问题的区别。假设我们想对中国大学的绩点制展开一些研究。如果你尝试问一个探索性问题，那么可以问"中国高校使用绩点制来评估学生的学习成绩吗？"如果尝试用描述性问题研究绩点制，那么可以问"中国高校如何使用绩点制方法？它会评估哪些方面？这些学校会怎么用？学生会怎么评价？"而解释性问题就

要问 "为什么有些高校使用绩点制，有些高校却不使用呢？为什么有些高校使用绩点制之后很'内卷'，有些高校却不'内卷'呢？"

究明研究问题的类型很关键，因为研究问题的类型决定了研究者要收集什么类型的数据，也决定着用哪些方法来收集和分析数据，还决定着研究设计的思路。

五、从选题到研究问题的明确化指要

从选题到研究问题
的明确化指要

前述虽然围绕选题、研究问题进行了详尽的解析，但是我们依然还面临着从选题到研究问题的明确化指要。换言之，如若找到了一个选题或者被安排了一个选题，那如何从中抽象出研究问题，特别是怎样才能提出一个好的研究问题呢？更为长远地来看，我们该怎么通过研究问题规划自己的研究生涯呢？就此我们可以尝试做一些最后的总结。

其一，从选题到研究问题的 "沙漏式" 提问。"沙漏式" 提问是从大问题中找到合适的研究问题的方法，即从大到小的明确化提问过程。例如，我们要研究 "大学生心理问题"，尝试通过 "沙漏式" 提问缩小选题，并提出自己的研究问题。首先，需要把研究对象缩小，将 Who 找出来。因为大学生的范围太广了，我们可以去研究本科生或者某一专业的本科生。其次，缩小研究时间的范围，解决 When 的问题。比如可以研究某个专业的大一新生，如果需要再缩小，可以研究大一第二个学期的学生心理问题，因为经历了第一个学期从高中到大学的生活转向，第二学期大学生的心理问题可能会更为典型。再次，可以限定地域范围，解决 Where 的问题。如果研究杭州高校大一学生范围还有点大的话，那么可以研究某一具体大学。最后，可以对研究主题进行收缩，解决 What 的问题。心理问题有很多，是何种心理问题呢？研究大一新生的心理焦虑，或者研究 "内卷" 问题可能更容易操作。经过一番明确化过程，我们的研究问题就变成了杭州某一具体大学体育系大一新生 "内卷" 问题研究，或者杭州某一具体大学心理系大一新生 "内卷" 心理的生成机制研究。这就是一个 "沙漏式" 的提问过程，由大到小，将问题一步步缩小并不断明确。

其二，要善于提出好的研究问题。有些学者认为 Why 的问题就是好问题，其实这有点绝对，因为大千世界不是只有因果问题才值得研究。清华大学刘军强教授认为"谜题"（puzzle）就是最好的研究问题，做研究要善于提出"谜题"。在他看来，所谓谜题就是认识上的一个空白，是新事实和旧事实之间不一致或相矛盾的地方，任何引发不确定性、困惑或好奇心的，以至于非解决不可的问题，都是谜题。为此，他举了一个例子：酒吧凳子大约有 70 厘米，但是我们日常生活中的凳子高度是 40～50 厘米，为什么酒吧凳子会高出这么多呢？[①] 谜题是提出研究问题时尽量要去实现的目标。谜题有什么作用呢？它能激起好奇心，吸引读者的注意力。就像"酒吧凳子为什么比日常生活中的凳子高这么多"这一谜题确实能够吸引我们的注意，引人产生困惑。更重要的是，回答谜题可以建立新的知识连接，可以带来新知。刘军强教授对"酒吧凳子为什么比普通凳子高"的答案是"方便酒吧里的互相搭讪"，这个答案似乎让人产生了一种拥有新知甚至"奇怪的知识增加了的感觉"。可以说，解答谜题有助于廓清我们的偏见，增加科学判断，这也是实证研究始终致力于去实现的目标。

好的谜题在理论上和经验上都应该是有趣的，它能激发读者的思考并引起共鸣。很多时候文章的"救星"并不在于作者的风格，而在于作者能够发现奇异的事实。那么，如何才能找出这样的谜题呢？社会科学鼓励运用差异性发问，并结合作者长期关注的问题意识来找出谜题。所谓差异性发问，就是要求运用差异性思维对社会现象进行敏锐的把握，并对之进行比较分析。从宏观上来说，它要求研究者从对现实的观察和对文献的掌握入手，开动脑筋对各类已有的研究假定、定论、结论进行质疑，找到其中的空白点和中间的一些连接点。从技巧上来说，它要求研究者通过一些设问句进行训练和探讨，比如用"有的……有的……"这样的句型来进行提问，因为这样的提问常常一半是控制，一半是比较：在控制了两个社会现象背景的同时，能够比较两种社会现象的差异，很容易引发人的好奇心 [②]。

其三，提出谜题，要善于训练问题意识，养成学术品位，然后灵活地选择研究问题。如果把研究问题落到四个象限的话，其可以分为大问题小意义、大问题大意义、小问题小意义、小问题大意义四种类型（图 2.3）。从做研究的策略和研究训练的角度以及当今的学术研究范式来看，很多时候研究者被鼓励去研究那些小问题大意义的问题，以小见大、由小观大，这也是社会学想象力所始终强调的。当然，这对于初学者来说可能具有挑战性，因为他们可能难以提出以小见大的问题，有时候就需要从小问

---

① 刘军强. 写作是门手艺 [M]. 桂林：广西师范大学出版社，2020：58-59.
② 刘军强. 写作是门手艺 [M]. 桂林：广西师范大学出版社，2020：63.

题小意义的身边事来入手。但是随着成长，研究者应该尽可能去做小问题大意义、以小见大的研究。到了一定阶段，便可以做一些大问题。史学家严耕望曾在《治史三书》中指出："青年时代，应做小问题，但要小题大做；中年时代，要做大问题，并且要大题大作；老年时代，应做大问题，但是不得已可大题小做。"[①]

三步提出论文的研究问题

图2.3 研究问题的四象限

第二节 文献综述的写作

对于社会调查、学术研究而言，文献综述是其中一个非常关键且具有一定技巧的组成部分。这一节将介绍文献综述的查找、阅读，以及如何基于阅读进行文献综述写作。

---

① 严耕望.治史三书[M].上海：上海人民出版社，2016：55.

一、文献综述

文献综述，英文为 literature review，也称为文献回顾或者文献评论。具体来说，文献综述指的是对到目前为止与某一个研究问题相关的各种文献进行系统查阅和分析，以了解该领域的研究状况。因此，学术研究对文献的"review"不是简单的回顾，而是有综合述评在其中的。

但是文献综述常常引发一些误解，例如被认为是论文中最无趣的部分，是给自己的观点做铺垫，甚至像是凑字数的内容。而一名初学者在写作文献综述之时，也很容易闯入一些误区。例如，简单地运用"Ctrl C + Ctrl V"，把他人的观点、长句复制、粘贴到一起就结束了，或者把所有能检索到的文章、观点，不管好坏，都列入自己的文献综述当中，成为良莠不齐的观点的堆砌。

事实上，对于学术研究来说，文献综述有着更深的意涵。

第一，文献综述是去了解前人做过的工作。如果把做研究比喻成造汽车的话，那么文献综述就是帮助研究者知晓前人的汽车是怎么造的，避免进行没有价值的重复劳动。

第二，文献综述能帮助研究者做好研究定位。它可以帮助研究者了解对于某一个特定的现象存在着哪些不同的研究，运用了哪些理论、研究方法，得到了哪些有价值的结果，还存在哪些缺陷、不足、空白点可以让研究者参考和借鉴，继续去讨论和延伸，甚至填补空白，这些工作对于研究创新具有非常重要的价值。

第三，文献综述是展现专业和研究素养的重要手段。如果前面二者是文献综述的显功能的话，那么这就是文献综述的潜功能。所谓"外行看热闹，内行看门道"，在进行学术评议的时候，文献综述事实上也是向学术界的研究同行、评审专家展示研究者对研究领域熟悉程度的一个环节。因而文献综述也可以成为一种文体，有不少重要期刊常常会发表某一领域的文献综述成果，这些文章其实是很值得阅读的。

在对文献综述进行"正本清源"之后，我们简要介绍文献综述的一般步骤（图 2.4 ）。

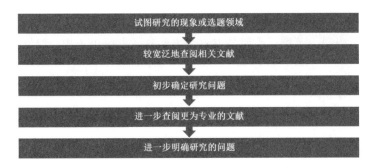

图 2.4　文献综述的一般步骤

通常而言，社会调查是从研究者感兴趣的社会现象或者想要研究的选题出发的。为此，研究者首先需要就着这些社会现象或选题，较宽泛地去查阅相关的文献，以查验该选题的已有研究积累、研究可行性以及可开拓的创新空间。

接着，研究者可以在此基础上初步形成自己的研究问题。当这个问题激发研究者进一步思考，驱使其展开好奇心和想象力的时候，研究者就需要再进一步查阅更为专业的文献。继而，研究者就可以把自己的研究问题再做明确化的考量，并最终确定研究问题。

例如研究者要研究大学生心理焦虑问题，在阅读了哲学、文学、人类学、社会学、思想政治等各个学科的文章之后，研究者发现自己的问题关怀在于大学生心理焦虑的生成机制，于是将自己的研究问题定位到社会学这个学科。之后，进一步查阅青年社会学、社会心理学、社会化等方面更为专业的文献，并进一步明确了用某个理论对大学生心理焦虑的生成机制展开讨论。

总之，文献综述是为社会调查的顺利进行服务的，是以选题和研究问题为中心而展开的，合宜的文献综述需要对研究阐述、解决研究问题有帮助。切忌被已有文献综述牵着鼻子走，甚至写出"大杂烩"。

二、文献的来源：如何查找研究文献

如何查找研究文献

文献综述是在阅读众多文献基础上产生的，对于研究者来说，首要的就是学会如何查找文献。具体而言，需要注意以下几个方面。

第一，明确文献的类型和查找的渠道。与此相关的主要有著作、论文、统计和档案资料以及电子资源。著作，也就是书籍，主要从图书馆里查找，级别越高的图书馆，馆藏越丰富。论文，主要来自期刊、索引，或者相关作品的参考文献。统计和档案资料，则存在于国家机关以及各种研究机构出版的统计年鉴、蓝皮书中，还储存在档案馆中。在互联网时代，论文的写作当然也离不开电子资料。第二，进行文献的检索与鉴别。当今很多文献检索工作都是通过电子计算机进行的，为此，我们主要呈现使用计算机进行文献检索的基本步骤。

通常来说，在进行一项课题研究的时候，要根据从大到小原则和相似性原则进行文献检索。即要先从覆盖范围较大的关键词、主题词开始检索，再逐步缩小检索范围，这样检索到的文献既可以保证文献量，又可以保障精确度。同时，一个研究问题往往会涉及多个不同领域，研究者应该按照相似性原则，在相关领域进行检索。例如，拟研究独生子女的社会化问题，研究者就要围绕独生子女、青少年问题、社会化、学前教育、学校教育、家庭教育、青少年发展教育等展开检索，这样才能检索到所需要的文献。又如，拟研究城市居民生活质量问题，则可能需要检索与某些省份、城市居民生活质量相关的研究。在主题方面，搜索居民生活质量之外，还要再关注幸福感、获得感、安全感等社会心态的研究，使文献库的储备量尽可能大。但是在这个学术呈现流水线式生产的年代，研究文献常常是海量的，很多初学者在写作文献综述的时候往往会把检索到的所有文献都铺陈进去，其实，很多时候真正值得综述的是高质量文献，因为高质量文献才能代表学术界的主流观点。查找高质量文献通常有两个办法。

首先是从查找渠道入手。

第一，查找发表在一流期刊上的文章。通常来说，入选 CSSCI（Chinese Social Sciences Citation Index，中文社会科学引文索引）、SSCI（Social Sciences Citation Index，社会科学引文索引）、A&HCI（Arts & Humanities Citation Index，艺术和人文引文索引）等期刊索引名录的，都是相关领域的一流期刊，往往是发表重要作品的载体。因此查找文献的时候，要多关注这些索引上的期刊。例如，当研究选题与社会学相关时，可能就要查阅发表在 *American Sociological Review*、*Annual Review of Sociology*、《社会学研究》、《社会》、《社会学评论》等入选 SSCI 和 CSSCI 的国内外一流社会学专业期刊上的作品。

第二，查找权威教科书、综述类文献。一般来说，一些汇聚经典研究的权威教科书会引证学科领域内的重要文献，而这些教科书在后续的不断再版中也会增补新的文献，因此权威教科书的征引文献可以作为高质量文献的基础库。综述类文献也是这样，好的综述类文献不仅会对相关研究的学术史进行一番梳理，而且一些核心期刊上的综述类文献既能帮助研究者检索到最经典的文献，又掌握到一些较新却经得起推敲的文章，甚至可能帮助阅读者快速站到研究的最前沿。

第三，查找学术权威发表的研究成果。文献综述的一个主要功能是回顾学术界已有的研究成果。那么谁能代表学术界、引领学术界呢？很多时候学术权威的研究成果能够代表和引领学术界。所以在做文献综述的时候，要给予学术权威的研究成果高度的重视。

第四，查找一些名校、名师开设的研究性课程的教学大纲。西方高校都会要求课程列出教学大纲、参考文献，这在国内高校也越来越流行。现在很多学校的名课程都开设了网络公开课程或推出了公众号，这上面往往会有他们的教学大纲、参考文献、阅读书目，有些时候这可以作为高质量文献进行参考。

第五，查找以 handbook 为名的论文集。handbook 就是手册，一些世界著名高校、机构会出版一些手册，例如牛津大学就出版过《牛津政治行为研究手册》《牛津政治学研究方法手册》《牛津金融社会学手册》等众多手册。这些手册其实都是论文合集，编撰时既有结构化的知识梳理，又有一些新旧结合、经典和前沿互相补充的文章，研究者阅读的时候，可以"顺藤摸瓜"，查找到手册背后隐藏的高质量文献。

第六，查找网络期刊数据库。前文提及的一流期刊、权威的学术文献都可以在网络数据库中找到。国内文献方面，中国知网 CNKI 和国家哲学社会科学文献中心，这两大数据库涵盖了大多数的 CSSCI 期刊文章。国际文献方面，可以查找 SSCI、A&HCI 相关的数据库，它们提供了全球社会科学界最高质量的作品。如果研究者从事中国研究，或者研究涉及我国港台地区，还应该查找一些香港与台湾的数据库，例如台湾的华艺线上图书馆便收录了很多台湾、香港的期刊所发表的研究成果。香港各个大学的图书馆网站也是很好的文献搜索来源。

如果有条件的话，还可以通过一些搜索引擎查找高质量文献资料。其中 Google Scholar 是一个很便利的学术搜索引擎，不仅可以检索到一些开源文献，还可以订阅一些著名学者发表的最新成果。另外，还有一些学术主页或开源数据库也是查找文献的好地方。例如 Academia，有很多学者在该网站上开设个人学术主页，将作品上传，供大家免费下载。此外，Library Genesis 拥有海量的电子书，值得研究者收藏使用。

其次是结构化的文献查找方法。如果研究者不想分门别类地查找高质量文献，或者作为初学者研究经验还不够充足，那么在获取海量文献之后，如何把高质量文献甄别出来呢？可以使用结构化的文献鉴别方法，其中有三个在学界较为通行的快速浏览步骤，可供参考。

第一，看作者。首先要看这篇文献是不是有署名，如果一篇文章连署名都没有，那可能就不值得留下来。如果文章的观点对将要开展的研究很重要，那就要想办法找到有署名的来源。接着要看作者的资质，如果是学术权威或该领域的专家，可能就要更认真对待。如果无法辨别作者是不是学术权威，可以查阅作者的历史发表记录，这在某种程度上可以帮助研究者更客观地看待这篇文章，特别是当这位作者的研究非常集中地聚焦在某个领域时，那说明他可能是这个领域比较重要的专家。

第二，看文献的载体。一般来说，论文集或期刊是文献发表的主要载体，如果是发表在论文集里的文献，可能要检视是否为重要出版社，因为国际学术界有很多高质量文章是发表在著名出版社出版的文集上的。如果是一篇期刊论文，那就要看期刊的级别、期刊的声誉如何等。接着要看文献的出版时间，一般来说，社会科学的文献综述在追溯经典研究文献之外，还看重最新出版的研究，时间越近，你就能获取越新的学术观点和资讯。

第三，看研究内容。一篇好的社会科学研究文章，肯定要介绍自己的研究方法，科学的方法才能得出科学的结论。接着审视文章的学术规范，引用是否恰当、公允，注释是否严谨，一名受过严格训练的学者应当是十分注意规范的。此外，还要看文章征引的证据是否丰富，论据是否科学、全面。

第四，看文字的文风。如果文章是用学术语言写作的，或者是用价值中立的文字写作的，那么这篇文章很可能是写给学术界的同仁看的；如果是散文式、小说式的写作，那很可能是普及性读物，或者作者并不是一位受过良好训练的研究者，这个作品便不值得纳入文献综述的视域。

三、文献阅读

文献阅读与文献综述

查找到文献之后，就要进入文献阅读的阶段了。不过，文献综述的文献阅读与寻常的文学性阅读、休闲式阅读是有很大区别的。文献综述的文献阅读是读写结合的，需要很多技巧。简言之，就是"会读才会写"。

相对于人文学科更为重视书籍的阅读而言，社会科学的研究要有书籍、论文兼顾阅读的意识。书籍当中往往覆盖经典文献、经典理论，它能够让读者的思考有系统且有深度，而读论文则能让研究者及时知晓最新的观点、理论与方法，所以两者要兼顾。基于文献综述对期刊论文的高频度引用，这里重点介绍怎么读论文。

第一，明确读什么。多数论文只须阅读摘要和结论、知晓大致观点即可，部分有一定可读性和价值的论文，可以继续阅读引言、理论框架、研究方法、研究发现以及研究结论，来进一步把握文章的全貌。部分重要论文，特别是与正在从事的研究紧密相关的代表性文献、核心文献，就要一字不落地通读全文，甚至要做些结构性、逻辑性、语句的分析。

对于初学者来说，阅读论文会经历一个"熟能生巧"的过程，刚开始可能会读得慢一些，可谓之精读；但熟练之后，自然就可以快速阅读，可谓之为泛读了。事实上，随着阅读经验的积累，研究者会慢慢形成选文章的感觉和眼光，可能会自然而然地对不同的文章采取不同的阅读技巧。

第二，以写带读。俗语云"好记性不如烂笔头"，研究性阅读更是如此，应养成边读边记笔记的习惯，并重点做好以下内容的记录。

首先，本篇论文的重要观点、结论和方法，特别是研究者想要记住的。

其次，本篇论文在研究设计上有哪些不足，有没有更好的改进方法，研究者可以记录下对这些方面的梳理。

再次，与本篇论文有类似观点及观点完全不同的文章。

最后，研究者对本篇文章的评议，主要包括对文章中心观点、论述、方法、讨论等部分的提炼，并对文章进行一些批评或升华。实际上，这样的记录稍加综合，便可以形成文献综述。很多学科的老师在训练新入门的学生时，会要求以写作读书笔记或读后感开始，这样的训练对提升文献综述写作能力是很有用处的。

拓展资料

批评性阅读策略 [①]

一些阅读经验比较少的初学者可能会面临一个问题，就是不知道怎么批评别人的文章，不会"找茬"。这里提供一个阅读文献和记笔记的方法，就是批评性的阅读策略。

学者钟和顺指出，在读一篇文献的时候，阅读者要随时准备好找几个要点——批评点、明显遗漏点、逻辑点和待讨论的问题点。批评点，指的就是现在的文章当中是不是有一个缺陷可供批评，可以让研究者在未来的论文中加以针对性弥补的。明显遗漏点，就是所阅读的文献是不是因为作者没有看到前人的研究，或者阅读不充分、不全面，而导致文献在理论、概念或分析方法上出现一些明显遗漏的地方。逻辑点，指的是文章在运用理论或者概念的时候，是否已经把文章想要解决的问题给解决了，它解决问题的逻辑是否顺畅，是否有不恰当的地方。那么，既然有了批评点、明显遗漏点、逻辑点，就会出现待讨论的问题点，研究者就可以着手写一篇文章去进一步探讨了。

第三，建立文献分级体系。哈佛大学出版的 *A Handbook for Senior Thesis Writers in History* 一书建议研究者应该建立一个文献分级体系 [②]，这个分级体系要在研究的过程中不断地查阅、调整、扩充。

首先，核心文献库。就是与从事的研究主题、问题意识直接相关的文献。

其次，经典文献库。每个领域都有一些人所共知、广为引用的文献，例如马克斯·韦伯、爱弥尔·涂尔干、卡尔·马克思等的著作，研究者要把这些社会学家的重要文献集中起来，随时打开、随时阅读、随时想起。

再次，沾边文献库。就是与研究者的研究相关，但是不一定直接相关的文献，这些文献可能会在研究方法、理论框架、研究视角方面对研究者有所启示，从而具有一定价值。

从次，批评文献库。就是那些在立论、方法、观点上存在明显缺陷的文献，这些文献往往是研究者可以通过批评、讨论以正视听的对象。如果这样的文献还是由某一

[①] 参见钟和顺. 会读才会写：导向论文写作的文献阅读技巧 [M]. 韩鹏，译. 重庆：重庆大学出版社，2015：33.

[②] 参见Harvard University. A Handbook for Senior Thesis Writers in History（2015—2016）[M/OL]. https：//history.fas.harvard.edu/files/history/files/thesis_handbook_2015—2016.pdf?m=1461853763.2023.04.17.

位有影响力的学者写就的，那么研究者或许就可以通过对这类文献的批评性讨论阐发一些有价值的观点。

最后，聚集文献库。就是那些重复性、相似度很高的文献。实际上学术生产体制催生出大量这样的文献，如果它们刚好讨论的是同样的问题、拥有近似的观点，那研究者就可以将其整合成聚集文献。研究者若能对这些近似文献进行集中的讨论，或在脚注中进行集中展示，还可以显示研究者对这个领域的把握。

四、综述写作

基于文献阅读的文献综述

正如前文所述，之所以称 literature review 为文献综述，而不只是文献回顾，是因为其中更为重要的是"synthesize"，也就是综合。文献综述的"综合"不是简单的概括，而是一个合成的过程，它就像"化学反应"一般，把不同要素组合在一起后，会形成一些新的东西。同时，文献综述是通过一定的逻辑框架顺序把不同的文献进行连接、对比、分析、讨论、评价，才能形成"化学反应"的一种文献综合方式。

事实上，不同的文献综合方式会形成不同的文献综述结构安排。在不同的书籍当中，有很多不同的文献综述结构。这里提供四种常见的文献综述结构。

第一种，按照综述对象不同的构成部分进行结构安排。一般来说，一个研究对象是由不同的部分构成的，如果有学者曾对这些不同部分进行过讨论，那研究者就要对之进行综述。例如，研究主题是国家认同，进行文献综述结构安排的时候就需要考虑国家认同的不同构成部分，可能包括政治制度认同、政府认同、民族认同、文化认同等方方面面。

第二种，按照综述对象自身的发生、发展顺序进行结构安排。在一些较为成熟的研究领域，一个研究对象往往有一定学术发展史，研究者综述的时候，就需要涉及研究对象在不同阶段的被关注点，呈现它是如何从一个部分推进到另一个部分，再到另外一个部分的过程，查看它们互相之间的因果逻辑关系等。例如，研究普通人的国家观念，也就是普通人如何看待国家这个选题，就可以按照国家作为一个研究对象的发展顺序进行综述。从最早的学术史出发，可以首先关注国家的哲学、国家理论的研究，例如马基雅维利、洛克等人，他们较为关心国家的本质是什么这样的原问题。继而，可以推进到国家组织、国家建构的研究，例如可以聚合性地讨论福山、斯考切波、米格戴尔等人对国家组织、国家发展的研究。最后，可以落脚到国家认同的研究，对国家如何凝聚人民认同、国家在哪些方面得以凝聚认同展开讨论。而通过学术史的梳理，研究者可以发现，以往的国家研究是一种至上而下的研究，往往是研究者自己心目中的"理想国家"，甚至将这种"理想国家"操作化，对公众进行测量，仿佛一个名叫"国家"的考官出了一份卷子给老百姓考试，答对了就是认同，答错了就是不认同。后来，开始兴起一种至下而上的国家观念研究，它是站在普通人视角的国家研究，试图去描绘老百姓心目中的国家，从而摆脱了国家认同研究的精英主义立场，并具有了更多的实践感。

第三种，按照主要的研究范式、学术流派、研究视角进行结构安排。学术是百家争鸣的，对于同样一个研究领域，会产生诸多不同的研究范式、学术流派、研究视角或观点。在文献综述当中，就可以把这些学派、范式之间如何互相争鸣，如何把话题推向深化呈现出来。例如，同样从比较政治学的视角研究国家，巴林顿·摩尔学派、亨廷顿学派以及亨廷顿学派内部的福山、米格戴尔都有着多样的不同看法。对这些学派之间以及学派内部争鸣的梳理，就可以成为文献综述。

第四种，按照研究的阶段进行结构安排。由于研究对象本身会变化，同时在不同时代、不同社会环境下，学者所关切的研究问题都会有所变动，所以在不同的时期，对同一个研究对象的研究思路和研究重点往往会出现较大的差异。因此也会有学者按照研究阶段对已有文献进行综述，这样的结构安排可以勾勒出不同发展阶段中变与不变的清晰轮廓。

第五种，问题式的文献综述结构安排。这是近年来比较时兴的文献综述写作方法，研究者往往会围绕某一个研究问题的由来、讨论和推进来进行综述。在综述中，作者会一步一步地把这个研究问题的不同观点呈现出来，并且迈向深入。

总之，不管采取哪种结构，一篇好的文献综述必须有明确的逻辑和顺序，要展现学术的研究进展，要体现研究者对文献的把握，同时要紧密地为研究问题和选题服务。

最后，再重申一些文献综述的注意事项，以供参考。

第一，切忌只述不评。如果研究者只是引用他人的观点，却不去评议它，这样的综述是无效的。

第二，要确保综述的准确与清晰。文献综述所引证的文献一定要亲自读过，不应引证未曾读过的文献，所有综述和批评不能"放空炮"，保证学术研究的严谨性。

第三，避免简单罗列和堆砌。所谓"Ctrl C + Ctrl V"的方法是不可取的，如若只是简单罗列和堆砌，那么这样的综述可能存在凑字数的嫌疑。

第四，应该尽量做到小题大做、重点突出。文献综述的写作也要发挥社会学的想象力，从小的议题看到背后的结构性因素、理论性发展，要尽可能地把这些要素勾勒出来，力争比前人看得更多、更远、更深。

✏ **小测验**

扫一扫做题

👥 **思考与实践**

1. 简述社会研究选题对整个社会研究工作的意义。

2. 尝试用"有的……有的……"句型提出一个研究问题，并说明这个研究问题的重要性和创新性。

3. 请谈谈你对文献综述的认识。

第三章　调查方案的设计

调查方案设计是正式开展调查研究前的必备环节。研究者需要根据调查目标，对整个调查研究工作的内容、方法、程序等进行规划，包括制定探讨和回答调查问题的策略，确定调查的最佳途径，选择恰当的调查方法，以及制定具体的操作步骤和实施方案等。

第一节　调查的目的与对象

做好调查方案的设计，首先需要明确调查的目的和调查对象，这关涉一项研究的定位，澄清这两点能够让研究者明确自己是在做什么研究，以及研究者到底在研究什么。

一、明确调查目的

明确调查目的

前文在讨论研究问题时，曾提出过三大类研究问题，即探索性问题、描述性问题和解释性问题，不同类型的研究问题决定了研究者要收集什么类型的数据，也决定了用哪些方法来收集和分析数据。实际上，不同类型的研究问题也关联着不同的调查目的和研究设计思路。就此而言，按照不同的调查目的，调查研究可以分为探索性分析、描述性分析和解释性分析。

1. 探索性分析

研究者对所分析的社会现象还不大熟悉、不大了解，或者现有的成果也缺乏对这一方面的研究时，需要研究者对社会现象进行初步考察，为今后研究奠定基础。例如，《管理世界》杂志曾经刊登过一篇文章《转型时期中国企业家胜任特征的探索性研究》，21世纪第一个十年社会对企业家很感兴趣，那时候很多写企业家的书都成了畅销书，如吴晓波的《激荡三十年》、冯仑的《野蛮生长》，但是关于企业家的研究才刚刚起步，尤其是企业家之所以能够成为企业家的原因还没有被解码。《转型时期中国企业家胜任特征的探索性研究》这篇文章通过对30位国内优秀的企业家进行访谈，提炼了58条企业家胜任特征条目并编制了初步的量表。在抽样调查基础上，通过因子分析和结构方程建模，提出了三大类属的因子结构及相关路径，为建立我国企业家胜任特征模型进行了初步的实证探索[①]。

　　近年来，随着大数据、人工智能、互联网社会的深度扩展，又有众多新的社会现象涌现出来，社会各界对这些新事物当中有什么样的机理、会对现代社会发展产生什么影响都十分好奇。事实上，相关研究都还处于探索性分析的状态，作品一旦发表，也很有机会成为高被引作品。表3.1中是近年来发表的探索性分析高被引作品，大家可以读一读，并且评估这些作品是否达到了艾尔·巴比所谓的探索性分析的三大目标：（1）满足了研究者或读者的好奇心和对新事物了解的欲望；（2）展现了对某些议题细致研究的可行性；（3）发展了后续研究所要使用的方法。同时你能否从其中发现一些设计探索性分析的调查方案的技巧？

表3.1　探索性分析的代表性论文

题目	发表时间	下载量（截至2023/3/4）	二维码
任桐，姚建华.平台经济中的"数据劳动"：现状、困境与行动策略——一项基于电竞主播的探索性研究 [J].国际新闻界，2022，44（1）：118-136.	2022年1月	6577	
机器人与就业——基于行业与地区异质性的探索性分析 [J].中国工业经济，2020，389（8）：80-98.	2020年8月	9086	

---

① 林泽炎，刘理晖.转型时期中国企业家胜任特征的探索性研究 [J].管理世界，2007（1）：98-104.

续表

题目	发表时间	下载量（截至 2023/3/4）	二维码
胡鹏辉，余富强 . 网络主播与情感劳动：一项探索性研究 [J]. 新闻与传播研究，2019，26（2）：38-61.	2019 年 2 月	10607	
周懿瑾，魏佳纯 ."点赞"还是"评论"？社交媒体使用行为对个人社会资本的影响——基于微信朋友圈使用行为的探索性研究 [J]. 新闻大学，2016（1）：68-75.	2016 年 1 月	9380	

2. 描述性分析

描述性分析是研究者通过收集资料，获得某些群体、组织或社会现象在某些特征上的分布状况信息，以解答社会现象"是什么"，对现象的状况、特点和发展过程作出客观、准确描述。例如，《西藏人口结构现状的描述性研究》一文从人口的性别结构、年龄结构、地域结构、经济结构以及社会结构等方面做了全方位调查，对西藏的人口行为和变动的结果进行了描述，并提出了西藏人口结构存在年龄多高、婚姻挤压、女性教育等问题[1]，为相关人员了解西藏人口的状态提供了一个概览。

3. 解释性分析

解释性分析试图回答"为什么"的问题，致力于探讨社会现象背后的原因，预测事物的发展趋势及后果，探讨社会现象之间的因果联系。解释性分析能够解答人们的困惑，增加新的知识。例如，中国为什么能够成为"基建狂魔"呢？早在 2007 年，复旦大学就有学者探讨过这个问题，并写就了《中国为什么拥有了良好的基础设施？》一文，发表在《经济研究》上。这篇文章根据省级面板数据，测量了改革开放以来中国基础设施的存量变化、地区差距、基础设施投资支出，发现在上级政府对地方政府"招商引资"指标考核的压力下，地方政府之间的考核竞争、公共支出竞争、向发展型政府转型的压力成为我国增加基础设施投资的重要因素[2]。

那么探索性分析、描述性分析与解释性分析之间有什么联系和差异呢？表 3.2 列举了三者在研究对象规模、抽样方法、资料收集方式、资料分析方法、主要目的、基

---

[1] 方晓玲 . 西藏人口结构现状的描述性研究 [J]. 西藏研究，2006（1）：98-106.
[2] 张军，高远，傅勇，等 . 中国为什么拥有了良好的基础设施？[J]. 经济研究，2007（3）：4-19.

本特征等方面的差异。

表 3.2　探索性分析、描述性分析、解释性分析的差异对比

项目	探索性分析	描述性分析	解释性分析
研究对象规模	小样本	大样本	中样本
抽样方法	非随机抽样	简单随机、按比例分层	不按比例分层
资料收集方式	观察、无结构式访问	问卷调查、结构式访问	调查实验等
资料分析方法	主观、定性的	定量的、描述统计	相关与因果分析
主要目的	形成要领和初步印象	描述总体状况和分布特征	变量关系和理论检验
基本特征	设计简单、形式自由	内容广泛、规模很大	设计复杂、理论性强

二、明确研究对象

明确研究对象

在知晓了调查目的，明白了研究者是在做探索性分析、描述性分析，还是解释性分析之后，就要正式设计调查方案了。调查方案设计的第一步就是明确分析单位。

分析单位（units of analysis）是指在研究中被分析和描述的对象。应注意分析单位也就是通常所说的研究对象，就此，我们可以进一步掌握分析单位的两个基本特点。

（1）研究所收集的资料直接描述分析单位中的每一个个体。如果分析单位是个人，那么调查资料就会描述每一个个人的年龄、性别、职业、学历背景等；如果分析单位是家庭，那么调查资料就会描述每一个家庭的规模、结构、年收入等。例如，拟开展"进城农民人际交往调查"，分析单位不是人际交往而是农民工，因为农民工才能成为调查资料直接描述的对象。

（2）将对这些个体的描述集合起来，可以描述由这些个体所组成的群体（样本），以及由这一群体所代表的更大的群体（总体），或者用这种描述去解释某种社会现象。例如，拟研究大学生"炒鞋"行为，大学生是分析单位，调查资料会描述每位受访大学生的年龄、性别、每月零花钱数、是否参与"炒鞋"、对不同品牌鞋子的偏好、对"炒鞋"的态度等方面，继而将这些描述以平均数、百分比等形式表现出来，用以描述所调查的大学生样本，并运用一些统计推断的技术来推断大学生总体，试图看到大学生"炒鞋"行为的逻辑、态度和倾向。

在开展调查的时候，必须注意区分分析单位、调查对象、调查内容与抽样单位（表 3.3）。

表 3.3　分析单位、调查对象、调查内容与抽样单位的区别

名称	含义
分析单位	是一项调查所研究的对象，是收集资料的基本单位
调查对象	是研究者收集资料时所直接询问的对象
调查内容	是分析单位的属性或特征
抽样单位	是抽取调查样本时所使用的单位

如果拟开展抽样调查 "杭州市主城区家庭代际关系问题调查"，其中的分析单位、调查对象、调查内容、抽样单位各是什么？

【参考答案】

按照定义，分析单位是一项调查所研究的对象，是收集资料的基本单位。因此，本次调查的分析单位是 "家庭"。由于 "户主" 常常是收集资料时的询问对象，故调查对象是家庭中的 "户主"。而 "代际关系" 则是本项调查的调查内容。抽样单位则是 "家庭（户）"。分析单位、调查对象、调查内容、抽样单位这几项内容有时会重叠，有时又会有差异，研究者要结合具体的调查情境做好区分。

社会调查中有很多分析单位，最常见的是以下五类。

1. 个人（individual）

个人是社会调查中最常用的分析单位。但个人在具体的调查中往往不是抽象的个人，而是具体的个人，可能是农民、市民、大学生、军人等。

2. 群体（group）

群体是由若干个人所组成的各种社会集合，例如前文提及的家庭、作为一个社会类别的青少年群体、在舆情研究中作为重要调查对象的网民群体，以及曾经十分受到关注的农民工群体等。

3. 组织（organization）

组织是具有明确目标和正式分工，按照一定规则建立起来的群体形式。组织是日常生活中非常常见的分析单位，如工厂、企业、学校、机关等。

4. 社区（community）

社区指一定地域内人们的生活公共体，包括农村社区、城市社区、城镇社区等。社区是社会学的经典研究对象，中国社会学的鼻祖之一"燕京学派"就是以社区研究为专长和特色。

5. 社会产品（social production）

社会产品是指人与人互动之后所形成的人类行为，以及某种人类行为所导致的各种社会产物。跳舞、争吵、赞美、婚礼、葬礼、会议等行为模式、生活方式的方方面面都可以被称为社会产品；绘画、书籍、服饰、礼物、戒指、徽章等由行为模式所形成的物件也可以被称为社会产品。

拓展资料

如何确定分析单位？①

分析单位是研究设计分析和数据分析的重要元素。学生们有时会在确定分析单位时遇到困难。最简单的方式是从研究涉及的变量入手。

考虑一下"家庭平均收入是4万美元"。这里，收入是一个变量，并从属于家庭。

为了计算平均收入，我们需要加总所有家庭的收入，再除以家庭数量。家庭是我们的分析单位，对这一单位的分析通过收入变量进行测量。

另一种确定分析单位的方式是对分析过程进行上溯。

看看"24%的家庭至少有两位成年人的年收入在3万美元以上"这一结论。成年人可以赚取工资，不过，这句话的重点在于，家庭里是否有这样的成年人。为了推导这一结论，我们需要研究一些家庭。对于每个家庭，我们需要询问他们家是否至少有两位成年人的年收入在3万美元以上，每一个家庭成员都会回答"是"或"否"。最后，我们将计算回答"是"的家庭占所有家庭的比例，并得出结论。因此，家庭是这一研究的分析单位。

由于分析单位从微观到宏观、从实体到行为的囊括面很广，研究者很容易犯与分析单位有关的错误。常见的有层次谬误和简化论两类。

---

① 巴比.社会研究方法[M].邱泽奇，译.14版.北京：清华大学出版社，2020：89.

1. 层次谬误（Ecological Fallacy）

层次谬误也称为生态谬误或区位谬误，是指在社会调查中，研究者用比较高的分析单位作调查，而用比较低的分析单位作结论的现象。或者说，研究者在一个比较大的分析单位上收集数据，而在一个比较小的分析单位上下结论。例如，调查犯罪问题时发现"黑人多的城市犯罪率比黑人少的城市犯罪率高"，由此得出结论："黑人更容易犯罪或犯罪率高。"这就是典型的层次谬误——在城市的层次上收集数据，却在个人的层次上下结论。实际上，层次谬误在调查研究中是屡见不鲜的，一些社会中的种族歧视、社会冲突都与层次谬误有关系。

2. 简化论（Reductionism）

简化论又称还原论、简约论，简化论与层次谬误恰恰相反，是指研究者用比较低的分析来收集资料，而给出的结论却是比较高的分析单位是如何运行的。

例如对城市的人口进行调查时发现"流动人口比非流动人口的犯罪率高"，由此推出"流动人口多的城市比流动人口少的城市犯罪率高"的结论。这显然是不合理的，是典型的简化论。

拓展资料

战争可以被简化吗？①

为什么会发生第一次世界大战？你可能听说过那是因为在1914年有一位塞尔维亚人枪杀奥匈帝国的皇储，这就是简化论。是的，刺杀是一个因素，但是国家之间的宏观政治事件——战争，不能被简化为某个人的特定行为。如果可以这样做，我们就也可以说这次战争的发生是因为那天早上刺客的闹钟响了并把他叫醒。如果闹钟没有响，就不会有刺杀事件，所以是闹钟造成了这场战争！

整个事件（第一次世界大战）要复杂得多，它是许多社会、政治与经济势力在历史的某一点上共同作用的结果。某个特定个人的行为固然有其作用，但是相对于这些宏观力量而言，则只居次要地位。个人会影响事件，而事件最后再结合较大规模的社会势力与组织而影响其他人并且牵动国家，但是单独的个人行为并不是原因。因此，即使在那个时间点前后没有发生刺杀事件，很有可能还是会爆发一场战争。

---

① 纽曼. 社会研究方法：定性和定量的取向 [M]. 郝大海，等译. 7版. 北京：中国人民大学出版社，2021：173.

第二节　调查方案的基本框架

在明确调查目的和调查对象之后，就可以正式开始做调查方案的设计工作了，本节将首先论述调查方案的设计原则，而后通过具体的实例来介绍调查方案。

一、调查方案的设计原则

调查方案的设计原则

调查方案的设计原则主要包括完整、周密性原则，可行性原则，时效性原则，以及经济性原则。这些原则与选择调查课题的原则有相似之处，但也有一些差异，因为其中已经涉及了具体的操作化问题。

1. 完整、周密性原则

设计调查方案必须做到完整、周密，这是方案设计中最重要的一点，也是研究者需要时刻提醒自己的一点。研究者对社会调查中有可能出现的问题要有所预料，并事先做好预案，提出解决办法，只有这样才能在实际调查中临危不乱。如果调查方案中出现疏忽或遗漏，就会给实际调查带来困难。例如，当用问卷进行资料的收集工作时，如果所列的问题不科学或选项不穷尽，那么不仅难以得出正确的结论，而且会造成调查精力、调查经费的浪费。因此，调查方案的设计一定要尽可能做到完整、周密。

2. 可行性原则

与选择调查课题一样，设计调查方案必须从实际出发，使方案切实可行。要根据调查人员自身的业务水平、调研能力及个人兴趣设计调查方案、确定调查内容和范围，使调查者能够胜任调查工作。同时，设计调查方案时还应当考虑社会的切实需要和实地条件，如果是一项跨地区调查，就要尽量选择那些地方政府支持力度较大、群众基础较好的地区开展社会调查，力保调查工作能顺利完成，收集到适宜的数据。

3. 时效性原则

设计调查方案必须充分考虑时效性，特别是一些应用性课题，往往具有很强的时效性。例如，新产品的市场预测、上半年物价上涨情况、近几年社会犯罪率上升的原因及对策等均为时效性极强的调查项目，应在短期内调查清楚，并提出一些对策性建议。如果时间拖得过长便会失去调查研究的社会指导意义，会大大降低调查成果的社会价值。学术类的调查课题也同样有时效性问题，特别是社会科学是直面实践的学科，学术热点往往围绕着时代的脉搏跃动，敏锐的调查者就会紧紧地把握住这些新动向，开展有时效性的研究。只有坚持了时效性原则，才能使社会调查适应瞬息万变的现代社会发展。

4. 经济性原则

社会调查对人力、物力和财力均有较高要求，因此要尽量遵循经济性原则，力争用最小的投入取得最大的调查效果。在调查方式的选择上，能用抽样调查就尽量不用普遍调查，能用典型调查就尽量不用抽样调查；在资料的收集方法上，能通过文献研究解决的问题，就不做现场调查，能通过观察、访问解决的调查课题，就不去做实验调查。同样，在调查范围的大小、调查对象的多少、调查时间的长短、调查人员的选择与培训等方面，也都应努力体现经济性原则。当然，经济性原则是为了将有限的人力、物力和财力运用到更多的调查研究中去，获得更多的研究发现，配置好研究资源，充分延展研究者的研究生命。

二、调查方案的具体设计

调查方案的具体设计

调查方案的具体设计是做开展调查前的最后预备。一般来说，一个具体的调查方案会包括但不仅限于以下八个方面内容（表 3.4）。

表 3.4　调查方案的主要内容

序号	主要内容
1	说明调查课题的目的、意义
2	说明调查的内容

续表

序号	主要内容
3	说明调查范围、调查对象和分析单位
4	说明抽样方案
5	说明资料收集方法和分析方法
6	说明调查人员的选择、培训与组织
7	调查经费与物质手段的计划与安排
8	确定调查的场所、时间与进度安排

下面结合具体案例——浙江工业大学学生食堂满意度调查来探讨调查方案的具体设计。

1. 说明调查课题的目的和意义

调查是为了了解浙江工业大学学生对学生食堂的满意程度，了解同学们对食堂各方面饭菜、服务、环境等的感受，找出学生食堂现存的问题，并向有关部门提出一些对策建议，从而提高学生的生活质量，增加学生对学校的认同感。

2. 说明调查的内容

以学生对食堂的满意度为中心，涉及营养搭配、饭菜价格、时间安排、餐具供应、卫生状况、就餐秩序、服务态度……在设计时应尽可能遵循完整、周密性原则，对调查维度、研究内容进行充分考虑。

3. 说明调查范围、调查对象和分析单位

调查范围：浙江工业大学；
调查对象：在校学生；
分析单位：个人（学生）。

4. 说明抽样方案

按照经济性原则，初步确定采取分层抽样方法，按照院系—专业—班级—个人四个步骤进行抽样。
第一步：从全校20个院系抽取3个院系；
第二步：从每个院系中抽取2个专业，共6个专业；
第三步：从每个专业中抽取3个班级，共18个班级；

第四步：从每个班级中抽取 20 名学生，共 360 名学生。

5. 说明资料收集方法和分析方法

资料收集方法如下。

（1）自填式问卷：通过学工部门联系被抽中院系的辅导员及相关班委，拟请协助调查员分发并回收问卷。

（2）观察法：由调查员直接进入食堂进行参与式观察，全方位体验排队、买菜、结账等各个环节，并与在食堂就餐、社交的同学做一些深度访谈。

资料分析方法如下。

拟使用在本门课程中将要学习到的一些核心技术——单变量描述统计和推论统计以及双变量的交互分析和回归分析对资料进行科学分析。

6. 说明调查人员的选择、培训与组织

如前所述，一项社会调查往往是众多研究者共同合作的产物，在方案设计当中必须对调查人员的选择、培训与组织管理工作进行说明。尽管这项研究是在本校展开，但是依然不可忽略这个环节。针对这项研究可以做出如下安排。

（1）挑选调查员：调查员队伍由 10 ～ 15 名学生组成，男女生比例最好相当。要求具备诚实、认真的品质以及较强的人际交往能力、口头表达能力和自我保护能力。

（2）培训调查员：培训内容包括让调查员了解调查项目、明白调查要求、提高访问技巧、熟悉问卷、做试访问、进行分组，以及明确管理要求等。

（3）联系调查：与被抽中班级的辅导员、班委联系，辅助完成问卷填写。

（4）与调查员说明参与调查的报酬。

7. 说明调查经费与物质手段的计划与安排

通常可以通过表格来呈现。如表 3.5 所示，内容包括问卷调查、资料收集、资料分析、报告撰写、印刷等各个环节所需要的时间及劳务报酬等。

表 3.5　调查经费与计划安排

项目	时间分配（天）	预计经费（元）	备注
确定调查目标，制定调查计划	3	300	制定人劳务费

续表

项目	时间分配（天）	预计经费（元）	备注
设计问卷、组织问卷调查和现场观察	5	1000	包括问卷设计、印刷费用、访问员的劳务费
资料整理分析	5	1000	包括数据录入、统计、分类等
草拟调查报告	3	300	撰写人稿费
调查报告定稿并印刷	5	1000	撰写人稿费、印刷费用
合计	21	3600	

✎ 小测验

扫一扫做题

❉ 思考与实践

1. 你如何理解"层次谬误"？请结合实例说明层次谬误会导致什么样的后果。

2. 调查对象、抽样对象和研究对象有什么联系和差异？

3. 请查阅并学习《中国综合社会调查 调查手册》。

第四章　抽　样

当研究者想要对某一社会现象的总体或某一类人的总体进行描述和研究时，往往面临穷尽每一个个案的挑战。比较理想的情形是，从总体中精准地调查具有代表性的个体，基于样本数据，将"通则化"的研究成果应用于对总体的描述。本章将对抽样的概念与作用、抽样的程序与原则、概率和非概率抽样方法、绘图抽样进行逐一介绍。

第一节　抽样的概念与程序

一、抽样的概念与作用

抽样的概念与作用

1. 抽样的概念

（1）总体

总体（population）通常与构成它的元素（element）共同定义：总体是构成它的所有元素的集合，而元素则是构成总体的最基本单位，它可以是个人、家庭、社区、组织、国家，一份政策文件、一次社会行动。在社会研究中，最常见的总体是由社会中的某些个人组成的，这些个人便是构成总体的元素。比如，当我们对某市居民的政治参与程度进行研究时，该市所有居民的集合就是研究的总体，而每一个居民便是构成总体的元素。

（2）样本

样本（sample）就是从调查总体中按一定方式抽取出来的一部分代表的集合体。比如，从某大学总数为4万人的大学生总体中，按一定方式抽取出500名大学生进行调查，这 500 名大学生就构成该总体的一个样本。在社会研究中，资料的收集工作往往是在样本中完成的。

（3）抽样

抽样（sampling）是指从总体中选取一部分代表、抽取样本的过程。比如，某公司调查员工工作满意度时，从 5000 名员工所构成的总体中，按一定方式抽出 300 名员工的过程，叫作抽样。抽样的作用在于，如果抽样过程实施科学，对 300 名员工工作满意度的调查研究只花费了研究总体 6% 的成本和时间，也能产生与调查总体相同的结果。

（4）抽样比

抽样比（sampling ratio）是指所抽取的样本数量与总体数量之比。

（5）抽样单位

抽样单位（sampling unit）是直接抽样时所使用的基本单位。抽样单位与构成总体的元素并不必然相同。比如，从 600 万人的城市居民总体中抽出 1000 名居民，单个的居民是抽样单位；但是，当我们从这一总体中一次直接抽出 50 个街道（共 1000 名居民）作为样本时，抽样单位则为街道，而构成总体的元素为居民，两者并不相同。

（6）抽样框

抽样框（sampling frame）又称作抽样范围，它指的是一次直接抽样时总体中所有抽样单位的名单。比如，从某城市的全体居民中，直接抽出 1000 名居民作为样本，那么，该市所有居民的名单就是抽样框。如果是从该市的所有社区中抽出 40 个街道的居民作为样本，抽样框则是该市所有街道的名单。

（7）参数值

参数值（parameter）又称总体值，它是关于总体中某一变量的综合描述。比如，某市适龄劳动者的平均工资收入，它是关于某市适龄劳动者这一总体在工资收入这一变量上的综合描述。只有通过对总体中的每一个元素一一调查或测量才能得到参数值。

（8）统计值

统计值（statistic）也称为样本值，它是关于样本中某一变量的综合描述。样本值是从样本的所有元素中计算出来的，它是相应的总体值的估计量。抽样的目的之一，就是通过这些样本值去估计和推断各种总体值。

参数值与统计值的区别在于：参数值是确定的、唯一的数值，并且通常是未知的；统计值是有变化的，由于从一个相同的总体中可以根据不同的抽样设计得到若干个不同的样本，不同样本所得到的统计值常常是有差别的。它们之间的联系在于：抽样设计的目标，就是尽可能使所抽出的样本的估计量接近总体的参数值。

（9）置信水平

置信水平（confidence level）又称为置信度，指总体参数值落在样本统计值某一区间内的概率。比如，95% 的置信水平是指总体参数值有 95% 的概率落在样本统计值的某一区间内，或者说，有 95% 的把握认为总体参数值落在样本统计值区间内。置信水平越高，抽样的可靠性程度越高。

（10）置信区间

置信区间（confidence interval）是指在一定的置信水平下，样本统计值和总体参数值之间的误差范围。置信区间越大，抽样的误差范围越大，抽样的精确程度越低。

2. 抽样的作用

在明确抽样的作用之前，首先需要弄清楚抽样方法论的存在前提。社会科学所做的一切都是为了了解差异从何而来。社会科学存在三大原理[①]。一是变异性原理（Variability Principle），变异性是社会科学研究的本质。社会科学要研究变异的和差异的，而非共性的。二是社会分组原理（Social Grouping Principle），通过社会分组可减少组内差异。个体之间存在差异性，但个体可以分成组。分组显示了组与组之间的差异，这意味着每个组内有相对组外更高的共同性。因此，社会分组可以帮助获得概括总体的有用的参数信息。三是社会情境原理（Social Context Principle），群体性变异的模式会随着社会情境的变化而变化，这种社会情境常常由时间和空间来界定。从社会科学原理可知，社会群体具有异质性，这正是抽样的前提。如果社会研究中某个总体中的每一个成员在所有方面都相同，那么这个总体就具有百分之百的同质性，这种情况下通过一个个体就能了解到整个总体的情况，抽样便没有必要。然而，现实社会中不可能有完全相同的人，现实社会中的绝大多数群体通常存在着程度不同的异质性。在这些普遍存在的异质性现实面前，严格的概率抽样程序与方法必不可少。

因此，面对异质性的社会总体，抽样的基本作用是向人们提供一种实现"由部分认识总体"这一目标的途径和手段。它被广泛应用在各种形式的社会科学研究、自然科学研究，以及生产、销售等经济活动中。例如，对社会热点问题进行民意测验、对不同水稻品种的产量进行估计、对各种商品的质量进行检验或评比，都离不开抽样方法。

本章伊始就阐述了对总体中的所有个体展开研究的不现实性。比如，物理上不具

---

① 谢宇.社会学方法与定量研究 [M]. 2 版 . 北京：社会科学出版社，2012：34.

备考察总体项目的可能性，对总体中每个项目逐一考察费用过高、耗时过长，这些因素使得研究者需在庞大的总体与有限的时间、人力、经费之间寻求平衡。以现代统计学和概率论为基础的现代抽样理论，以及不断发展、不断完善的各种抽样方法，保证了样本结论的充分性，正好适应了社会研究的发展和应用的需要。

以下的例子可以综合地说明抽样所具有的强有力的作用：

抽样调查最明显的用途之一是政治选举。每次美国总统大选之际，不少民意测验机构会对美国总统选择投票的结果进行如火如荼的预测。1936年美国总统选举前夕，盖洛普民意测验所仅仅调查了3000人，就成功地预测了民主党人罗斯福将当选为美国的新一任总统。1984年这家民意测验机构又一次成功地预测了罗纳得·里根将以59%比41%的优势战胜蒙代尔而当选为美国的新一任总统。这一预测结果与实际投票结果（59%：41%）相一致。而当时盖洛普民意测验所在将近1亿美国选民中，调查的对象还不到2000人。同样，2008年，Fox、NBC等各个民意调查机构预测的结果都惊人的相似，2012年选前民调再次有效地预测了奥巴马赢得连任。

如今，抽样调查在我国政府统计中也有着日益广泛的应用，政府在每月都要进行工业调查、建筑业调查、居民消费价格调查等，每个季度进行农业调查，每年要进行1‰人口抽样调查。抽样调查为政府部门掌握和研究人民生活、市场价格、货币流通、劳动工资、社会保障等众多工作提供了决策依据[1]。

拓展资料

抽样的类型[2]

定性与定量研究中的抽样有所区别。定性研究者关注少数样本、小的单位、个案或行为的集合，以及它们是怎样展示社会生活的关键维度。其侧重的是发现特殊个案，以提升研究者在特定内容方面对社会生活过程的认识。是研究对象与研究主题的相关性而非代表性决定了研究者选择哪些人进行研究。定性研究者可能会刻意选择那些众所周知但结果比较奇怪的案例，例如，有研究者研究18世纪法国大革命及发生在20世纪中国和法国的革命。选取这三个样本说明作者是根据

---

① 金勇进，戴明锋．我国政府统计抽样调查的回顾与思考 [J]．统计研究，2012，29 (8)：27-32.
② 纽曼．社会研究方法 [M]．北京：中国人民大学出版社，2007：216-217；金，基欧汉，维巴，等．社会科学中的研究设计 [M]．上海：上海人民出版社，2012：125.

被解释变量来选择观察样本的。再如，如果研究者认为美国在第三世界的投资是这些国家内部动乱的主要原因，研究者也许会有意识地选择那些接受美国投资也没有动乱的国家作为研究对象。

定量研究者的基本目标是获取一个有代表性的样本，或从一个较大的单位或个案的集合或总体中，获取一个小的单位或个案的集合，这样，研究者可以研究较小的群体，并对较大的群体进行精确的推论。定量研究者倾向于使用以数学上的概率理论为基础的抽样类型（被称为概率抽样）。

二、抽样的一般程序与原则

抽样的一般程序与原则

1. 抽样的一般程序

（1）界定总体

界定总体是指在具体抽样前，对从中抽取样本的总体范围作出明确的界定。要对总体进行界定的原因有两方面。一是由抽样调查的目的决定的，其目的是调查部分以反映总体，因此必须明确总体的范围。二是界定总体是达到良好抽样效果的前提条件。如果对总体缺乏清楚的认识和明确的界定，即使采用最严谨的抽样方法，也可能会南辕北辙，抽出的样本对总体不具有代表性。由于总体总是不断变动的，在某一地点某一时刻，某些人会离开划定的区域界限，或者去世，因此需要设置临时的界限。例如2017年全国生育状况抽样调查，设置了2017年7月1日零时的时间界限，将该调查的总体设定为该时间点，覆盖中国31个省（区、市）以及新疆生产建设兵团的15～60岁的中国籍女性；中国劳动力动态调查（CLDS）则瞄准了15～64岁的劳动年龄人口对象。

（2）决定抽样方案

本章将会在后文介绍多元的抽样方法及其适用情境，对于具有不同研究目的、范围、对象和客观条件的社会研究来说，适用的抽样方法也是各异的。除了确定抽样的具体方法，还要确定抽样的精确程度与样本规模。

（3）制作抽样框

当采用一次性抽样时，应依据已经明确界定的总体范围，收集总体中全部抽样单位的名单，并对名单按随机原则进行统一编号，建立起供抽样使用的抽样框。抽样框是界定总体的操作化过程，是将抽象的总体概念转化为具体的、经验的全部元素名单，它有很多类型，包括电话簿、公司员工花名册、工商联纳税名单等。好的抽样框对于科学的抽样十分关键，但由于界定总体并不简单，可能会因为没有精确地囊括总体中所有元素的名单，导致抽样框与研究中概念界定的总体出现不一致，抽样的效度大大削减。另外，当采取多级抽样时，须制作多个抽样框。

（4）实际抽取样本

即在前面几个步骤的基础上，严格按照所选定的抽样方法，从抽样框中抽取一个个抽样单位，构成调查样本。

（5）评估样本质量

对样本的质量、代表性、偏差等进行初步的检验和衡量，其目的是防止由于前面步骤中的失误而使样本偏差太大，进而导致整个调查的失误。

评估样本的基本方法：将可得到的反映总体中某些重要特征及其分布的资料与样本中的同类指标的资料进行对比。若两者差别很小，则可认为样本的质量较高，代表性较好；反之，若二者之间的差别十分明显，则表明样本的质量不高，代表性不好。因而需要对前面的抽样步骤进行检查、修正，直到抽出质量较高、代表性较好的样本为止。

2. 抽样的原则

一个优秀的抽样设计应符合四个原则。

（1）方向性原则

方向性原则是指在进行抽样方案设计时，要以课题研究的总体方案和研究目标为依据，以研究问题为出发点，从最有利于研究资料的获取以及最符合研究目的等因素来考虑抽样方案和抽样方法的设计。抽样方法无所谓好坏，其科学性取决于是否与研究目的和内容相匹配。

（2）可测性原则

可测性原则是指抽样设计能够从样本自身计算出有效的估计值或者抽样变动的近似值。抽样的基本逻辑是以样本推断总体，需要以必要的数据作为支撑。这是统计推断的基础，是样本结果与未知的总体值之间客观的、科学的桥梁。

（3）可行性原则

可行性原则是指研究者所设计的抽样方案必须在现实情境中行得通。它意味着研究者所设计的方案能够预判实际抽样过程中可能出现的各种问题，并设计了处理这些问题的方法。在理论上设计抽样方案和在实际中执行这一方案是两码事，比如要获取概率样本的重要前提是要有完整的抽样框名单，但研究往往难以获得全部被访者的准确名单，因此在实际过程中会采用分层、整群抽样的方法。

（4）经济性原则

经济性原则是指抽样方案的设计要与研究的可得资源相适应。这种资源主要包括研究的经费、时间、人力等。由于研究经费受限，因此样本数量并非越大越好，经济性原则要求既能达到研究目标，又能不奢侈浪费。

由于这四条原则相互之间存在着一定的制约关系，甚至会产生冲突，因而在实际设计中，研究者设计出的抽样方案常常很难同时达到上述四个原则的最大值，需要研究者在四条原则中进行取舍与平衡。相对而言，方向性原则和可行性原则是首要的。抽样设计要服务于研究的目标，这是设计的出发点和基本目的；可行性原则则是设计方案得以实现的前提和保证。研究者应该在优先考虑这两条原则的基础上，去进一步提高方案的可测性，同时减少方案所需的资源。

拓展资料

常见的抽样错误[①]

科学的抽样方法能保证将抽样调查的结果推广到总体。但并非所有的抽样调查都能较好反映总体情况。下面列举一些常见的抽样错误。

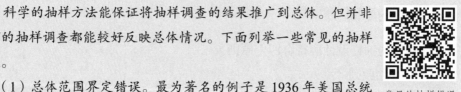

常见的抽样错误

（1）总体范围界定错误。最为著名的例子是 1936 年美国总统大选的民意测验。1936 年《文学文摘》进行了一次最具雄心的民意测验活动：选票寄给了从电话簿与车牌登记单中挑选出来的 1000 万人，收到了 200 万人以上的回应。结果显示，有 57% 人支持共产党候选人阿尔夫·兰登，而当时在任的美国总统富兰克林·罗斯福的支持率为 43%。两周后的全民选举结果为罗斯福以 61% 的高得票率获得第二届任期。预测失败的重要原因之一是对抽取样本的总体缺乏清楚认识，当时抽样所依据的不是美国整体选民名单，而是依据电话簿和车牌登记单来编制抽样框，没有家庭电话和私人汽车的选民（占总体约 65%）

---

① 关于《文学文摘》抽样误差的讨论，可见巴比在 *The Practice of Social Research*、迪尔曼在 *Mail and Telephone Surveys* 中的讨论；关于随机抽样错误的论述，摘自风笑天 . 浅谈当前抽样调查中的若干失误 . 天津社会科学 [J]，1987（3）：47-51.

就被排除在外了，而这部分劳动阶层的选民多投向罗斯福。由此可见，样本的大小不如样本的代表性重要，一个没有代表性的 200 万人样本并不比有代表性的 10 万人样本更能预测美国大选结果。

（2）抽样规模过小，样本代表性不足。例如一项对某校大学生思想状况的调查，调查者只抽取了 30 名学生，其调查结果的统计表、百分比，以及对结果的分析都建立在 30 个样本的基础上。实际上，该校大学生总规模约为 5000 人，从统计学的角度考虑，样本规模一般不能少于 100 个个体。

（3）将随机抽样等同于任意抽样。例如，某曾利用刊物进行全国范围内公民生活态度的问卷调查，回收了 7 万多份问卷表。尽管该样本数目较大，但由于问卷发放方式是在青年刊物上刊出，而没有依据事先设计的概率抽样方案。回收的样本结果显示，绝大部分填写人集中在 16～30 岁这一年龄区间，文化程度高于全社会平均水平，生活态度也更为积极上进。因此，此次抽样调查属于非随机抽样，样本有失偏颇，分析结果仅适用于有限的范围，不能推广到全社会。

（4）样本回收率过低，调查样本与所抽样本差异较大。这里以图 4.1 举例。有三种不同的抽样方式，得到三个代表性不同的样本，显然样本 2 的代表性最高。但如果样本 2 的回收率很低，即实际调查的样本很少，那即使样本 2 代表性很高，也难以保证对总体的代表性。若回收率只有 30%，垂直条纹部分表示回收的样本，a 仍能较好地代表总体，b 则不太能代表总体，c 则完全歪曲了总体。这说明，抽样方式决定了样本有无代表性，而回收率决定了所调查的样本与所抽样本的一致性。

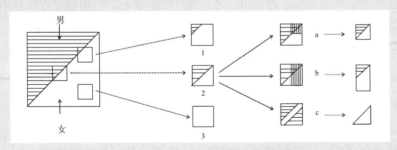

图 4.1　三种不同抽样方式得到的样本比较

第二节　概率抽样方法

抽样分布与样本容量的确定

概率抽样按照概率原理进行，要求样本的抽取具有随机性，保证总体中的每一个元素被抽中的概率相等。概率抽样有多元方法，有各自的特点与适用情境。选择哪种概率抽样方法与调查问题的性质、抽样框获得方式、研究成本等因素相关联，本节将结合这些因素对常见概率抽样方法作逐一介绍。

一、简单随机抽样

简单随机抽样（Simple Random Sampling）是概率抽样的最基本形式。它按等概率原则直接从含有 N 个元素的总体中随机抽取 n 个元素组成样本（N ＞ n）。其特点是每个样本单位被抽取的概率相等，当总体单位之间差异程度较小、数目较小时，宜于采用此方法。按照每一个元素被抽取后接下来是否再被放回到抽样框中去，简单随机抽样可分为不放回抽样和放回抽样。在社会科学研究中，一般采用不放回抽样。

当总体元素较多时，写号码的工作量就很大，这时则采用随机数表来抽样。假定要针对某大学本科毕业生进行就业观调查，基本程序如下。（1）确定该大学本科应届毕业生的总体，大约为4000人，由0001编至4000共4000个连续编号。（2）确定抽样规模，选择为总体的10%，即400。（3）通过随机数表，利用抽签方法选取号码开始点，例如选取第三行第一列。（4）由设定之起始点选取号码，选取号码的位数与调查对象最大编号的位数相同（最大编号4000对应的位数为4，则从随机数表中选取四位数），即1475，9938，4460，0628……有效号码样本为4000以下；若抽样单位与随机数表抽样号码条件相同即为样本，大于调查编号，跳过不取；若逢重复号码，亦应跳过。（5）依上述方法，连续采用400个号码，即为完成样本选用。

除了随机数表法，还有抽签法和摇号法。抽签法是对各样本单位编号，制作同等规格、不同编号的卡片，充分混匀后随手抽取，所抽卡片编号对应的样本单位即为样本，适合规模较小的总体。摇号法是用专门的机器对事先编号的各样本单位进行选择，适合规模较大的总体。

二、系统抽样

系统抽样（Systematic Sampling）又称等距抽样或间隔抽样。它是把总体的单位进行编号排序后，再计算出某种间隔，然后按这一固定的间隔抽取个体的号码来组成样本的方法。例如上述调查，要在某大学总共 4000 名应届毕业中，抽取一个容量为 400 的大学生样本。先将 4000 名学生的名单依次编上号码，然后通过抽样间距公式 K（抽样间距）= N（总体规模）/n（样本规模）可求得抽样间距为：K = 4000/400 = 10。即每隔 10 人抽一名大学生。为此，先在 1 ~ 10 的号码中采用简单随机抽样的方法抽取一个数字，假如抽到 3，则以 3 为第一个号码，每隔 10 名再抽。这样，便可得到 3，13，23，33……3993 总共 400 个号码。再根据这 400 个号码，从总体名单中对应地找出 400 名学生，构成样本。

当总体及样本的规模较大时，我们倾向于采用更为简便易行的系统抽样，较少采用简单随机抽样。值得注意的是，系统抽样有一个前提条件，即总体中个体的排列不存在次序性和周期性的规则分布。在下面两种情况下一般不选用系统抽样方法。

第一，个体排列具有次序上的先后和等级上的高低。比如，要抽取若干家庭的样本进行消费状况调查，而家庭户的名单是按每个家庭总收入的多少由高到低排列的。如果有两个研究者都采取系统抽样的方法从这个总体中进行抽样，假设一个抽到的随机起点号较靠前，而另一个抽到的随机起点号较靠后，那么，从前一个研究者所抽样本中算出的家庭平均收入一定大大高于从后者所抽样本中算出的家庭平均收入。

第二，个体排列上有与抽样间隔相对应的周期性分布的情况。当样本中元素的排列具有循环组织的特征，如表 4.1 所列，抽样框是家庭名单，按照父亲、母亲、孩子（独生子女）的顺序排列，使用系统抽样且当抽样间距刚好为 3 时，可能会得到一组全是父亲，或全是母亲，或全是孩子的样本。

表 4.1　系统抽样面对循环资料时的困境

编号	身份
1[a]	父亲
2	母亲
3	孩子
4[a]	父亲
5	母亲
6	孩子

续表

编号	身份
7[a]	父亲
8	母亲
9	孩子
10[a]	父亲
11	母亲
12	孩子
13[a]	父亲
14	母亲
15	孩子

注：随机起始码＝1；抽样间距＝3。a 为选中的样本。

三、分层抽样

分层抽样（Stratified Sampling）是先将总体中的所有个体按某种特征或标志划分为若干类型，然后再在各类型中采用简单随机抽样或系统抽样的方法抽取一个子样本，最后将这些子样本合起来构成总体的一个样本。

分层抽样具体包括四个步骤。（1）确定分类标准，如性别、年龄、地区等。（2）按确定的标准将总体单位分为若干类型。（3）计算各类型单位数量占总体单位数量的比重。假设总体单位数为 N，各类型单位数为 Ni，各类型单位数占总体单位数的比重为 Ri（Ri ＝ Ni/N）。（4）根据 Ri 计算出各类型中应抽取样本单位的数量。假设各类型的样本单位数为 ni，所需抽取的样本总数为 n。各类型样本单位数 ni 等于样本总数 n 乘以各类型单位数占总体单位数比重 Ri（ni ＝ n×Ri）。（5）按简单随机抽样或系统抽样方法从各类型中按比例抽取样本。

分层抽样有四个优点。（1）可以在不增加样本规模的前提下降低抽样误差，提高抽样的精度。它可以把异质性较强的总体分成一个个同质性较强的子总体，分层抽样产生的样本会比简单随机抽样产生的样本有更高的总体代表性。（2）可以避免在简单随机抽样过程中，某层因占总体比例过少而被漏失抽取的情况。（3）便于了解总体内不同层次的情况，便于对总体中不同层次和类别进行单独研究或进行比较。（4）在符合精度的要求下，可以减少样本的数量以节约调查费用。

分层抽样通常有三个分层标准。（1）以调查所要分析和研究的主要变量或相关的变量作为分层标准。比如，要调查个人投资意愿，可以以工资收入作为分层标准。（2）以保证各层内部同质性强、各层之间异质性强、突出总体内在结构的变量作为分层标准。比如在企业进行调查，可以以岗位作为分层标准，将企业职工分为管理岗、技术岗等。（3）以那些已有明显层次区分的变量作为分层标准，比如性别、年龄、学历、职业等。

此外，分层抽样有按比例和不按比例分层两种方法。前文展示的分层抽样步骤就采用了按比例分层的方法，即按总体中各种类型或层次的比例来抽取子样本，这样可以确保得到一个在某种特征上与总体结构完全一样的样本。但当总体中有的类型或层次的单位数目太少，而该类型恰好是研究者感兴趣的层面时，如果按比例分层可能会导致该层数目过少。比如，调查大学生毕业就业地选择倾向，某大学应届毕业生有4000人，其中汉族3600人，少数民族400人；要抽100人作为样本，如果按照等比例分层抽样，则只能抽取少数民族学生10人，如果在3600名汉族学生中抽50人，在400名少数民族学生中抽50人，便能将汉族大学生和少数民族大学生的就业倾向作对比，深入分析少数民族大学生的回流就业意向及其影响因素等。

四、整群抽样

整群抽样（Cluster Sampling）也称聚类抽样。它是从总体中随机抽取一些小群体，然后由所抽出的若干个小群体内的所有元素构成调查的一个样本。整群抽样与前几种抽样的最大差别在于，它的抽样单位不是单个的元素，而是成群的元素。这样，整群抽样就不需要包含所有元素的抽样框，只需要拥有群名单的抽样框，从群名单中抽取若干个整群，该群里的所有元素都作为抽样元素。比如，要调查某市老旧小区改造的居民满意度，可以按照老旧小区来编制抽样框，假设全市共有100个老旧小区，每个小区大约有500个居民，可以编制100个老旧小区名单的抽样框，从中抽取4个老旧小区，然后将这4个被抽中的老旧小区中的2000名居民作为调查的样本。

整群抽样的另一个优点表现在地理人口分布上，由于群中元素较为集中，因此在对元素进行调查的过程中，能够省去很大一部分调查经费。但整群抽样的缺点也在于所抽样本中的个体相对集中，导致样本的分布面不广、样本的代表性相对较差，调查结果有较大偏差。从上例来看，100个老旧小区中任何4个小区所包含的居民，他们的满意度可能会与所在区（县）甚至街道对老旧小区改造的规范性要求及支持力度相关，也会受到小区的老龄人口占比、地理位置、配套设施所影响，在一个小区内的居民往往相似性更高，难以体现出整个城市的不同地段、不同生活区居民的特点。这

2000 位居民对全市老旧小区居民的代表性，比起用简单随机抽样或者系统抽样和分层抽样的方法，也即从全市 5 万名居民中直接抽取 2000 名居民来说，往往要差一些，会有更多的抽样误差。

整群抽样方法尤其需要与分层抽样方法相区别。总体是由若干个有着自然界限和区分的子群（或类别、层次）所组成，当不同子群之间差别很大，而每个子群内部的差异不大时，适合用分层抽样的方法；反之，当不同子群之间差别不大，而每个子群内部的异质性程度比较大时，则适合用整群抽样的方法。

简单随机抽样、系统抽样、
分层抽样与整群抽样

五、多段抽样

当总体的规模特别大，或者总体分布的范围特别广时，调查者一般采取多段抽样（Multistage Sampling）的方法来抽取样本。多段抽样的具体做法是：先从总体中随机抽取若干个大群，然后从这几个大群内抽取几个小群，一层层抽下来，直至抽到最基本的抽样元素。比如，为了调查某市高技能人才的政策满意度，可以分三阶段抽样：首先以行业类型为单位抽样，随机抽取一部分细分行业；再以企业为单位抽样，随机抽取一部分企业；最后在抽中的企业里抽取高技能人才。在上述每个阶段的抽样中，都要采用简单随机抽样、系统抽样或分层抽样的方法进行。

在运用多段抽样方法时，有一点要注意，就是要在群数量和群里元素数量之间保持适宜的比例，在精确性与成本间寻求平衡。比如说，在样本规模为 1000 名高技能人才的三阶段抽样中，可以：（1）抽 20 个细分行业，每个行业抽 25 家企业，每家企业抽 2 名技工；或（2）抽 10 个细分行业，每个行业抽 5 家企业，每家企业抽 20 名技工；或（3）抽 2 个细分行业，每个行业抽 5 家企业，每家企业抽 100 名技工。如果前往一家企业所在地点的交通费用为 200 元，显然，第一种方案最为精确，但花费为 5 万元；第三种方案成本最小，花费为 1000 元，仅为第一种方案的 1/50，但如果细分行业和不同企业中的技工异质性较大，这种方案最没有代表性。

多段抽样适用于范围大、总体对象多的社会调查。它与整群抽样均不需要总体的全部名单，各阶段的抽样单位数一般较少，抽样较易进行。它的缺点是每级抽样时都会产生误差，误差较大。在同等条件下减少多段抽样误差的方法是：相对增加开头阶段的样本数而适当减少最后阶段的样本数。

六、PPS 抽样

多段抽样有两种方法，前述方法是成比例的子群抽样，即在每一个阶段抽样时，子群体的规模是相同的，这样，每个元素被抽中的概率相等。但比较常见的情况是子群体的规模是不相同的。发生这种情况的时候，研究者必须调整不同阶段子群体被抽中的概率。如前述例子中，当选择第二种方案，要从每个行业中抽取 5 家企业，每家企业抽 20 名员工时，这里的错误是认为每一个企业具有相同的员工数，因此即使每个企业被抽中的概率相同，但由于企业规模大小不同，那么每一个员工被选进样本的机会并不相同。这里假设大规模的企业有 4000 名员工，一家小规模的企业有 50 名员工，如果选出大企业，该企业中的员工被选中的机会为 1/200（20/4000 = 0.5%）；如果选出小企业，该企业中的员工被选中的机会为 2/5（20/50 = 40%）。此种模式的抽样实际上违背了随机抽样原则，每个群体中的元素被抽中的概率应该相同。

因此，可采用概率与规模成比例的抽样即 PPS 抽样（Sampling with Probability Proportional to Size），其原理可以通俗地理解成以阶段性的不等概率换取最终的、总体的等概率。其实质是：在第一个阶段中，大的群被抽中的概率大，而小的群被抽中的概率小；到了第二阶段，抽中的大的群中的元素被抽中的概率小，而被抽中的小的群中的元素被抽中的概率大。一大一小，平衡了由于群的规模不同带来的概率差异。在前述例子中，按照 PPS 抽样方法，要保证大规模企业在第一阶段被抽中概率为小规模企业被抽中概率的 80 倍（40%/0.5% = 80），第二阶段大规模企业中每名员工被抽中概率为小规模企业中每名员工被抽中概率的 1/80，这样，总体来看，每个员工被抽中的概率一致。

在实践中，PPS 抽样需要知道每一个群体的规模，做起来并不容易。上述例子中，必须知道每个居委会的居民户数、每个企业的职工人数，否则就无法运用 PPS 抽样，这是 PPS 抽样的缺点。

拓展资料

PPS 抽样示例

中国综合社会调查（CGSS）在2003—2006年抽样方案、2008年实验性抽样方案、2010年抽样方案中都采用了四阶段PPS抽样。在2003—2006年抽样方案中，共有四阶段的抽样单位。第一阶段：以区（地级市、省会城市和直辖市的各大城区和郊区）、县（包括县级市）为初级抽样单位。第二阶段：以街道、乡镇为二级抽样单位。第三阶段：以居民委员会、村民委员会为三级抽样单位。第四阶段：从每户家庭住户中确定1人为最终单位。下面以第二阶段从城镇中抽取街道单位的过程为例，展示PPS抽样方法。

在选取的每一个区县级单位内，计算所有街道级单位居委会20～69岁人口总数，同时给每个含有居委会人口的街道级单位一个随机数字。

（1）将各街道级单位按照所给出的随机数字从最低到最高排序。

（2）按照PPS抽样法选取若干街道，假设为2个，具体为：

首先列出该区县中含有居委会人口的街道/乡镇名称以及20～69岁居委会人口数。

再累加各街道/乡镇的居委会人口数生成一列数组，累加到该区县内的总居委会人口。例如，假设该区县有10个街道/乡镇单位，各居委会人口数分别为100、300、180、140、360、220、80、120、240和260，总人口为2000。人口数列如表4.2所示。

表4.2 从城镇中抽取街道单位人口数列

街道	数列
街道1	1 ～ 100
街道2	101 ～ 400
街道3	401 ～ 580
街道4	581 ～ 720
街道5	721 ～ 1080
街道6	1081 ～ 1300
街道7	1301 ～ 1380
街道8	1381 ～ 1500
街道9	1501 ～ 1740
街道10	1741 ～ 2000

假设表中该初级抽样单元所要求的二级抽样单元数目为4个街道，二级抽样

单元的抽样方法为：（1）确定抽样间距为 2000/4 ＝ 500；（2）利用随机数表法，在 1 和 500 之间选取一个随机数字，假设为 302；（3）加上 500 选取第 2 个街道，以此类推，得到第 2、3、4 个街道分别为 802、1302、1802；（4）302、802、1302、1802 对应的街道分别为街道 2、街道 5、街道 7、街道 10。

七、户内抽样

当在抽样过程中抽取到住户家庭单元时，还需要从所抽中的每户家庭中抽取一个成年人，以构成访谈对象的样本，即户内抽样（Sampling within Household）。这一阶段的抽样可以采取一种被称作"Kish 选择法"的方式进行。根据这种方法，每户家庭中所有的成年人（比如说 18 岁以上者）都具有同等的被选中的概率（机会）。

Kish 选择法的具体做法是：研究者先将调查问卷分为（编号为）A、B1、B2、C、D、E1、E2、F 八种，每种的数目分别占调查问卷总数的 1/6、1/12、1/12、1/6、1/6、1/12、1/12、1/6，同时，印制若干套（1 套 8 种）"选择卡"发给调查员，每人 1 套。

调查员首先要对每户家庭中的成年人进行排序和编号，按照男性在前、女性在后，年长在前、年轻在后的排序方法，编号规则为：

1——最年长男性

2——次年长男性

……

n——年龄最小男性

n＋1——最年长女性

……

N——年龄最小女性（表 4.3）

然后，调查员随机从八种选择卡中选择一个，根据家庭人口性别与年龄分布的结构，从"选择卡"中查出应选个体的序号，最后对这一序号所对应的家庭成员进行访谈（表 4.4）。按这种方法抽取被访对象有两个好处：一是它排除了选择第一个开门者或者看起来最具亲和力的人来接受调查所导致的偏差，按这种方法抽出来的人所组成的样本在年龄、性别、文化程度等方面的分布与总体的分布一般比较接近；二是它有助于收集到由这些被访者所构成的个人样本的资料。

表4.3　Kish选择法示例（只计算成年人数）

男性	女性	选择卡	被选者
2	0	A	最年长男性
3	2	B1	次年长男性
0	2	B2	最年长女性
3	3	C	最年轻男性
1	1	D	女性
2	1	E1	女性
1	3	E2	最年轻女性
2	2	F	最年轻女性

表4.4　Kish选择卡

A式选择卡		B1式选择卡	
家庭中的成年人口数	被抽选样本的编号	家庭中的成年人口数	被抽选样本的编号
1	1	1	1
2	1	2	1
3	1	3	1
4	1	4	1
5	1	5	2
6人及以上	1	6人及以上	2

B2式选择卡		C式选择卡	
家庭中的成年人口数	被抽选样本的编号	家庭中的成年人口数	被抽选样本的编号
1	1	1	1
2	1	2	1
3	1	3	2
4	2	4	2
5	2	5	3
6人及以上	2	6人及以上	3

D式选择卡		E1式选择卡	
家庭中的成年人口数	被抽选样本的编号	家庭中的成年人口数	被抽选样本的编号
1	1	1	1
2	2	2	2
3	2	3	3
4	3	4	3
5	4	5	3
6人及以上	4	6人及以上	5

E2式选择卡		F式选择卡	
家庭中的成年人口数	被抽选样本的编号	家庭中的成年人口数	被抽选样本的编号
1	1	1	1
2	2	2	2

续表

3	3	3	3
4	4	4	4
5	5	5	5
6人及以上	5	6人及以上	6

拓展资料

样本规模的确定 [1]

研究者在抽样时需要确定样本规模（sample size）。样本规模通常取决于总体的规模、异质性特征、研究目标对样本置信水平的要求等。这里介绍几种确定规模的方法或者原则。

一是根据推论总体百分比的样本规模计算公式确定样本规模。该公式为：

$$n = \frac{t^2 \times p\,(1-p)}{e^2}$$

其中，p 为总体的百分比；t 为置信水平所对应的临界值；e 为容许的抽样误差。由于置信水平事先确定，所以临界值 t 可以从标准正态分布中查出，e 也可以事先确定。即使 p 未知，但由于 $p\,(1-p)$ 在 $p=1/2$ 时达到最大值，所以可假定 $p=1/2$，那么公式为：

$$n = \frac{t^2}{4e^2}$$

根据上述公式，在95%的置信水平（$t=1.96$）条件下，得到的最小样本规模如表4.5所示。

表4.5 最小样本规模

容许的抽样误差比例（%）	样本规模	容许的抽样误差比例（%）	样本规模
1.0	10000	5.5	330
1.5	4500	6.0	277
2.0	2500	6.5	237
2.5	1600	7.0	204
3.0	1100	7.5	178
3.5	816	8.0	156
4.0	625	8.5	138
4.5	494	9.0	123

---

[1] De Vaus. Surveys in Social Research[M]. New South Wales：George Allen & Unwin Ltd., 1986：63.

容许的抽样误差比例（%）	样本规模	容许的抽样误差比例（%）	样本规模
5.0	400	9.5	110
		10.0	100

　　二是根据总体规模选择样本规模。一项重要的原则是：随着总体规模的增长，样本量对精确性的回报递减，总体规模越小，样本的抽样比就必须越大，总体规模越大，在较小的抽样比下能得到同样好的样本。总体数与样本数的变化如表4.6所示。

表4.6　总体数与样本数的变化

总体数	10	20	50	100	200	500	1000	2000	5000	10000	50000	100000
样本数	10	19	44	80	133	217	278	322	357	370	382	384

　　三是根据总体异质性程度确定样本规模。显然，总体的同质性越高，所需的样本容量越小，异质性越高，所需的样本容量要大些。当总体异质性越高，对数据分析的精确性要求越高，同时被检验的变量越多，需要的样本就越大。比如，当开展一项某小学儿童读写能力的影响因素研究时，如果我们假设儿童读写能力受到家庭因素的影响，与父母所从事职业、家庭经济水平、监护人文化水平等变量相关，那么如果在留守儿童占比较高的学校里开展调查，那么学生的家庭差异非常大，即异质性程度较高，需要尽可能增加样本容量降低抽样误差，反之，如果是在某单位的子弟学校中进行抽样，学生父母的教育、工作经历、教育方式相当，异质性较低，样本规模则不需要很大。

　　四是运用经验法则进行样本规模估计。有一项简单的标准可供参考：社会学者认为，当总体小于1000时，抽样比例不应小于30%；当总体达到10000时，10%样本已经足够；总体达到150000时，1%已经足够；当总体为1000万及以上时，样本的增加实际上不产生作用。除非特别要求，样本数量一般无须超过2500。

多段抽样、PPS抽样与户内抽样

第三节　非概率抽样方法

在实际调查中，当人们开展定性研究时，可能不需要从大量案例中选取若干个极具代表性的样本，或者当遇到总体数量不清、抽样框难以获得的情况时，可能会需要采用非概率抽样方法。非概率抽样方法不是按照概率均等的原则，而是根据人们的主观经验或其他条件来抽取样本，不需要预先决定样本规模，也不需要了解总体规模。由于其样本的代表性往往较小，误差较大，因此它适用于某些关注特殊性案例的研究。

一、方便抽样

方便抽样（Accidental Sampling）又称简便抽样，是指研究者根据现实情况，以自己方便的形式抽取偶然遇到的人作为对象，或者仅仅选择那些离得最近的、最容易找到的人作为对象。例如为了调查商场的消费者满意度情况，研究者选择在周日中午把当时正在餐厅吃饭的人作为调查对象；为了调查学校食堂的用户用餐体验，对正在用餐的学生进行调查；为了调查大学生的心理健康状况，只对自己微信上认识的伙伴进行线上问卷调查。一般来说，方便抽样适用于总体不易确定、流动性较高的群体。

这种碰到谁就选谁的简单方法往往被有些人误认为随机抽样，但二者有本质的差别，方便抽样不能保证使总体中的每一个成员都具有同等的被抽中的概率。例如，在街头路口拦住路人的调查，经常走这条路的人比从来不走这条路的人就有更大的被抽中的概率。那些最先被碰到的、最容易见到的、最方便找到的对象具有比其他对象更多被抽中的机会。因此，不能依赖于方便抽样得到的样本来推论总体。

二、判断抽样

判断抽样（Judgemental Sampling）又称立意抽样或目的抽样（Purposive Sampling），它是调查者根据研究的目标、借助专家的判断或基于自己心中特定的研究目的和主观分析来选择和确定研究对象的方法。样本的代表性往往取决于研究者的理论修养、判断能力以及对总体的熟悉程度。

判断抽样是有目的地选择抽样样本，它可能有助于挖掘信息量大、对研究有一定帮助的独特个案，也能充分发挥研究人员的主观能动作用。例如，在用层次分析法获取专家组对某指标体系指标选取的意见时，可以有意选择可能有不同学术观点的专家作为调查对象，从而最大程度了解意见分歧的焦点所在。又如，在一项我国社会体育与竞技体育的社会评价调查中，研究者为了排除大众民意表达的无序性，只选择以高校体育教师为主体的体育界和以普通知识分子为主体的非体育界社会精英群体为调查对象，研究者认为选择的调查对象对体育的认知具有较大的专业理性[①]。判断抽样对调查者的要求比较高，它要求调查者或对调查总体的情况比较熟悉，或分析判断能力较强、调查方法与技术十分熟练、调查经验比较丰富。

三、定额抽样

定额抽样（Quota Sampling）又称配额抽样，调查者在对总体中各种构成的比例有所了解的情况下，依据那些已知比例的分层因素，计算每一分层因素的抽取案例个数，然后依据这种划分以及各类成员的比例采取方便抽样或判断抽样的方式选择对象，使样本的构成尽量接近总体。

下面以性别、年龄、岗位类型三个因素来解释这种变量的组合及其定额抽样的实施步骤。比如，某企业有 4000 名员工，男性占 60%，女性占 40%；中年和青年占50% 和 50%；销售岗（I 类）、研发岗（II 类）、技术岗（III 类）和管理岗（IV 类）分别占 40%、30%、20% 和 10%。现抽取规模为 100 人的员工样本。依据总体的构成和样本规模，可得到定额表（表 4.7），最下面一行就是样本中具有各种特征的员工数目。这一数目是依据总体中的结构分配的，样本在这三个方面与总体保持了一致。也可以看出，每增加一个分类特征，这种分布就会复杂一层，抽样就会困难一步。研究者应根据研究的主要目标来进行定额抽样。

表 4.7　定额抽样示例表

男性（60 人）								女性（40 人）							
中年（30 人）				青年（30 人）				中年（20 人）				青年（20 人）			
岗位 I	II	III	IV	I	II	III	IV	I	II	III	IV	I	II	III	IV
人数 12	9	6	3	12	9	6	3	12	9	6	3	12	9	6	3

---

① 罗永义，仇军.比较视域中我国社会体育与竞技体育价值的社会评价——基于特定人群的立意抽样调查 [J].山东体育学院学报，2019，35（3）：1-8.

定额抽样适用于这样的情境：当研究的主要目标不是去推断总体状况，而是检验理论、解释关系或比较不同性质的群体，这时不需要得到对总体有代表性、有概括性的样本，而是寻求合适的样本，抽取适合研究目标、适合检验理论和假设的需要、适合比较的需要的样本。但定额抽样也有两个缺点：一方面，其追求样本与总体在结构比例上的表面一致性，但在具体的分层中抽取个体的方式是方便抽样而非概率抽样，属于按事先规定的条件、采取偶遇方式、有目的地寻找；另一方面，定额抽样捕捉的是少数分层因素，可能对其他重要的方面有所忽视。

四、滚雪球抽样

滚雪球抽样（Snowball Sampling）也称网络抽样、被访者驱动抽样。它类似滚雪球的过程，先从几个适合的个体开始，然后通过他们提供认识的合格的调查对象，得到更多的个体，逐渐扩大样本规模。此法常用于总体的单位数极小并且分布很不集中的情境，例如参加过某次会议的人员、从事某一专业的人员、某个少数民族的人员等。这类人员可能在一个城市中仅占万分之一，而且没有一个明确的抽样框可以帮助寻找他们，如果采用通常的等概率抽样方法进行筛选，则每找到一名受访者所需要筛选掉的人将达到上万人，这在现实中是很不经济的。这时，可采用滚雪球抽样。

滚雪球抽样的优点是可以根据某些样本特征对样本进行控制，适用于寻找一些在总体中十分稀少的人物，这样可以大大增加接触调查群体的可能性，经费相对较低，可行性较强。同时，它的缺点在于，调查的对象往往局限于想法属性相近的一群人，因为彼此引荐的结果是找出一群看法相似的人，这样便会存在选择性偏误，会造成代表性严重不足的问题。

方便抽样、判断抽样、
定额抽样与滚雪球抽样

拓展资料

网络调查法[①]

当今时代，互联网技术充斥着每一寸的生存空间，数据呈现爆发式增长。大数据时代使抽样调查面临着机遇和挑战。

网络环境下的非概率抽样。非概率抽样无须制作抽样框，也可以大幅降低调查费用。常见的网络调查非概率抽样方法有以下 5 种。（1）河流采样法，招募浏览网页的人，引导他们进行特定的调查。（2）拦截采样法，在人们试图访问某个特定网站时拦截他们，在门户网站随意发送弹出（pop-up）式调查问卷给访问站点的用户。例如，谷歌在开展消费者调查时，会在用户浏览受限材料时要求其完成两个调查问题才能获取受限材料。（3）志愿者调查法，通常是在访问率较高的门户网站或与调查主题相配合的专业性信息站点发布调查，进入网站的访问者可以自由选择点击进入问卷。（4）志愿者候选数据库调查法，由数据研发部门建立被访者数据库，调查人员从数据库中抽取采访者实施调查。我国央视市场调查公司、零点公司均通过建立网络受访者候选数据库进行市场调查。（5）受访者驱动采样，首先根据特定的非概率抽样方法选取一定数量、符合研究目的的受访者作为种子受访者，构成调查的初始轮次，然后发放奖励和招募券，让初始受访者利用自身人际关系将招募券分发给其他人员形成第二轮次，以此类推。它的最初开发是为了招募稀有或隐藏的群体。

网络环境下的概率抽样。概率抽样实际上是先通过传统的调查模式联系好概率样本，再邀请他们以线上作答的方式完成调查。常见的方法有以下 4 种。（1）基于 Cookies 技术的问卷调查法，采用系统等距抽样，每间隔 K 个单位抽取样本，邀请作答。（2）概率抽样 panel 法，通过概率抽样招募志愿者，如在客户的电子邮箱清单中抽取。（3）电子邮箱清单概率抽样法，在积累相当多有效被调查者的电子邮箱地址的基础上，先进行概率抽样，再发送问卷到相应被调查者的电子邮箱。（4）与传统调查相结合的网络调查法，先根据电话或地址进行概率抽样，再邀请完成网上调查。

---

① 整理自：Schonlau，Matthias，Couper，et al. Options for Conducting Web Surveys[J]. Statistical Science: A Review Journal of the Institute of Mathematical Statistics，2017，32（2）：279-292；金勇进，刘晓宇 . 大数据背景下的抽样调查 [J]. 系统科学与数学，2022，42（1）：2-16.

第四节　大型社会调查中的绘图抽样方法

一、绘图抽样的概念与方案

1. 绘图抽样的概念

绘图抽样的概念与方案

绘图抽样法是中国综合社会调查（China General Social Survey，简称 CGSS）项目结合我国国情从国外引进的一种更为精确的社会调查抽样方法。它通过对某个社区展开实地绘图确定抽样框以及样本，并据此进行入户访谈。

传统社会调查有两种主要形式：家户调查和机构调查。机构调查的典型代表有学校或班级的教育调查、企业或单位的员工调查等，这类调查进入门槛较高，难度较大。家户调查主要针对居住场所的分散个人进行调查，相对而言难度较小，长期以来是社会调查的主要形式。

家户调查的关键在于获得一份特定区域，如居委会、村委会、居民小区、自然村内家户的完整清单，以此作为抽样框来抽取调查对象。但由于我国流动人口众多、人户分离现象较为普遍、门牌地址信息不完备等，以往那种利用村/居委会提供户籍资料来确定抽样框、进行抽样的方法面临着较大挑战。基于此，绘图抽样法在实地绘图的基础上以住宅户为基本抽样单元确定样本框，利用户籍、门牌等信息作为补充，从而形成一种较为新颖的抽样方法。

2. CGSS 简介

CGSS 是中国第一个全国性、综合性、连续性的大型社会调查项目，它的终极抽样单位是家庭。采用绘图抽样的最终目的是保证每一个抽样单元（村/居委会）里的所有家庭都能进入调查的抽样框。这是因为每个家庭必然住在某个住宅里，而住宅必然是一个建筑物或者隶属于某个建筑物，每个建筑物一定位于某个村/居委会。

2003—2008 年的第一期调查对全国 125 个县（区），500 个街道（乡、镇），1000 个居（村）民委员会，10000 户家庭中的个人进行了调查。2010 年起，CGSS 开始了项目的第二期。其抽样设计方案采用了多阶分层概率抽样方法，调查点覆盖了中国大陆所有 31 个省级行政单位。

首先，在全国抽取了 100 个县（区），加上北京、上海、天津、广州、深圳 5 个大城市，作为初级抽样单元；然后，在每个抽中的县（区）中随机抽取 4 个居委会或村委会，作为二级抽样单元；接着，在每个居委会或村委会中调查 25 个家庭，作为入户访谈的三级抽样单元；最后，在每个被抽取的家庭中随机抽取一人进行访问。

在北京、上海、天津、广州、深圳这 5 个大城市一共抽取了 80 个居委会；在每个居委会调查了 25 个家庭；在每个被抽取的家庭随机抽取 1 人进行访问。这样，在全国一共调查约 12000 名个人。

其中，在抽取初级抽样单元和二级抽样单元时利用人口统计资料进行纸上作业；在村 / 居委会中抽取要调查的家庭时，则采用绘图法进行实地抽样；在家庭中调查个人时，利用前文介绍的 Kish 表进行实地抽样。

拓展资料

大型社会调查的抽样方法比较 ①

中国家庭追踪调查（CFPS）：采用多段抽样、PPS 抽样和户内抽样。最初目标样本规模为 16000 户，从上海、辽宁、河南、甘肃、广东五个独立子样本框（称为"大省"）过度抽样（oversampling）得到 8000 户。从其他 20 个省份共同构成的一个独立子样本框（称为"小省"）再抽取 8000 户。2010 年完成了 14960 户家庭、42590 位个人的访问。

中国健康与营养调查（CHNS）：采用多段抽样和分层抽样。涵盖了九个在地理、经济发展、公共资源和卫生指标方面差异很大的省份。九个省的县按收入（低、中、高）进行分层，并使用比例分层方案随机选择每个省的四个县。此外，在可行的情况下，还选择了省会和低收入城市。县内的村庄和乡镇以及城市内的城市和郊区社区是随机选择的。1989—1993 年，共有 190 个初级抽样单位，1997 年又增加了一个新的省份及其抽样单位。总体调查中约有 4400 户家庭，涉及约 19000 人。

中国教育追踪调查（CEPS）：采用多段抽样、PPS 抽样和户内抽样。最初目标样本规模为 16000 户，从上海、辽宁、河南、甘肃、广东五个独立子样本框（称为"大省"）过度抽样（oversampling）得到 8000 户。从其他 20 个省份共同构成的一个独立子样本框（称为"小省"）再抽取 8000 户。2010 年完成了 14960 户家庭、

① 资料来源：中国家庭追踪调查网站 http：//www.isss.pku.edu.cn/cfps/；中国健康与营养调查网站 https：//www.cpc.unc.edu/projects/china/about/proj_desc/survey；中国教育追踪调查网站 http：//ceps.ruc.edu.cn/xmwd/cysj.htm；中国宗教调查网站 http：//crs.ruc.edu.cn/xmwd/cysj.htm

42590 位个人的访问。

中国宗教调查（CRS）：采用多段抽样、分层抽样和 PPS 抽样。在抽样的第一阶段，根据经济普查和人口普查合成的抽样框，依据宗教场所数量、宗教种类多样性、总人口、少数民族人口比例，以及平均受教育年限等指标随机抽取了 180 个县作为初级抽样单元。其中，有 21 个是自代表县，余下的 159 个是随机抽样县。在抽样的第二阶段，根据地方合作单位从各县（区）宗教局取得县（区）宗教场所总名单，分宗教类型进行抽样。在同一宗教类型内部，采用简单随机抽样的方法，抽取要调查的宗教场所。同一宗教类型内部的抽样比为：7 所及以下的全部入样，8～10 所的抽取 7 所，11～20 所的抽取 10 所，21～30 所的抽样 15 所，30 所以上的抽取 20 所。为了解中国五大都市的宗教状况，又对北京、天津、上海、广州和深圳进行了全面普查，由此增加了 63 个县（区）。于是，本调查所选中的县（区）总数为 243 个，抽取宗教场所近 5000 家。

3. 绘图抽样的优点[①]

一是克服人户分离的传统家户调查缺陷，提高抽样效度。在以往依据户籍、信息确定样本框的抽样方式中，存在大量因人口外出、异地居住、一户多宅等人证分离的情况，实际住户与登记信息有较大出入，导致失访问题，降低了样本的信度和效度。以住宅类建筑物为抽样对象的绘图抽样法只考虑住宅内有无住户这个问题，样本的准确性和代表性得以保证。

二是尽可能覆盖到流动人口，有效防止样本代表性不足。在部分地区，如城中村、建筑工地、简易工棚等流动人口居住密集区域，有的住户连暂住证都没有办理，当地社区或派出所的人口信息系统并没有录入其信息。以往的抽样方法很难将这些样本纳入到样本框中，而绘图抽样法以住宅为媒介，根据建筑物确定样本框便可覆盖这些群体。

三是能更好地用于长期跟踪访谈，确保入户访谈的延续性。相对于人口的频繁流动，住宅具有更大的固定性、确定性与长期性，除非出现大规模的征地拆迁，数年内房屋一般不会迁移，作为访谈样本的住宅住户也就得以确定。即使个别成员发生变动，也可以通过 Kish 表来确认住宅内其他人员作为访谈对象，保证访谈延续性。

CGSS 绘图抽样有一套较为严密的规范体系。CGSS 绘图抽样中的常见术语包括：参考底图，抽样调查地图，住户清单列表，住宅建筑物，非住宅建筑物，家庭户（家

---

① 高和荣，马敏.地图抽样法在社会调查中的应用 [J].中共福建省委党校学报，2011（10）：83-87.

户、住户），户主，住宅，一门多宅，一宅多户，小楼，空宅，废宅，空户，常住，地下室和地下一层。此外，GGSS 要求前期准备好绘图工具、文件资料、指南针、手持 GPS 设备，制定绘图规则、技术规范、住宅建筑物编号规则，对抽样资料的质量控制、复核、保存等也有一定的要求。这里不再展开论述，可进一步参考《中国综合社会调查（CGSS）实地抽样绘图手册》一书的详细介绍。

二、绘图抽样的流程与大社区分割法 [1]

1. CGSS 绘图抽样的流程

绘图抽样的规范与
实地工作要素

整个绘图抽样的流程可以概括成"四次行走"。

"一次行走"即了解概况。确定抽样单元的行政边界，即村／居委会单位的边界，采集抽样单元的经纬度，制作参考底图。

"二次行走"即绘制底图。第一次绘制调查地图，形成草图，分割分图边界，记录每个住宅建筑物内的住宅数和门牌号，同时记录每个非住宅建筑物的用途、名称等以及每个住宅建筑物的朝向。

"三次行走"即制作列表。依据草图再次绘制调查地图，形成终版地图，确认没有遗漏也没有重画建筑物等，画出最优路线，给所有住宅建筑物编号，制作住户清单列表。

"四次行走"即核实样本。抽取调查样本，核实抽中的住户，增换替补样本。

需要注意的是：绘制底图和住户抽样的工作是可以同时进行的，绘图员在绘制调查地图的时候，列表员也同时记录每一栋住宅建筑物的具体信息，以便在调查地图绘制完成之后，能够快速进入抽样阶段。

"四次行走"完成之后，将邮寄原件，复印做好的抽样地图、住户清单列表、村／居委会登记表，并保存好，用特快专递将原件寄回中国调查与数据中心 CGSS 项目组。

接下来将介绍绘图抽样过程中常遇到的一种情况——当抽到的村／居委会人口过多时所采用的大社区分割法，也即在调查的人力成本与时间成本受限的情况下，要遵循科学严密的拆分方法，抽取大社区中的一个或几个分区作为社区的代表。下文将以城市大社区为例，介绍大社区分割法的操作步骤。

---

[1] 王卫东，唐丽娜. 中国综合社会调查（CGSS）实地抽样绘图手册 [M]. 北京：中国社会出版社，2012：7，62-66.

2. 城市大社区分割

城市大社区分割分四步完成。

第一步，判定要调查的社区是否为大社区。在绘图员绘制完社区调查地图后，统计实际住宅数，当住宅数超过 3000 时，则判定为大社区。抽样员需要注意的是，这里住宅数不以社区负责人提供的总户数为依据，而是以绘制调查地图的实际住宅数为依据。

第二步，拆分大社区。根据绘制地图，从编号为 1 的住宅建筑物开始累加统计总住宅数，当累加的总住宅数等于 1000 的时候停止，这就是第一个分区。如果第 1000 个住宅是一个非多住宅建筑物（编号为 X），则第一个分区所涵盖的建筑物编号范围为 1 ~ X；但是，如果第 1000 个住宅刚好落入一个多住宅建筑物里，如一个单元楼、一栋楼房，或是包含 2 个及 2 个以上的大杂院、四合院、小楼等，则要把整个多住宅建筑物整体计入前一个分区，那么该分区的总住宅数就会大于 1000。也就是说，每一个分区里的总住宅数都是等于 1000 或大于 1000，一定不会低于 1000。抽样员一定要注意不能将一个多住宅建筑物拆分。

接着要拆分出第二个分区，从编号为 X + 1 的住宅建筑物开始累加总住宅数，当累加的总住宅数等于 1000 时再次停止，这就是第二个分区。以此类推，直到把整个大社区分割完为止。

当拆分到倒数第二个分区时，如果剩下的住宅数不足 1000，不能单独作为一个分区，而要计入前一个（倒数第二个）分区内，此时倒数第二个分区就变成最后一个分区了。

第三步，填写大社区分割表。分割完大社区后，按要求填写大社区分割表（表 4.8）。

第一列为分区序号。是根据最优路线分割出的分区的序号。

第二列为住宅建筑编号。列出该分区包含的住宅建筑物编号区间，落入该分区的第一个住宅建筑物编号和最后一个住宅建筑物的编号。

第三列为总住宅数。落入该分区的住宅总和。

第四列为累加总住宅数。是指该分区及以上的各分区住宅数之和。注意一定要加上该分区的住宅数。

第五列为累加百分比。累加总住宅数与该社区的总住宅数的比。

第六列为抽中的分区。在被选中的分区画一个"*"。

第七列为备注。用来记录特殊情况。

表4.8　大社区分割示例

分区序号	住宅建筑物编号	总住宅数	累加总住宅数	累加百分比（％）	抽中的分区（＊）	备注
1	1～4	1001	1001	16		
2	5～8	1097	2098	32		
3	9～15	1110	3208	50	＊	
4	16～23	1000	4208	65		
5	24～98	1007	5215	81		
6	99～144	1245	6460	100	＊	
7						
8						
9						
10						

第四步，随机抽取2个分区。抽取分区的具体操作步骤如下。

（1）计算抽样距离，i＝100/2＝50。该抽样距离是固定的。

（2）确定抽样起点（第一个抽样基数）。从随机数码表中随机选出一个大于等于1且小于等于抽样距离50的两位数r（即第一个抽样基数）。

本项目使用随机数码表确定每次抽样（包括抽取分区和抽取住户）的起点。具体方法如下。

（1）确定随机数码表的起点。看一下当下时间，以分针的个位数作为自己随机数码表的起点。如当前时间是10：54，则从随机数码表的第一个数开始找到第一个4作为起点。每个抽样员在整个抽样工作中只需要在第一次抽样的时候确定一个起点即可。

（2）确定抽样起点。从随机数码表中随机选出一个大于等于1且小于等于抽样距离50的两位数，从4开始往后横向顺序数两位数：67，87，39，第一个符合条件的是39，那么抽样起点就确定为39。

（3）计算第二个抽样基数。第二个抽样基数＝r＋i，根据第二步得出39＋50＝89。

（4）抽取2个分区。用抽样基数和累加百分比对比，第一个等于或大于抽样基数的累加百分比所对应的分区就是被抽中的分区。例如：第一个抽样基数（起点）是39，第一个大于39的累加百分比是50，对应的分区是3；第二个抽样基数是89，第一个

大于 89 的累加百分比是 100，对应的分区是 6。被抽中的两个分区分别是序号为 3 和
6 的分区。

✎ 小测验

扫一扫做题

👥 思考与实践

1. 现实社会调查中的随机抽样面临哪些挑战?

2. 请对置信区间、置信度下定义并简要说明这两个概念之间的联系。

3. 请说明使用整群抽样和分层抽样的情境有什么不同。

4. 请说明何时应使用 PPS 抽样。

5. 为了了解某市适龄女性的生育意愿及其影响因素，请设计一份抽样方案。

6. 请从中国知网上选择若干社会调查研究论文，评价论文中所使用的抽样方法。

第五章 测 量

为了认识社会现象，社会调查需要对社会现象进行测量。测量是社会调查中最为重要的内容之一。高质量的社会科学研究离不开科学、严谨的测量过程。本章将对测量的概念与特征、测量层次、操作化过程、量表、测量的信度和效度等内容进行介绍。

第一节 测 量

一、测量的概念与特征

1. 测量的概念和要素

测量是社会科学研究的重要环节。所谓测量，即对某一项特定的研究内容进行有效的观测与量度。具体来看，测量是根据一定的法则，将某种事物或现象所具有的属性或特征（即研究变量），用数字或符号表示出来的过程。测量的定义中含有四大要素：测量对象、测量内容、测量法则、数字或符号表示。

测量对象指的是测量的客体，即测量的事物或现象。当研究者测量小明的身高、体重、学习能力、兴趣爱好等时，测量对象是小明。当测量某个家庭的资产、住房属性、子女数等时，测量对象是家庭。测量对象既可以是人，也可以是组织，比如"全国工商联私营企业调查"的测量对象是私营企业。

测量内容是测量的属性或特征。社会科学研究中，我们通常使用研究变量来表示测量内容。研究变量是对概念的具体化。当测量小明的数学学习能力时，研究者使用小明的数学考试分数来反映这一特征。其中，数学学习能力是研究变量，数学考试分数是测量指标。在实际研究中，每个变量都有特定的测量指标。这些研究变量就是测量的属性或特征。

测量法则指的是将各个分析单位与它们的属性或特征用数字表示出来的操作方法或索引，用来指导研究人员进行测量。比如测量小明的身高时，设定的规则是小明直立时的水平高度。身高、年龄、性别的测量法则比较直观，另外一些变量，如价值观、对政策的态度等则很难测量，需要设定特殊的规则。以民众对延迟退休政策的态度为例，非常支持延迟退休的定义为5，非常反对延迟退休的定义为1，介于二者之间的人，比较支持定义为4，中立定义为3，比较反对定义为2。

数字或符号是测量得到的数值结果，是某一现象或事件特征的代表符号。当测量小明身高是128厘米时，128就是一个数字或符号。测量身高可以用具体的数字来表示，而当我们使用1～5来表示民众对延迟退休政策的态度时，1～5是抽象的符号，不是实实在在的现象或事件，仅在我们赋予其具体含义时，这些符号才有实际的意义。值得指出的是，社会科学研究测量的结果使用数字或符号进行数量表达，这种分析方法虽然有利于简化研究问题，方便量化分析，但是使用数量化标识探究个人的心理或态度特征也会存在一些问题，如果不结合文化、环境来理解测量的结果可能会导致一些错误的结论。

不同语境下的政治效能感

社会科学研究中，测量内容包罗万象。测量内容可以是事实资料，比如个人的人口学信息，如性别、年龄、教育程度、婚姻状态、户口等，以及个人的行为，比如运动的频率、使用手机的时长、月消费金额等。测量内容也可以是个人的主观意愿、态度和状态，其中对人、地或事的描述和评估较为常见，比如"中国流动人口动态监测调查"中有多道题目测量流动人口对社会融入的评价，其中一道题目如下：

"您是否同意下列说法？我觉得本地人愿意接受我成为其中的一员。"

流动人口对社会融入
的评价完整题目

测量个人的主观意愿、态度和状态的题目近年来屡见于社会调查之中。其中，绝大多数的测量内容是个人的评价和观点，测量结果不存在对错之分。不过，有一种特殊的知识题目值得进行专门的说明。知识题目测量的是认知而非记忆，测量受访者的知识有利于对样本进行筛选，从而更好地实现研究目的。比如"中国家庭追踪调查" 2018 年的调查中有多道测量受访者基本政治常识的知识题目，具体如下：

"请问，您知道现在谁担任中国共产党中央委员会总书记吗？"

"请问，您知道现在谁担任中国国务院总理吗？"

"请问，您知道现在谁担任美国总统吗？"

2. 社会现象的测量

自然科学研究中，测量的应用十分广泛，比如对温度、质量、速度的测量等，测量工具和手段的发展也十分成熟。社会科学研究中，因为社会现象的特殊性，测量的应用发展相对缓慢。这些特殊性体现在三个方面。

第一，人既是测量的主体也是被测量的对象，主体和客体之间存在一定的矛盾性。无论是主体还是客体，都具有一定的主观意识、思想感情、价值观点和行为倾向，这些都会对测量的过程和方式作出种种反应。同时，人与人、人与组织、组织与组织之间的社会关系也会影响测量的结果，这就使得社会现象的测量取决于个人的主观状态，带有一定的主观色彩。

第二，人的测量行为本身是特殊的，人们对社会现象所进行的测量活动本身是一种社会行为，社会测量的行为与社会测量的内容可以产生相互的影响。比如面对锻炼身体频率的问题时，如果受访者回答很少锻炼身体，意味着自己的生活方式很不健康，因此受访者可能会虚报自己锻炼身体的频率。还有一个有趣的例子是关于北欧国家幸福感的研究，当你搜索全球幸福感最高的国家时，丹麦、挪威等北欧国家往往榜上有名。有学者指出，这些国家的民众知晓自己处于全球幸福感最高的国家之列，当他们参与社会调查时，面对"你幸福吗？"的提问时，往往会提供比自己真实幸福感受更高的分数。

社会科学研究中，为了避免测量行为本身的影响，学者们提出可以使用非介入性方法来研究社会现象，比如观察法、内容分析、文献分析等。使用这些方法时，被研究的对象并不知道研究者的测量行为。近年来，使用网络文本进行大数据研究也是一种典型的非介入性研究方法。比如当研究者分析微博帖子的点赞与转发、网民政务关注的留言与回应时，研究者的研究行为不会对微博点赞转发、网民留言产生直接的影响。另外，自然科学中同样有测量的问题，比如当你测量一个粒子的运动速度时，你的测量行为本身会改变粒子的运动速度。

第三，社会科学研究的测量对象复杂、量化程度低、可重复性比较低。自然科学的测量往往有统一的标准，比如长度使用米、厘米、微米，质量使用千克、克。然而，社会现象的测量缺乏统一的标准、可重复性也较差。特别是测量主观态度时，比如幸福感、生活满意度、信任、社会融合，不同的询问方法、题目顺序、选项数量设置往往会导致不同的测量结果，这也使得社会现象的测量更加困难。

了解上述三种社会现象测量的特殊性可以帮助我们更好地开展社会调查的测量活动。在实际研究中，可以参考国内外已有的大型社会调查的测量方法，结合自己的研究问题，设计合适的测量工具。目前，我国已公开的全国性微观调查数据有中国综合社会调查（2003—2021）、中国社会状况调查（2006—2021）、中国家庭追踪调查（2010—2020）、中国劳动力动态调查（2011—2018）、中国家庭收入调查（1988—2018）、中国营养与健康调查（1989—2015）、中国健康与养老追踪调查（2011—2020）、中国教育追踪调查（2013—2015）等。其中，中国综合社会调查、中国社会状况调查、中国家庭追踪调查、中国劳动力动态调查、中国家庭收入调查、中国营养与健康调查的调查对象是全国样本，中国健康与养老追踪调查的调查对象是全国45岁以上样本，中国教育追踪调查的调查对象是初中生。另外还有一些全球性的调查会涉及中国样本，如世界价值观调查。

国内外的大型
社会调查

二、测量层次

社会调查的对象具有不同的性质与特征，因此测量可以分为不同的层次。斯蒂文斯创立了被广泛采用的测量层次分类法，将测量分为定类测量、定序测量、定距测量、定比测量。不同层次的测量方法所对应的测量对象分别为定类变量、定序变量、定距变量、定比变量。上述四种层次的测量是按照从最低到最高的顺序排列，所谓的高低指的是更高层次的测量涵盖了更低层次测量的特征，而反过来更低层次的测量没有涵盖更高层次测量的特点。

1. 定类测量

定类测量（nominal measures）是将测量对象的不同属性或特征加以区分并标注不同的名称或符号，以确定其不同的类别。这里的"定"不是确定，而是标识的意思。因此，定类指的是标识不同类别。定类测量是最低层次的测量，测量结果仅表示不同的类别，而无高下之分。典型的定类测量如性别、婚姻状况、户口、宗教信仰等，这些定类测量可以把人们分为不同的类别，比如"男性和女性""未婚者、已婚者、离异者、丧偶者""城市户口、农村户口""佛教徒、基督教徒、无神论者"等不同的群体，每一个被调查者属于或不属于某一种类别。

定类测量有三个特点。第一，定类测量的分类体系具有穷尽性、互斥性。分类体系应该涵盖所有可能性，同时每一个调查对象仅属于某一种类别。如图 5.1 显示的垃圾分类，把垃圾分成不同类别即属于定类测量，可分为可回收物、其他垃圾、厨余垃圾、有害垃圾，4 种分类穷尽了所有可能，每一种垃圾属于且仅属于这 4 种中的一种。第二，定类测量的数学特征是等于和不等于。以垃圾为例，易拉罐属于可回收物，不属于其他垃圾、厨余垃圾、有害垃圾。第三，定类测量具有对称性和传递性。对称性指的是，如果小王和小李是同类，那么小李和小王也是同类；传递性指的是，如果小王和小李是同类，而小李和小张是同类，那么小王和小张也必然是同类。

图 5.1　垃圾分类

2. 定序测量

定序测量（ordinal measures）是一种更高层次的测量，指的是按某种逻辑顺序，将调查对象排列出高低或大小，并确定其等级次序。这里的"定"同样是标识的意思，如官分九品就是标识了不同次序。典型的定序测量如文化程度，包括文盲、小学、初中、高中、专科、本科、研究生及以上，其中高中低于专科，专科低于本科，但是高中和专科的差别与专科和本科的差别不同。另外，许多涉及主观态度的题目会使用定序测量，比如生活满意度有不满意、不太满意、比较满意和满意，幸福感有非常幸福、比较幸福、不太幸福和不幸福。

定序测量的不同测量结果有次序之分，或是递增或是递减，所以定序测量在定类测量分类的基础上加入了类别的大小判定。定序测量的数学特征具有大于和小于的特征，比如当小王的文化程度是高中，小李的文化程度是本科，我们可以判断小李的文化程度高于小王。定序测量同样具有传递性，比如小王的文化程度高于小李，而小李的文化程度高于小张，那么小王的文化程度一定高于小张。另外，定序测量具有不对称性，当小王的文化程度高于小李时，那小李的文化程度一定低于小王。

研究者为了满足统计分析的需要，往往把定序变量的取值定为1、2、3、4、5等。需要注意的是，这些数字并不是真正意义上的数字，它们不具有数学的含义，只是用来表示次序，比如1代表的受教育程度是文盲，2代表的受教育程度是私塾，1小于2则意味着文盲的受教育程度低于私塾。

在实际研究中，一些学者会把定序层次的测量结果近似于定距层次来运用。比如，生活满意度的不满意、不太满意、比较满意、满意分别用1、2、3、4来表示。这时候，研究者需要假设"不满意"和"不太满意"的差别与"不太满意"和"比较满意"的差别是一致的。把定序层次的变量看作定距层次的变量有利于进行更为复杂的统计分析。不过，需要注意只有当定序测量的取值划分方法是基本等距的才可以这样使用。

3. 定距测量

定距测量（interval measures）是比定类测量和定序测量更高层次的测量，它在定类测量的分类以及定序测量的类别大小判定的基础上又加入了第三点——标识"间距"和"间隔"的数量差异。典型的定距测量包括温度、智商测试分数、公元纪年等。定距测量可以表达不同测量结果的间隔和差距。以温度为例，假设广州的温度是20摄氏度，北京的温度是10摄氏度，哈尔滨的温度是0摄氏度，那么我们不仅可以知道广州的温度高于北京，北京的温度高于哈尔滨（如同定序测量），还可以进一步计算广州的温度比北京高10摄氏度，北京的温度比哈尔滨也高10摄氏度，二者的差距一样大。定距测量可以标识间隔的距离和差异，这一点在定序测量中无法体现。在定序测量中，我们知道本科的学历高于专科，专科学历高于高中，但是其中的差距无法判断。而在定距测量中，我们可以判断不同测量取值之间的大小差别。

定距测量的数学特征是可以进行加减运算，比如气温今天比昨天降 10 摄氏度，广州比北京高 10 摄氏度。值得一提的是，定距测量的 0，不是数学意义上的 0。数学意义上的 0 指的是没有，比如一个人的收入是 0，代表他没有收入，一个人的子女数是 0，代表他没有子女。但是，当一个地区的温度是 0 摄氏度的时候，这里的 0 摄氏度是指在一个标准大气压下纯净的冰水混合物的温度，反映在温度的测量上是 0 摄氏度。

4. 定比测量

定比测量（ratio measures）是用数字标记可以完全数字化的属性。定比测量像数字一样，构成不间断的连续体。定比测量是最高层次的测量，在前三种测量的基础上增加了绝对的零点（absolute zero），这里的零点表示数学意义上的 0，如收入、子女数、年龄、出生率、碳排放量等都是定比测量。定比测量不仅可以像定距测量一样计算加减法，还可以进行乘除法运算。以收入为例，假设小王收入 1000，小李收入 500。乘除法运算的意思是把小王的收入 1000 减去 0，再除以小李的收入 500 减去 0，这样可以得到小王的收入是小李的两倍，如以下公式所示：

$$\frac{1000 - 0}{500 - 0} = 2$$

作为定比测量，收入有绝对的零点，即当一个人的收入为 0 时就表示数学意义上的 0。因此，以上公式的分子、分母分别用小王的收入（1000）和小李的收入（500）与 0 相减，然后计算比例关系。定距测量无法用比例来表示，比如广州（20 摄氏度）比北京（10 摄氏度）高 10 摄氏度，并不表示广州温度是北京温度的两倍。这是因为，作为定距测量的温度没有绝对的零点，不能用类似收入的公式去计算温度的比例关系。因为绝对零点的存在，定比测量可以进行加减乘除的运算，一个人收入翻了一番，或者是降了 30%，类似这样的运算对于定比测量都适用。

5. 测量层次小结

测量层次不同，测量时使用的数字的数学性质也不相同，表 5.1 对四种测量层次的数学特征进行了总结。定类测量只区分类别，因此其数学特征是等于和不等于。定序测量在类别区分之外加入了次序的区分，因此具有大于和小于的数学特征。定距测量在类别区分和次序区分的基础上，加入了对这些不同次序之间距离的区分。定距测量可以表示提升多少、降低多少，进行加减运算。定比测量不仅可以进行类别、次序和距离的区分，还可以进一步进行比例的换算。定比测量可以表示增长一倍、减少一半，可以进行乘除法运算。

表 5.1　四种测量层次的数学特征总结

	定类测量	定序测量	定距测量	定比测量
类别区分（＝≠）	√	√	√	√
次序区分（<>）		√	√	√
距离区分（＋－）			√	√
比例区分（×÷）				√

　　测量可以分为四个层次。在经验研究中，采用哪个层次的测量取决于两个因素。第一，测量的属性能在哪个层次上测量，即可量化程度在哪个层次。第二，研究者决定在哪个层次上测量，这涉及研究的实际需要和资源。

　　有的属性只能在一个层次上测量，比如性别、国籍、宗教信仰，只能在定类层次上测量。这里值得说明的是，虽然我们使用数字来标记定类变量，但是不同的数字仅仅标识不同的类别，没有数学意义。以性别为例，假设标记男性为1，女性为2，这里的"1""2"是任意选取的，也可以选择其他数字，比如"10"和"11"。这里的"1"和"2"不能比大小（因为不是定序变量），也不能做加减乘除运算（因为不是定距或定比变量），"1"和"2"仅仅标记不同的类别。

　　另外一些属性可以在两个甚至四个层次上量化。以年龄为例，如果定义青年人（18～35岁）标记为"1"，其余年龄段定义为"0"，这时年龄是定类变量。年龄作为定序变量时，可分为幼年、童年、少年、青年、中年、老年。连续的年龄段可以作为定距变量，如18～27岁、28～37岁、38～47岁、48～57岁等。年龄本身的数值则是定比变量。总之，测量之前应该首先确定测量的属性能够达到的最高层次是哪一个，如果能在较高层次上测量变量，那么一定也能在较低层次上测量变量。

　　一般来说，测量层次越高越好。测量层次高，我们可以把结果转换为较低层次的变量，但是反过来就不行。比如年龄的测量可以转化为年龄段，可是如果只知道年龄段则无法转换为年龄。但是，许多研究不需要非常精细地测量，应该根据变量的特点及实际研究需要来决定采用哪一种测量层次。

第二节　从理论到实际：操作化

对社会现象的测量需要把抽象概念具体化。在社会科学研究中，许多概念非常抽象，比如"自由""社会融合"和"社会失范"，如果不对这些概念作出定义并将其具体化，就无法实现对社会现象的测量和分析。本节讨论的操作化就是从抽象理论到实际应用的一个过程，这是社会科学研究从理论转向实证研究的必经阶段。为了更好地理解操作化，我们首先介绍几个社会科学研究中常用的术语。

一、概念、变量、指标

1. 概念（concept）

社会科学中经常会用到各种各样的概念，比如"社会经济地位""职业声望""社会融合""获得感"等。究竟什么是概念？风笑天在《现代社会调查方法》一书中提出"概念是对现象的抽象，是一类事物的属性或特征在人们主观上的反映"[1]；袁方在《社会研究方法教程》中认为"概念是对研究范围内同一类现象的概括性表述"[2]。综合这些观点，可以看出概念是从一类具体事物中归纳并概括出来的抽象表述。

概念的形成需要概括和抽象，而抽象程度有高有低。以图 5.2 中的几种生活用品为例。椅子的抽象层次是最低的，其涵盖面是最小的，特征是最明确的。如果把抽象层次提高，可以得到家具的概念，家具的涵盖面就大得多，包括桌子、椅子、沙发、茶几等，同时它的特征也更加含糊。如果进一步抽象可以得到生活用品，除了家具，生活用品还包含家电、床上用品等。如果再进一步抽象就得到了物质财富，物质财富的抽象程度最高、涵盖面最广，特征也最含糊。

---

① 风笑天 . 现代社会调查方法 [M]. 6 版 . 武汉：华中科技大学出版社，2021.

② 袁方 . 社会研究方法教程 [M]. 北京：北京大学出版社，2004.

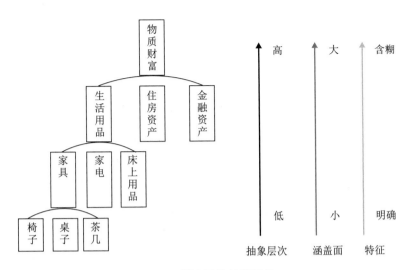

图 5.2　概念及其特征示意

在社会科学研究中，许多概念是抽象程度较高的综合概念。以"社会经济地位"为例（图 5.3），"社会经济地位"的抽象层次最高，其包含的信息最多，概括性最强。把"社会经济地位"具体化，可以分为"先赋社会经济地位"（先天因素）和"自致社会经济地位"（后天因素）。其中"先赋社会经济地位"可以进一步具体化为性别、家庭出身，而"自致社会经济地位"可以具体化为教育程度、收入。性别、家庭出身、教育程度、收入的抽象程度最低，包含的信息最少。

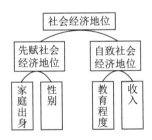

图 5.3　社会经济地位的概念示意

概念的抽象性对于理论有着重要的作用。长期以来，人们从自己认识的社交圈中获得资源和信息，当学者们把这种嵌入社会网络、人们可以动员并使用的资源抽象为"社会资本"的概念时，便极大地推进了社会资本的研究进程。

2. 变量（variable）

社会科学研究中的许多概念往往有多个取值，比如"教育程度"的取值包括文盲、小学、初中、高中、专科、本科、研究生等。为了体现概念的可变性，我们借助数学术语，把具有一个以上取值的概念称为变量。变量在不同情况下有不同的状态和测量结果，它说明了现象在规模、速度、质量等方面的变化情况，或者现象在程度差异上的变化方式。比如"性别"是一个变量，它可以分为"男性"和"女性"两个取值；"职业"也是一个变量，它可以分为"农民""工人""专业技术人员""企业主"等多个取值；"生育意愿"同样是一个变量，它可以分为"0 个""1 个""2 个"等不同取值。

变量的特征在于取值具有穷尽性和互斥性。穷尽性指的是每个被调查情况都能归于某个取值中。如果"职业"这一变量只设置农民""工人"和"专业技术人员"，那么就没有覆盖所有人的职业，没有满足穷尽性。互斥性指的是构成变量的取值是互斥的，即每个被调查者只属于其中一个取值，不能同属于多个取值。比如"职业"变量中如果既有"工人"，又有"装配工人"，则其取值出现了相互包含关系，那么这个变量的设置就存在问题[①]。

3. 指标（indicator）

当我们把一个概念或变量具体化为一组可观察到的具体事物时，这些具体事物就称为这一概念或变量的指标。根据风笑天在《现代社会调查方法（第 6 版）》中的解释，概念和变量都是抽象层次的，是人们的主观印象，如果我们找到概念对应的一组可观察到的具体事物，那就到了实际具体的层次，我们称之为指标。由于指标是变量在经验层次上的具体化体现，因此指标也具有多个取值特点。比如，"经济增长"是一个抽象的概念，当我们使用可观察到的具体事物来表达这个概念时，可以应用 GDP、人均 GDP、城镇化率、第二和第三产业占比等多种指标。

值得说明的是，同一个词汇在一些语境中是概念或变量，但是在另一些语境中可能是指标。以"职业"为例，"职业"是对人们所从事工作的抽象，可以作为一种概念，同时由于"职业"具有多个取值，因此"职业"属于变量的范畴。不过，如果我们把"社会阶级"作为概念，把"职业"理解为衡量"社会阶级"的具体事物，这里的"职业"

---

① 根据袁方在《社会研究方法教程》中的表述，变量是概念的一种类型，是通过对概念的具体化转换而来的，体现概念的可变性。按照袁方的说法，如果"社会经济地位"是概念，那么含有多种取值、具体化后的"职业"则是变量。本书中的变量沿用风笑天《社会研究方法（第 5 版）》和《现代社会调查方法（第 6 版）》中的定义，特此说明。

则是一种指标。因此，不同研究对概念、变量和指标的区分可能存在差异，需要根据具体的研究情境来判断。

二、什么是操作化?

1. 操作化的定义

所谓操作化（operationalization）就是使抽象的概念从理论层次进入实际具体的层次，把概念变成一个可观察的具体的指标。比如，当我们把抽象的概念"经济增长"使用具体事物"人均 GDP"来表示时，就实现了操作化。

操作化在社会科学研究中非常重要。操作化是沟通理论概念与经验事实的一座桥梁，是社会调查从理论到实际、由抽象到具体的重要步骤。在社会科学研究中，有许多观想式的理论想法，这些理论想法逻辑上是自洽的。然而，这些理论想法与经验世界存在很大的距离。当我们在经验世界中对这些理论想法进行验证时，必须要把这些抽象概念操作化为具体的、可以直接观测的指标和工具。那些只能靠思维去理解、体验的模糊概念，比如"经济增长""社会融合""社会失范""文化资本"等，通过操作化过程变成了看得见、可测量的事物，这就是操作化对社会科学研究的重要作用。

2. 操作化的步骤

操作化的方法可以分为下面几个步骤。

第一，划定抽象概念的范围。这个概念想要衡量什么、不想要衡量什么，需要划定一个范围。这个过程需要收集和整理与这一概念相关的研究成果。一些抽象概念可能有不同的理解方式，比如"文化"，可以表示"教育程度"，也可以表示文学、艺术领域的造诣，或者历史积淀下来的传统观念和道德。研究"文化"时需要划定所要研究的范围。

第二，确定概念的定义。对研究问题涉及的抽象概念，要尝试下一个定义，这样有助于更好地实现操作化。在实际研究中，有一些是从已有的定义中选择一个适合自己研究需要的定义，也有一些是自己根据前人研究基础创造性地提出一个定义。具体采用哪种方法应该以研究者实际需要来决定。

第三，列出概念的维度。一个抽象而复杂的概念往往不会是单一维度的。在操作化的过程中，调查者需要给抽象的概念设定不同的维度。比如"共同富裕"的概念十分抽象复杂，这一概念可以划分为多种维度，既包括经济发展、生活富裕、民生保障、社会和谐等维度，也可以采用"拆词法"，分为共同和富裕两个维度。

共同富裕划分维度案例

第四，根据设定的维度建立指标。有一些概念的指标比较直接、简单，比如"婚姻状况"和"性别"。然而，复杂的概念往往需要对每一个维度设定若干个一级指标，每一个一级指标再设定若干个二级指标，同时确定每一个指标的测量方法。以"共同富裕"为例，如果确定民生保障是共同富裕的一个维度，一级指标可以确定为"是否参加保险""是否接受社会救助"等。"是否参加保险"的指标可以包含二级指标，如"是否参加医疗保险""是否参加养老保险""是否参加失业保险"等。

通常，我们采用两种方式来确定概念的指标。第一，通过查阅文献利用已有的指标，这种方式尤其适用于测量人格、心理状态的量表，往往经过了多次修改和验证，可以直接为我们所用。在实际研究中，我们可以根据自己的研究主题在已有的指标上修改补充。使用前人设计的指标有利于与此前的研究对话，开展跨文化的横向比较和跨时期的纵向比较，更有利于社会知识的积累。第二，研究者根据自己的研究需要自行创建指标。创建指标需要进行一些探索性的工作，比如开展探索性调查，采用观察、无结构或半结构式的访问方式收集资料，特别是对熟悉研究问题的专家进行深入访谈，最终确定自己的测量工具。

在实际研究中，上述两种方式可能会同时存在，研究者既以已有指标为基础，又根据自己特殊的研究需要发展一些新的指标。此外，对概念的操作化的处理存在多种方式，确定的概念维度及发展指标也各不相同。根据研究需要，社会调查者可以选择适合自己的操作化方法。

3. 操作化的案例："获得感"

"获得感"一词最早出于 2015 年 2 月 27 日习近平总书记在中央全面深化改革领导小组第十次会议上的重要讲话："要让人民群众有更多获得感。"[①] 随后，这一概念迅速

---

① 习近平. 习近平谈治国理政（第二卷）[M]. 北京：外文出版社，2017：102.

成为社会各界热议的重要话题。经过几年的发展，学者们积累了大量以"获得感"为核心的学术研究，而这些学术研究都离不开对"获得感"概念的操作化过程。本节以"获得感"概念的操作化为例，分析内容主要来自谭旭运等人 2020 年在《社会学研究》杂志上发表的《获得感的概念内涵、结构及其对生活满意度的影响》一文。

论文中，作者首先提出"获得感"是在个体生理和精神需求的满足基础上获得的心理感受。这种在需求满足基础上产生的"获得感"可以分为五个维度：（1）对个体不同需求内容的客观获得状况和认知，即获得内容；（2）个体需求得以满足的主客观环境条件，即获得环境；（3）个体的能动性在需求满足过程中的作用，即获得途径；（4）伴随需求满足的过程和结果而产生的情绪体验，即获得体验；（5）在个体需求满足和情绪体验基础上产生的致力于自我实现的共享行为，即获得共享[①]。

基于上述五个维度，作者给每一个维度进行了指标构建。图 5.4 展示了"获得感"从概念到指标的操作化过程。其中，获得内容可以从保障性需求、发展性需求、生活水平的变化、社会经济地位来测量；获得环境从社会信任，社会公平来衡量；获得途径是个人实现愿望的途径；获得体验主要反映的是一个人的社会情绪是积极还是消极；获得共享体现的是环保意识和社会参与。上述指标可以在"中国社会状况调查"的问卷中找到 1～2 道具体的题目来对应，因此，作者实现了对"获得感"这一复杂而抽象概念的测量。

获得感的指标

---

① 谭旭运，董洪杰，张跃，等．获得感的概念内涵、结构及其对生活满意度的影响 [J]. 社会学研究，2020，35（5）：195−217.

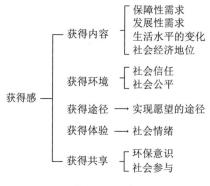

图 5.4　"获得感"的操作化过程

在社会科学研究中，操作化是从抽象理论到具体指标的必经阶段。一般来说，经验研究的量化学术论文都会详细介绍变量的操作化方法。

更多操作化案例

第三节　量表

一、什么是量表？

量表是社会科学研究中广泛应用的一种测量工具。量表的英文是"scales"，有一些教材把它译为"尺度"。量表主要用于测量复杂概念，特别适用于测量人们的态度、看法、意见、性格等主观性较强的内容。这些主观性的内容构成比较复杂，无法使用单一的指标来表示，同时主观性的内容可能具有某种特殊的潜在特征，因此研究者常常需要借助各种量表进行测量。量表的结构形式有多种类型，本节介绍几种常用的量表：总加量表、语义差异量表、哥德曼量表。

1. 总加量表

总加量表由一组反映人们对事物的态度或看法的陈述构成。回答者分别对这些陈述发表意见，根据回答者同意或不同意记分，最后将回答者在全部陈述上的得分加起来，即得到该回答者对这一事物或现象态度的总分。总加量表有一个潜在的假设——每一个态度陈述都具有同等的效果，即它们在反映人们的态度方面是等值的，不同的陈述之间不存在数量的差别，因此我们可以把人们选择同意或者不同意的分数相累加。

目前使用最广泛的总加量表是李克特量表。李克特量表是由美国社会心理学家李克特发明的。李克特量表由一组对某事物的态度或看法的陈述组成，其选项通常有 5 项，分为完全不同意、比较不同意、无所谓同意不同意、比较同意、完全同意，或者是赞成、比较赞成、无所谓、比较反对、反对。

图 5.5 是 2017 年中国综合社会调查中有关性别观念的李克特量表。值得注意的是，李克特量表的赋分方法分为正向和负向两个顺序，如果分数越高表示越支持男女平权，那么第 1 ～ 4 题属于反向赋分，第 5 题是正向赋分。数据清理时需要把反向赋分的题目逆序编码，即 1 编码为 5，2 编码为 4，以此类推，最后 5 编码为 1，然后再把重新编码的第 1 ～ 4 题和第 5 题分数加总，分数越高者表示越支持男女平权。

A42.您是否同意以下说法：【出示示卡 3】

	完全不同意	比较不同意	无所谓同意不同意	比较同意	完全同意	不知道	拒绝回答
1. 男人以事业为重，女人以家庭为重	1	2	3	4	5	98	99
2. 男性能力天生比女性强	1	2	3	4	5	98	99
3. 干得好不如嫁得好	1	2	3	4	5	98	99
4. 在经济不景气时，应该先解雇女性员工	1	2	3	4	5	98	99
5. 夫妻应该均等分摊家务	1	2	3	4	5	98	99

图 5.5　2017 年中国综合社会调查中有关性别观念的李克特量表

李克特量表的制作程序如下所示。

（1）根据所要测量的内容或变量收集相关的题目，然后初步筛选出一组题目（社会调查研究中，一般为 10 ～ 30 道题目）为量表初步草案。

（2）确定题目的类别和计分标准，回答的类别分为 5 个等级，计分标准按照正向和负向两种顺序来设置，注意使用"+""-"来区分。一般来说，一个量表中正向和负向的题目应各占一半，以便使回答者集中精力认真回答。五级回答可以使用 0～4 或 1～5 来赋分。

（3）试调查。从调查对象中找一些人来尝试回答量表草案，以便发现量表设计的问题。更为重要的是检验每道题目的分辨力。分辨力是指一道题目是否能区别出人们的不同态度或不同程度。假如有一道题目是"请问您是否同意我的收入应该增长50%？"，那么几乎所有人都会选择"非常同意"，这一道题目就没有分辨力。

（4）计算各题目的分辨力，删去分辨力较低的题目，保留分辨力较高的题目（一般为 5～20 道题目）组成正式量表。

如何计算李克特量表中每道题目的分辨力？首先根据受访者总分排序，取出总分最高的 25% 的人和总分最低的 25% 的人，计算这两部分人在每一条陈述上的平均分，将两个平均分相减，所得出的就是这一条陈述的分辨力。该系数的绝对值越大，说明这一陈述的分辨力越高。如果分辨力很低，则说明分数最高和最低的这些人在这道题目上的答案相差无几，因此分辨力低的题目对于所要研究的问题作用很小，可以将它们删除。

图 5.6 显示的是李克特量表计算分辨力的例子[1]。在这个例子中，调查人数共 20人。首先我们找出总分最高的 5 个工人和总分最低的 5 个工人（各占 25%），然后计算每一道题目在两组人群中的分数差异。其中，第 1 道题目总分最高的 25% 的人平均分是 4.6，总分最低的 25% 的人是 1.4，分辨力为 3.2（4.6-1.4 ＝ 3.2）；第 11 道题目总分最高的 25% 的人平均分是 1.6，总分最低的 25% 的人是 1.8，二者之差为 -0.2；第12 道题目总分最高的 25% 的人平均分是 4.4，总分最低的 25% 的人是 4.2，二者之差为 0.2。因此在第 11 和第 12 两道题目上，总分最高和最低的受访者相差不多（一般小于 1），可见这两道题目的分辨力较差，应该删除。

---

[1] 袁方. 社会研究方法教程 [M]. 北京：北京大学出版社，2011：300-302.

被调查者		题目												个人总分
		(1)	(2)	(3)	(4)	(5)	(6)	(7)	(8)	(9)	(10)	(11)	(12)	
总分最高的25%的工人	工人1	4	5	5	4	3	5	4	4	3	5	2	5	49
	工人2	5	4	4	5	5	4	3	2	5	4	1	4	46
	工人3	5	4	3	3	4	5	4	3	4	4	2	5	45
	工人4	4	4	4	4	5	3	3	3	4	5	1	4	45
	工人5	5	5	3	2	4	3	4	5	2	2	4	3	43
	工人6	4	3	2	5	4	5	4	4	2	3	1	5	42
	工人7	4	4	4	4	2	3	4	4	4	3	2	4	41
	工人8	3	3	4	4	2	3	5	4	2	3	2	5	40
							……								
	工人14	2	3	2	3	3	2	3	4	4	3	2	4	36
	工人15	2	2	2	3	2	2	3	4	4	3	1	4	34
总分最低的25%的工人	工人16	2	2	4	2	3	3	2	1	4	2	2	5	32
	工人17	2	2	2	3	4	2	4	1	3	3	2	4	32
	工人18	1	3	2	4	1	3	3	2	1	2	2	5	29
	工人19	1	1	2	2	2	3	2	3	4	1	1	4	26
	工人20	1	1	1	2	1	2	1	2	3	2	2	3	21
总分最高的25%的人平均分		23/5=4.6	4.4	3.8	3.6	4.2	4.2	3.4	3.2	4.2	4.0	1.6	4.4	—
总分最低的25%的人平均分		7/5=1.4	1.8	2.2	2.6	2.2	2.6	2.4	1.8	3.0	2.0	1.8	4.2	—
分辨力		3.2	2.6	1.6	1.0	2.0	1.6	1.0	1.4	1.2	2.0	-0.2	0.2	—

图 5.6 分辨力的计算

2. 语义差异量表

语义差异量表是用一组意义相反的陈述或形容词构成一份评价量表，用来测量人们对某一特定概念或事物的不同观点和感受。语义差异量表是由社会心理学家奥斯古德、萨西和坦南鲍姆提出。语义差异量表在文化的比较研究、个人与群体差异的比较研究、小政治群体态度或更一般性的政治问题研究中比较常用。

一般来说，语义差异量表的记分方法分为 7 个等级，可以是 1～7，也可以从 -3 开始，分别记为 -3、-2、-1、0、1、2、3。与总加量表类似的是，语义差异量表同样有正向、负向两种排列陈述或形容词的方式，处理数据时需要对负向题目进行逆序编码。

在不同学科中，语义差异量表选择使用的陈述会有所不同。心理学一般使用相反的形容词构成两端的词汇，比如以下对大学同学的描述。

冷漠—热情

拘谨—大方

吝啬—慷慨

　　社会学、政治学等学科的研究者往往会测量人们的社会态度或行为倾向，因此常常使用对立的陈述构成量表。比如 2018 年世界价值观调查中有一组关于经济价值观的语义差异量表，如图 5.7 所示。

请您告诉我对下列问题的看法，量表中 1 表示完全同意左侧的看法，10 表示完全同意右侧的看法，请在量表上标出您的看法。　【出示答题卡】

Q106. 收入应该尽可能均等	1	2	3	4	5	6	7	8	9	10	应该加大收入差距，以鼓励个人努力工作
Q107. 私营经济成分应该扩大	1	2	3	4	5	6	7	8	9	10	国有经济成分应该扩大
Q108. 国家应该承担更多的责任保障每个人的生活	1	2	3	4	5	6	7	8	9	10	个人应该承担更多的责任来养活自己
Q109. 竞争是有利的	1	2	3	4	5	6	7	8	9	10	竞争是有害的
Q110. 长远来看，努力工作通常能够带来更好的生活	1	2	3	4	5	6	7	8	9	10	努力工作并不总能带来成功－更多的是运气与关系

图 5.7　2018 年世界价值观调查中有关经济价值观的语义差异量表

　　语义差异量表经常用于不同群体的比较，比如不同国家、不同性别、不同年龄在语义差异量表中的平均分差异。图 5.8 显示了语义差异量表常用的结果呈现方法。可以看出，男性和女性在经济价值观的题目上存在一定差异，其中最大的差异在第 2 道题目，女性比男性更支持扩大国有经济的成分。此外，女性比男性更支持均等分配收入，更支持国家承担更多的责任保障每个人的生活，也更倾向于认为竞争是有害的。

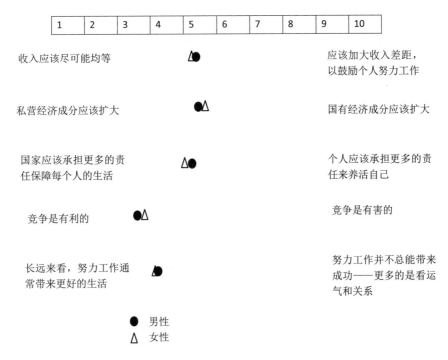

图 5.8 2018 年世界价值观调查中有关经济价值观的语义差异量表结果呈现

3. 哥德曼量表

哥德曼量表又称累积量表，是美国心理学家哥德曼于 1944 年设计并使用的。总加量表有一个潜在的假设，即每道题目对所研究的问题的作用是等值的，因此即使两个人的回答很不相同，一组量表计算出来的总分也可能是一致的。与总加量表不同，哥德曼量表的题目中存在着某种由强变弱或由弱变强的逻辑，不同题目对研究问题的作用不等值。在前面两种量表中，题目的顺序不固定，可以进行调整。而哥德曼量表中题目的顺序是固定的，不能随意更改。哥德曼量表有一个默认的假设，当被调查者同意意义更强的选项时，他一定已经同意意义更弱的选项了，所以哥德曼量表的答案只有几种固定的组合。因此，哥德曼量表的答案不会像总加量表那样出现分数相同而答案结构不同的现象。

图 5.9 显示的是 2011 年中国综合社会调查中的一道题目，内容涉及人们的社会距离。题目中的 X 可以理解为外国人、外地人等，六个陈述强度依次递增，表示社会距离越来越小。如果被调查者同意了更强意义的一种陈述，那么正常来说，他已经同意

了意义较弱的陈述。比如,当一个人愿意外国人和自己的亲戚结婚,那么他也应该愿意和外国人做邻居、和外国人交往、和外国人做朋友等。

您在多大程度上愿意做以下事情?是绝对愿意,可能愿意,可能不愿意,还是绝对不愿意?【出示示卡7】

	绝对愿意	可能愿意	可能不愿意	绝对不愿意	不知道
Q13. 和 X 做邻居	1	2	3	4	8
Q14. 花时间和 X 交往	1	2	3	4	8
Q15. 让 X 照顾您的小孩或您认识的小孩	1	2	3	4	8
Q16. 和 X 交朋友	1	2	3	4	8
Q17. 在工作中和 X 密切合作	1	2	3	4	8
Q18. 让 X 和你的亲戚结婚	1	2	3	4	8

图 5.9 2011 年中国综合社会调查中有关社会距离的哥德曼量表

哥德曼量表在设计的时候更具挑战性,需要确保量表中的题目所表达的态度的强度是递增或者递减的。哥德曼量表广泛地应用于社会距离、政治态度、儿童发展认知等调查。

哥德曼量表案例

二、测量的信度和效度

任何一种测量工具必然会涉及一个问题,即如何评价该测量工具。本节介绍评价测量工具的两种方式——信度和效度。

1. 信度

信度(reliability)指的是测量的一致性或稳定性,即测量工具能否经得起重复性检验。当我们构建出一套测量体系,我们都希望采取同样的方法对同一对象重复进行测量时,其结果是稳定的。如果用秤称一块肉,第一次称得 10 斤,第二次称得 8 斤,第三次称得 12 斤,说明这杆秤的稳定性很差。以图 5.10 的打靶为例,假设靶心表示想要测量的概念，每一次打靶视为一次测量。左边图中每一次打靶的差异很大，就是测量信度较低的一种表现；右边图中每一次打靶差异比较小，因此反映的是信度较高。

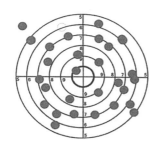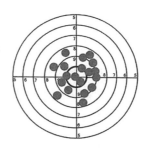

图 5.10　测量工具的信度

信度通常以相关系数来表示。由于测量中误差的来源有所不同，故各种信度系数分别说明信度的不同层面。在实际研究中，常用的信度系数有三种主要的类型。

第一种是再测信度。对同一群对象采用同一套测量标准，在不同的时间点上先后测量两次，两次结果计算出的相关系数就是再测信度。再测信度反映的是两次调查结果的变动程度，体现了测量的稳定性，故又称作稳定系数。假设第一次测量的结果为 x，第二次测量的结果为 y。再测信度系数的公式如下：

$$r = \frac{\sum_{i=1}^{n}(x_i - \bar{x})(y_i - \bar{y})}{\sqrt{\sum_{i=1}^{n}(x_i - \bar{x})^2 \times \sum_{i=1}^{n}(y_i - \bar{y})^2}}$$

第二种是复本信度。复本是已有测量工具的复制品。在调查中，首先让被调查者接受一套测量工具的调查，同时请同样的被调查者接受测量工具复本的调查，然后根据两套调查结果计算其相关系数，即为复本信度。考试时设置 AB 卷就是使用了复本信度的思路。计算复本信度的难点在于找到合适的复本，即题数、形式、选项、内容、鉴别度等都与原有的测量工具一致。

第三种是折半信度。在没有复本而且不准备重测的情况下，可以采用折半信度来估计稳定性。将研究对象在一次测量中所得的结果按测量项目的单双号分为两组，计算出这两组分数之间的相关系数即为折半信度。比如我们在测量一个人的态度时设置了 30 道题目，那么就可以把这 30 道题目分为相等的两部分，每个部分 15 道题目，计算两个部分之间的相关系数。通常，为了测量折半信度，研究者需要多设一倍的题目。

2. 效度

效度（validity）指的是测量的有效度或准确度，即测量工具能准确地度量事物属性的程度。效度越高，表示测量结果越能显示其所要测量对象的真正特征，即测量结果确实是研究者意图测量的属性。同样以打靶为例，靶心表示所要测量的概念。如图5.11所示，左图靶子信度比较好，因为每一次打靶相差不远，说明测量工具的稳定性高，但是每一次打靶都偏离了靶心，因此测量的准确性较低，所以左图反映的是信度较高、效度较低的测量。而右图的每一次打靶都围绕在靶心附近，说明测量准确性较高，因此右图表示效度较高的测量。

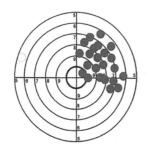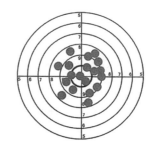

图 5.11　测量工具的效度

在社会科学研究中，测量工具的效度问题屡屡引起热议。许多常用的测量工具都存在效度低的问题，比如一些研究者以"上学年数"来测量教育程度。如果一个人上了10年学，另外一个人上了12年学，后者是否一定教育程度更高？答案是否定的。因为后者可能留级3年，因此"上学年数"的效度就存在一定问题[1]。为了提高测量的效度，应该在正式研究开始前用测量工具进行预调查，特别是从西方学术界直接翻译而来的测量工具，更应该开展预调查以评估测量工具的效度。

检验效度的方法很多，其中比较常用的是表面效度、准则效度、构造效度。

表面效度指的是测量内容或指标与测量目标之间的适合性和逻辑相符，测量所选择的项目看起来应该符合测量目的和要求。表面效度又称为内容效度，它涉及两个问题：（1）测量工具所测量的是否为研究人员想要测量的事物；（2）测量工具是否提供了有关这种事物的适当样品。比如一份问卷想了解调查对象的心理健康状况，问卷中不可能涵盖心理健康的全部题目，因此要确认心理健康的概念，根据概念选择合适的测

① 李连江.戏说统计：文科生的量化研究方法[M].北京：中国政法大学出版社，2017：41-43.

量工具作为样品。通过考察这些样品是否能代表心理健康来判断问卷的表面效度。

准则效度指的是用一种不同以往的测量方式或指标对同一事物进行测量时，将原有的测量方式作为准则，用新的方式所得到的测量结果与原有准则下的测量结果相比较，如果二者相关性大，那么这种新的测量方式具有准则效度。

准则效度的准则是调查者假定为有效的测量标准。如果准则是依据将来实际发生的情况而建立的，那么这种准则效度称为预测效度。如果准则与测量工具同时证明有效，则称为共变效度。如果准则是以实际判断为准的，则称为实用效度。准则效度可以使用两种测量工具的相关系数来表示，更为客观可靠。但是，作为准则的测量工具只是假定有效，这一点往往在实际调查中备受质疑。

建构效度涉及一个理论的关系结构中的其他概念的测量。由于建构效度经常与理论假设相比较来检查，因此建构效度又称为理论效度。理论假设经常表示为两个概念（X 和 Y）之间的相互关联。在经验研究中，X 的测量结果和 Y 的测量结果也应该是相互关联的。如果用 X 和 Y 的指标的测量结果可以反映理论假设的关系，那么 X 和 Y 的测量就具有建构效度。比如，理论假设认为"夫妻关系和睦"是促进"生活满意度"提升的重要因素。如果"夫妻关系和睦"的指标是"夫妻共同承担家务"和"夫妻共同参与育儿"，当"夫妻共同承担家务""夫妻共同参与育儿"与"生活满意度"都是较强的正相关时，说明测量具有建构效度。

3. 信度和效度的关系

高信度和高效度是理想测量工具需要满足的条件。两者有以下关系。（1）信度低，则效度一定不高。如果资料稳定性很差，那么肯定也不能准确地反映所要研究的概念。（2）信度高，效度可高可低。一个稳定性很高的测量既可能准确反映所要研究的概念，也可能全部脱离"靶心"。（3）效度低，信度可高可低。与第二点类似，效度低的测量可能稳定性很高。如果想要研究"大学生消费水平"，测量工具询问的是"有无同父同母的兄弟姐妹"，那么测量工具的准确性可能较低，但是"有无同父同母的兄弟姐妹"的稳定性较高。（4）效度高，信度必然也高。当测量工具可以准确、切实地测量所要测量的概念时，那么其结果的稳定性也往往较好。因此，效度是信度的充分而非必要条件，有效度必然有信度，而无效度未必无信度。信度是效度的必要而非充分条件，有信度未必有效度，无信度必然无效度。图 5.12 反映了二者的关系。

信度与效度

效度

低　　高

		低	高
信度	低	可能	不可能
	高	可能	可能

图 5.12　信度与效度的关系

拓展资料

社会科学研究中研究效度的思考 [1]

社会科学研究者关注测量的效度，而效度可以分为内在效度（internal validity）和外在效度（external validity）。内在效度指的是自变量和因变量之间存在明确因果关系或相关关系的程度，外在效度指的是特定的研究结果是否具有推广性。社会科学研究中，外部效度十分重要，因此学者们需要证明自己的测量可以推广，可以供学界同仁在更多情境中使用。其中，实验室实验经常受到缺乏外部效度的批评。对此，作者的一项研究对社会科学研究的外部效度进行了讨论。

研究缺乏外部效度的挑战来自确认 X 与 Y 的因果效应。假设 Y 代表感兴趣的结果，Y 的原因用 $(X_1, X_2, X_3, X_4, ..., X_n)$ 表示。假设 Y 的真实因果模型如下：

$$Y = f_1(X_1, X_2, X_3, ..., X_n) \tag{1}$$

进一步假设研究的兴趣在于对 Y 的因果效应，则因果模型可以写作：

$$Y = f_2(X_1) + g_2(X_2, X_3, X_4, ..., X_n) \tag{2}$$

福尔克和海克曼认为，研究的关键是找到最佳方式孤立出的效应，同时保持 $X_2, X_3, ..., X_n$ 不变（Fack & Heckman, 2009）。例如，在实验室礼物交换游戏中，X_1 代表研究的兴趣（如最低工资水平），Y 代表工人提供的努力水平。为了测试 X_1 和 Y 之间的因果关系，必须控制 $X_2, X_3, X_4, ..., X_n$ 等其他因素，包括雇主和工人的人口学特征以及市场制度的具体细节，如公司和工人的数量、实验进行次数、雇主和工人是否匿名等。当 $X_2, X_3, X_4, ..., X_n$ 固定时，如果实验室中的发现无法推广到现实生活情境，研究人员需要制定策略来识别 X_1 的确切效应。换句话说，

---

[1]　Chen, Tam. Uses of Artificial and Composite Treatments in Experimental Methods: Reconsidering the Problem of Validity and Its Implications for Stratification Research[J]. Research in Social Stratification and Mobility, 65.

核心问题是提升内在效度的问题，而不是提高普遍性（外部效度）。

如果模型 1 没有像模型 2 那样的可分离形式呢？在承认实验室实验的普遍性问题后，莱维特和利斯特（Levitt & List，2007）回顾了实验室实验结果缺乏外部效度的理由：（1）情境嵌入的背景不同；（2）来自第三者的监督和审查；（3）道德和伦理考量；（4）实验实验中报酬的数量；（5）参与者进入实验的自主选择性。上述因素都可以转化为与实验设置中隐含的情境（X_i）之间的乘法交互作用，如公式（3）所示：

$$Y = f_3(X_1) * h_3(X_2) + g_3(X_3, X_4, ..., X_n) \qquad (3)$$

从公式（3）中可以看出，研究缺乏外部效度的根本原因是理论模型中包含复杂的交互效应，即因果关系模型中含有显著的调节作用。当存在复杂的交互效应时，研究重点是寻找处置效应的异质性结构（Xie，2007）。因此，当发现实验室实验无法推广时，关键问题不是外部效度的缺失，而是提升理论的适宜性。

参考文献：

Falk, A., & Heckman, J. J. (2009). Lab experiments are a major source of knowledge in the social sciences. *Science*, 326(5952), 535-538.

Levitt, S. D., & List, J. A. (2007). What do laboratory experiments measuring social preferences reveal about the real world? *Journal of Economic Perspectives*, 21(2), 153-174.

Xie, Y. (2007). Otis Dudley Duncan's legacy: The demographic approach to quantitative reasoning in social science. *Research in Social Stratification and Mobility*, 25(2), 141-156.

✎ **小测验**

扫一扫做题

👥 **思考与实践**

1. 社会科学研究中的测量有哪些挑战?

2. 请回答下列变量该用哪一种测量层次来测量：（1）智商测试分数；（2）家庭子女数；（3）国家二氧化碳排放量；（4）对"双减"政策的支持态度；（5）出生地区；（6）政治面貌。

3. 概念的抽象层次、涵盖面及其特征三者之间有何关系？请举例说明。

4. 简要说明概念、变量、指标三者之间的区别与联系。

5. 请将下列概念操作化为一组测量指标："进取心""生育意愿""数字社会"。

6. 请设计一份反映"社会信任程度"的李克特量表。

第六章 问卷设计

第一节 问卷的概念及结构

问卷的概念及结构

问卷的主要内容是以研究假设为基础，根据概念操作化及其测量指标而设计的一整套比较系统的具体问题，因此，它的设计过程实际上也是研究者预先确立的研究假设或研究设想具体化的过程。问卷的作用主要是量度某种社会现象的状态或各种社会行为、社会态度和价值观念等，它直接影响到收集资料的正确程度，关系到调查研究的质量。因此，问卷设计是调查研究或量化研究的难点和重点[1]。

一、问卷的概念

问卷（questionnaire）是社会调查中用来收集资料的一种工具，一种类似于体温表、磅秤、米尺那样的工具，只不过其用途是测量人们的行为、态度和社会特征，它所收集的是有关社会现象和人们社会行为的各种资料。问卷在社会调查中起着至关重要的作用：第一，它提供了标准化的数据收集程序，让每个被调查者都面临同样的问题环节；第二，它是调查员了解被调查者应答信息的工具；第三，它提供了制定相关管理决策所需要的信息；第四，它将研究目标转化为具体的问题；第五，它实施方便，提高了资料收集的效率；第六，所得的资料易于进行定量的统计分析；第七，节省时间、经费等[2]。

根据社会调查中使用问卷的方法，我们把问卷划分为两种不同的类型：一种称为

① 仇立平. 社会研究方法 [M]. 重庆：重庆大学出版社，2015：213.
② 谭祖雪，周炎炎. 社会调查研究方法 [M]. 北京：清华大学出版社，2013：105.

自填式问卷，即由调查员发给（或邮寄给）被调查者，由被调查者自己填写的问卷；另一种称为访问式问卷，即由调查员按照问卷向被调查者提问，并根据被调查者的回答进行填写的问卷。这两种类型的问卷在设计程序、设计原则、内容与结构等方面都是相同或相似的，只是在设计方法与使用方法上有一定差别。

二、问卷的结构

一份完整的问卷通常包括标题、封面信、指导语、问题和答案、编码和其他资料等几个部分。

1. 标题

标题就是问卷的名称，要求简明扼要地概括出调查的主题，并引起被调查者的注意。一般来说，标题是被调查者第一眼注意到的内容，因此一定程度上决定了被调查者是否感兴趣。清楚明确地陈述主题有助于增加调查对象的兴趣和责任感，避免由于主题含糊不清而带来的误解和不信任感，使得被调查者对于调查内容产生疑惑甚至拒绝配合。

2. 封面信

封面信（cover letter）是一封写给被调查者的短信，通常作为问卷的第一部分，主要是在调查时用来向调查对象介绍调查者的身份和主持调查的单位，简单说明调查目的和调查内容，请求调查对象合作，许诺对调查对象提供的资料予以保密，并简单说明调查对象的选取方法等。封面信通常在两三百字左右即可，应简单清晰、通俗易懂。封面信是问卷调查是否成功的第一步，直接影响到被调查者是否有兴趣参与调查并如实填写。问卷的封面信应该包括以下方面。

（1）介绍调查单位或个人的身份——我是谁？

调查者身份的表明有两种形式：一种是在开头交代，比如"我们是浙江工业大学公共管理专业的学生，为了……"；另一种是在落款处署名，如落款"浙江工业大学公共管理学院调查组"。身份的表明必须要清晰具体，写得越清楚、越正式越好，让被调查者消除疑虑，放心参与调查。同时还可以在封面信后附上单位地址、联系人和联系方式等，体现调查的客观性、正式性和组织性。

（2）说明调查的大致内容和范围——调查什么？

对于调查内容的说明，要避免过于详细但也不可过于含糊，甚至避而不谈。内容要清晰明了、概括性强，用一两句话概括问卷主题和调查内容。例如，"我们这次调查，主要是针对社区的节能减排环境污染方面"，或者"我们正在进行一项关于大学生生活费的调查"。同时，调查问卷封面信中所概括的内容与问卷必须是一致的，不能相悖，不能欺骗被调查者，尤其是当问卷中包含敏感性话题时。

（3）说明调查的目的或作用——为什么调查？

关于调查的目的，首先应该强调它的社会价值，因为社会价值更容易被大众所理解和接受。其次，还要强调它在社会中的实际作用。比如，"这次调查的目的，是了解大家对春节燃放烟花爆竹的看法，希望以此引起大家更多的关注，提高大家的安全防患意识"。

（4）选择调查对象的途径和方法——为什么选你调查？

对于被调查者而言，研究者及其所进行的调查是陌生的人和突发事件。为了消除被调查者的疑虑和戒心，取得被调查者的信任，封面信中也要对"调查对象是如何选出来的"作简要说明。例如，"我们按照随机的方法选取一部分大学生作为我校大学生的代表，您是其中一位"，以此消除被调查者的一些戒心或不安。

（5）保密许诺并致谢——争取调查对象的配合

在封面信中清楚明确地告诉他们调查的匿名和保密措施，例如，"本次调查以不记名的方式进行""本次调查不用填写姓名，所有答案只用于统计分析""答案无对错之分，只需按您的真实状况填写"。这样，被调查者就会明白调查的匿名和保密措施，从而畅所欲言、如实填写。最后，在封面信的结尾部分一定要真诚地向被调查者表示感谢。

下面以一份实际调查问卷的封面信为例。

尊敬的屏峰村村民：

您好！

首先请原谅打扰了您的工作和休息！

我们是浙江工业大学公共管理学院的学生。您即将填写的问卷是我们有关"屏峰村居民就业结构调查"的一部分，您在问卷上所填内容将为我们的调查研究提供基本数据，我们真心希望能得到您的支持。本次调查不记名，答案无对错之分，所获资料将完全保密，请您如实填写而不必有任何顾虑。

为了表示对您的谢意，我们为您准备了一份小小的礼物，对您的配合和支持，我们表示衷心的感谢。祝您全家生活幸福！

浙江工业大学公共管理学院社会调查课题小组

2023 年 11 月 6 日

3. 指导语

指导语即填表说明，用来指导被调查者正确填答问卷，包括填表的方法、要求、注意事项等。指导语的形式、安排等问题，可根据问卷本身的情况以及调查对象的文化水平等情况的不同而有所区别。有些问卷的填答方法比较简单，指导语用一两句话即可说明，比如"请根据自己的实际情况在合适的答案号码上打圈或者在空白处直接填写"。有些问卷的填答方式复杂、结构烦琐、内容不易理解，与调查对象的文化水平不太一致，则指导语就要相应增多，常需要标出专门的"填表说明"，对填表的要求、方法、注意事项等作一个总的说明。

下面是一份社会调查的"填表说明"。

填表说明

（1）请在每一个问题后适合自己情况的答案号码上画圈，或者在横线处填上适当的内容。

（2）问卷每页右边的数码及短横线是供计算机用的，您不必填写。

（3）若无特殊说明，每一个问题只能选择一个答案。

（4）填写问卷时，请不要与其他人商量。

总之，问卷中每一个有可能使回答者不清楚的地方，都要给予一定的指导说明。

4. 问题和答案

这是问卷的核心部分，是问卷的主体。问题从形式上看，可分为开放式问题与封闭式问题两大类。开放式问题（open-ended question）就是只提出问题而不为回答者提供具体答案，由回答者根据自己的情况自由填答，比如"你最喜欢哪项球类运动？"。而封闭式问题（closed-ended question）就是研究者在提出问题的同时，还给出若干特定的答案，要求被调查者根据实际情况选择一个作为答案。比如：

你最喜欢哪项球类运动？

①足球 ②篮球 ③乒乓球 ④排球 ⑤羽毛球 ⑥网球 ⑦其他

开放式问题的主要优点是允许回答者充分自由地发表自己的意见，获得的资料全面真实，可以获得一些研究者事先未曾想到的资料；其缺点是资料难以编码和统计分析，要求回答者具有较高的知识水平和较强的文字表达能力，填答所花费的时间和精力较多。封闭式问题的优缺点与开放式问题相反，其优点是填答方便、省时省力、资料易于编码和统计分析，特别适合进行定量分析；其缺点是所得资料缺乏自发性和表现力，回答中容易出现一些偏误。

因为开放式问题和封闭式问题各有其优缺点，因此在实际操作中，研究者常常把它们用于不同目的、不同形式、不同规模、不同对象的调查中。比如，在探索性调查中，常采用由开放式问题构成的问卷；而在大规模的正式调查中，主要采用由封闭式问题构成的问卷。

5. 编码和其他资料

问卷调查通常涉及大量的被调查者。问卷数量和题目种类较多时，往往需要通过计算机的一些软件来分析，将文字资料转换成数码的形式。所谓编码（coding），简单来说就是给问题和答案编上数码，用这些数码来代替问卷中的问题和答案。编码又分为两种，一种是预编码（pre-coding），一种是后编码（post-coding），既可以在设计问卷的同时就设计好，也可以等调查完成后再进行。在实际调查中，大多数研究者采用预编码形式，因此预编码也就成了问卷的一部分。编码一般位于问卷的右侧，常用一条竖线将其与问题及答案部分分开。下面就是一个编码的例子。

编码示例

1. 您的性别 （1）□男　（2）□女	1 _____
2. 您的年龄（2023 减出生年份）____ 岁	2～3 _____
3. 您的民族 　（1）□汉族　（2）□少数民族（请填写）_____	4 _____
4. 您的婚姻情况 　（1）□未婚　（2）□已婚　（3）□离异　（4）□丧偶	5 _____

预编码的工作主要包括三个步骤。其一，给问题分配栏码。为了在计算机录入和统计分析阶段不出现混淆和差错，需要将不同的问题区分开来，因而要分配栏码。栏码的分配可根据问题的前后顺序来进行，同时还要考虑答案码值的大小（见上例）。其二，给答案分配码值。一般来说，一个封闭式问题至少有两个以上的答案类别，每个被调查者都必须适合其中之一，且仅适合其中之一。如在上例中，如果调查对象第一

题填了"女"，那么可按其答案的序号编码为"2"；第二题填答了"23岁"，可按其填答的数值编码为"23"；第三题选择了"汉族"，可按其填答的数值编码为"1"；第四题选择了"已婚"，可按其填答的数值编码为"2"。其三，设计栏码形式。常见的形式有短横线、方框，有时也可以设计成表格的形式，研究者可根据常用形式和自己的喜好来设计栏码的表达方式。

除了编码以外，有些问卷还需要在封面上印上问卷编号、调查员姓名、调查日期、审核员姓名、被调查者住地等有关资料。

第二节　问卷设计的核心遵循

设计出一份科学的问卷是做好调查研究的关键。要设计出高质量的问卷，必须遵循以下几个基本原则。

问卷设计的基本出发点

一、要从被调查者角度思考问题

问卷作为调查者收集资料的一种工具，在设计时自然需要考虑到调查者的需求。即问卷设计应紧密围绕研究问题与被测变量展开，尽量使收集到的恰恰是所需的信息，不多不少。也就是不能遗漏某些必要的信息或含有某些不相干的信息。然而，若仅从研究者需求出发，没有顾及被调查者的实际情况，则设计出的调查问卷常常有不当之处。例如一些问卷长达四十页，题目达数百道；一些问卷的题目设计太过繁杂，单题含有上百道小题；一些问卷上的题目要求回答者进行难度较大的回忆与运算等。这些情况都是设计时没有为被调查者着想、没有从被调查者的角度进行考虑的结果。问卷设计最核心原则是要从被调查者角度思考问题。

社会调查的本质是调查者从被调查者那里以调查问卷的形式获得信息的过程，该过程可简单地表述为：调查者—问卷—被调查者。"调查者—问卷"这一环节是调查者根据研究目的与意图设计出问卷。若只从这一点出发，问卷设计的起点当然就是调查者，也就是说问卷设计时应该一切为了调查者。但在"问卷—被调查者"这一环节中，问卷会影响到很多被调查者。特别要意识到调查对象并不是机器而是具体的人，不同质量、不同形式的问卷对被调查者提出的要求和产生的影响也各不相同。所以，为了使我们的调查达到好的结果，在问卷设计时不应该仅仅关注编制什么问题，还应该关注问卷调查过程中的人的因素。应更多地为回答者考虑，站在回答者的立场上考虑问题，尽可能地方便回答者填写问卷，以减少困难与麻烦[1]。

二、要避免影响问卷调查的各种障碍因素

由于问卷调查需要被调查者的密切合作，因此在设计问卷时，必须对那些在问卷调查过程中可能出现的阻碍因素有清楚的认识。阻碍被调查者合作的因素主要有两个方面。

（1）主观障碍。也就是被调查者在心理、思想等方面对调查问卷产生种种不良反应而构成的障碍。例如问卷内容过多，问卷表太厚，或问卷中需要花费时间去思考、回忆、运算的题目过多时，回答者易出现畏难心理；问卷涉及个人隐私或其他敏感内容时，回答者就容易有各种顾虑；问卷的封面信对于调查的目的、内容、意义解释不清，回答者可能会不重视问卷调查，缺乏主动配合的责任感；而在问卷内容与被调查者的实际生活脱节，或所使用的语言和被调查者的文化背景不协调，或问卷形式设计得生硬凌乱等情况下，被调查者可能会对问卷调查不感兴趣、不理不睬，甚至把问卷当作废纸丢弃。

（2）客观障碍。也就是由于被调查者本身能力、条件及其他方面的限制而产生的阻碍，例如阅读能力欠缺所造成的限制。一位被调查者至少应该能够看得懂问卷才能够作答，如果问卷形式比较复杂、提问比较抽象或语言不够通俗易懂，那么一些文化程度不高的被调查者则难以明白问卷内容及要求。再如理解能力欠缺所造成的限制。不管是对于题目内容，还是对于填写问卷的方法，有些被调查者往往无法理解，所以，对他们来说，问卷调查是行不通的。还有来自记忆能力、计算能力等方面的制约。一

[1]　风笑天. 现代社会调查方法 [M]. 6 版. 武汉：华中科技大学出版社，2020：111–112.

些问题往往需要被调查者做一些（有时甚至是困难的）回忆、思考与计算。若不站在被调查者的立场上思考问题，则有些被调查者会因以上各种客观条件所限放弃回答问题，使问卷回收率降低，调查质量下降[①]。

三、根据调查的关键因素设计问卷的内容与形式

一份问卷的设计工作远远不止是列出一组问题，它还涉及许多在问卷上看不到的因素，并受这些因素的影响和制约。这些因素包括调查的目的、调查的内容、样本的性质、问卷的使用方式，等等。

1. 调查的目的

对于任何一份问卷的设计工作而言，调查的目的至关重要，因为它决定了问卷的内容和形式。如果调查的目的只是了解被调查者的一般情况，那么问卷设计就应该主要围绕被调查者各个方面的基本事实来进行。如果其目的不是一般的描述，而是要作出解释和说明，那么问卷设计就要紧紧围绕研究假设和关键变量来进行，问卷中的问题必须符合研究假设的要求。

2. 调查的内容

调查的内容也是影响问卷设计的重要因素。对于那些回答者比较熟悉、容易引起回答者参与兴趣、不会对被调查者造成心理压力的调查内容来说，问卷设计工作就相对容易一些。在这种情况下，问卷的内容可相对详细、深入，提问可以相对直接一些，问题的数量可以适当多一些。但当调查的内容回答者不熟悉，或调查内容比较枯燥、不易引起他们的兴趣，特别是涉及一些敏感的内容时，问卷设计就会更具挑战性。这时，问卷中的问题相对来说就只能问得概略一些、浅显一些、间接一些，问题的数量也应较少一些，而问卷的封面信和指导语就需要比较详细，措辞也需要更谨慎。

3. 样本的性质

样本的性质即样本的构成情况，对问卷设计工作同样有着重要的影响。构成调查样本的被调查者是些什么样的人，他们的职业、文化程度、性别、年龄的分布状况如

---

① 张蓉. 社会调查研究方法 [M]. 北京：知识产权出版社，2013：178-179.

何，相互之间差异大小等，都是设计者应该有所了解的。因为即使是相同的调查目的和调查内容，用于不同的样本中时，问卷的设计要求也是不尽相同。例如，用于工人样本的问卷，其语言应该更通俗、简单和口语化一些，问题的数量也应少一些；而用于大学生的问卷，语言就可以书面化一些，问题可以复杂一些，数量也可以多一些。

4. 问卷的使用方式

问卷设计还要充分考虑到问卷的使用方式和资料的分析方式，因为不同的使用和分析方式对问卷有着不同的要求。若主要对资料进行定性分析，那么就应以开放式问题为主；若要进行定量分析，则应以封闭式问题为主。对于自填式问卷来说，设计应该尽量简单明了，便于阅读、便于理解、便于填写；若是访问问卷，则可以相对复杂一些；通过邮寄方式进行调查的问卷，要特别注意封面信的设计。除上述各种因素外，还不能忽视调查经费、调查人员数量、调查时间长短等因素可能对问卷设计形成的限制[①]。

第三节　问卷设计的步骤

问卷设计的一般步骤

设计调查问卷，一般需要经过探索性工作、设计初稿、试用与修改、定稿四个步骤。

一、设计问卷之前的探索性工作

探索性工作又被称为准备性工作，在设计问卷时是一个不可忽视的重要步骤。设计一份问卷，在进行题目和答案的编写之前，需要做一系列的探索性工作，即先深入了解和熟悉被调查者的一些基本情况，以便对各种问题的提法和可能的回答有一个初

---

① 风笑天. 现代社会调查方法 [M]. 6 版. 武汉：华中科技大学出版社，2020：112-113.

步的认识。开展探索性工作的常用方式有：收集文献资料，了解前人的相关研究及成果；进行初步的非结构式访问和观察，即研究者围绕所要研究的问题，亲自与各类对象进行自然、融洽的交谈，从中观察他们的行为与特征，了解他们的社会背景和对某一问题的看法，从而形成对所要调查的各种问题及其可能答案的一个初步印象。基于探索性工作的结果，研究者就能根据调查对象的社会背景、文化程度和理解能力考虑措辞，设计出问卷的问题和答案，以避免出现含糊不清的问题和不符合实际情况的答案。

二、设计初稿

完成探索性工作以后，研究者就可以进行问卷初稿的设计了。具体的方法有两种。第一种是卡片法。首先，设计出一批问题，每张卡片写一个问题；然后，对卡片进行分类、排序，形成有一定逻辑结构的问卷雏形；最后，将调整后的卡片记录下来，完成问卷初稿。第二种是框图法。首先，根据研究假设画出问卷各部分的框架图；然后，按照框架图设计每一部分需要询问的社会指标、调查指标及答项；最后，将检查、调整、修改、补充后的结果打印成问卷初稿。这两种方法的设计程序是相反的。前者是从个别（即具体问题）到部分，最后到整体；后者是从整体到部分，最后到具体问题。它们各有优点和缺点，在实践中可根据调查目的、问卷内容、设计者的思维习惯做出选择或结合使用。

现在所有工作都可以在计算机上完成，可以按以下方法来进行：

（1）根据研究目标、假设和概念框架，列出所需资料的各大部分的标题和内容，并初步安排好各个部分的前后顺序结构；

（2）在每一个大的部分中，根据探索性工作所得到的各种具体问题及其答案，尽可能详细地设计出这一部分的各种调查问题；

（3）在完成每一个大的部分的具体问题设计后，逐一对每个部分中问题的前后顺序进行安排，并注意到不同部分之间问题的衔接；

（4）从问卷整体的长度以及是否便于回答、减少被调查者心理压力等方面，从头至尾对问卷中的每一个问题进行检查、增删和调整；

（5）将修改和调整好的问卷按正式调查问卷的格式编排并打印出来，并加上封面信、指导语、编码等内容，形成问卷初稿[①]。

三、试用与修改

试用与修改这一步骤在问卷设计过程中至关重要。一份高质量的调查问卷需要进行检验，调查者根据检验的结果进行反复修改，最终定稿。试用问卷初稿的具体方法有两种：客观检验法和主观评价法。

客观检验法的具体操作过程是：将问卷初稿打印若干份，然后在正式调查的总体中抽取一个小样本，用这些初稿对他们进行调查，最后根据试调查的统计分析结果，认真检查和分析问卷初稿在设计上是否存在问题和缺陷。检查和分析的方面有以下四个。

（1）回收率。回收率是指调查者回收的问卷数占所发放问卷数的比率。如果回收率太低，则说明问卷设计上有较大的问题，必须做较大的修改，甚至需要重新设计。

（2）有效回收率。有效回收率是指在调查者回收的问卷总数中能够对其进行分析的有效问卷所占的比率。要认真分析问卷无效的原因，它比回收率更能反映问卷初稿的具体问题。因为收回的废卷越多，说明回答者填答完整的问卷就越少，这也就意味着问卷初稿中的问题可能较多。

（3）填答错误。填答错误有两类：一类是填答内容的错误，即答非所问。这是对问题含义不理解或误解造成的；另一类是填答方式的错误，这主要是问题形式过于复杂，或指导语不明确等因素导致的。

（4）填答不全。填答不全也有两类：一类是问卷中某几个问题普遍未作答；另一类是从某个问题开始，后面部分的问题都未回答。对于前一种情况，要仔细检查这几个问题，分析出大部分被调查者未作答的原因，然后进行改进；对于后一种情况，则要仔细检查中断部分的问题，分析原因。

主观评价法的具体操作过程是：将设计好的问卷初稿打印若干份（一般为 3 ~ 10份），分别送给该研究领域的专家、学者、研究人员，请他们阅读和分析问卷初稿，并根据不同角度对问卷进行评价，以分析问卷可能存在的问题并进行修改与完善。

---

① 风笑天.现代社会调查方法 [M].6 版.武汉：华中科技大学出版社，2020：113–114.

四、定稿

在按照上述步骤设计出问卷初稿，并逐一对问卷初稿中的问题和缺陷进行认真分析和修改后，就可以形成问卷的定稿。在对问卷定稿进行印制的过程中，同样需要十分小心和仔细。无论是版面安排上的不妥，还是文字上、符号上的印刷错误，都将直接影响到最终的调查结果。问卷的定稿应尽量经过试用，并对校样反复检查修正，确认无误后才能送去排版印刷，并用于正式调查 [1]。

第四节　问卷的主体设计

问题和答案是问卷的主体。问卷的主体设计是问卷设计中最具操作性的工作。

一、问题的形式与答案的设计

问题的形式与答案的设计

1. 问题的形式

（1）填空式

即在问题后画一短横线，让被调查者在空白处填写。填空式一般只用于那些对被调查者来说既容易回答又容易填写的问题，通常只需要填写数字，例如人口、年龄、时间等。

例1：请问您家有几口人？　____ 口

例2：您的年龄多大？　____ 周岁

例3：您每天上班在路上需要多长时间？　____ 分钟

（2）二项选择式

即给出的答案只有两种，被调查者根据自己的情况选择其一。这种形式的问题有两种不同的情形：一种是问题所能列举的答案本身就只有两种类别，另一种是在询问人们的行为、态度、看法时进行两极区分。

---

① 魏巍. 社会调查研究方法 [M]. 南京：江苏凤凰科学技术出版社，2017：156-157.

例4：请问您的性别是什么？ □男 □女

例5：您对现在的生活是否满意？ □满意 □不满意

例6：您是否打算在本科毕业后考研？ □是 □否

二项选择式这种问题形式在民意测验、市场调查中使用得比较多，因为它的答案简单明确，可以严格地把被调查者划分为立场截然不同的两类群体，便于从总体上了解被调查者的行为、立场和态度。但是它也有缺点，即信息量较少，现实中人们的分化往往并非如此界限分明，因而这种将答案进行两极划分的形式不能很好地体现人们行为、态度、看法等方面的层次区别，并且常会使原本处于中立状态的被调查者被迫倾向于某一方。

（3）多项单选式

即给出的答案至少在两个以上，被调查者根据自己的情况选择其中之一作为回答。其结果特别适合于进行频数统计和交互分析。多项单选式是问题形式中最常用的一种，它要求必须保证答案的穷尽性和互斥性。

例7：您的婚姻状况是？（请在合适的答案前的方框中打"√"）

□未婚 □已婚 □离异 □丧偶 □其他

例8：您的文化程度是？（请在合适的答案前的方框中打"√"）

□小学以下 □初中 □高中或中专 □大专以上

例9：您觉得你们家的住房状况如何？（请在合适的答案前的方框中打"√"）

□很宽敞 □比较宽敞 □一般 □比较拥挤 □很拥挤

（4）多项限选式

即问题的答案有两个以上，被调查者根据自己的情况只能在所提供的答案中有限地选择若干个作为答案。

例10：您最喜欢看哪些电视节目？（请从下列答案中选择三项在方框内打"√"）

□新闻节目 □电视剧 □体育节目 □广告节目

□教育节目 □歌舞节目 □少儿节目 □其他节目（请写明）＿＿＿＿＿＿

例11：您生育孩子的主要动机是什么？（请从下列答案中选择三项在方框内打"√"）

□传宗接代 □完善人生 □增加夫妻感情

□养儿防老 □扩大家族势力 □体验做父母的乐趣

□增加劳动力 □没考虑过 □其他（请写明）＿＿＿＿＿＿

多项限选式是一种简化的多选题，它对调查对象选择答案的最多数目做出了限制。这种问题形式相对于多项单选式可以给被调查者更多的选择机会，但其最大的缺点在于无法看出所选择答案的顺序与程度差别。

（5）多项排序式

为了进一步了解被调查者所选择的答案类别中的程度差异，可以使用多项排序式。多项排序式要求被调查者在所给出的多个答案中选择一个以上（数量有限）的答案，并对其所选的答案按照某种标准进行排序。

例12：您平时最喜欢的三种娱乐活动是什么？

第一喜欢	第二喜欢	第三喜欢

①种花养草　②打麻将　③看电视　④上网　⑤看书看报　⑥唱歌
⑦其他（请注明）_____

多项排序式是为了解决各种多选题的缺点而出现的一种题型。它最主要的特点是被调查者所选择的答案呈现出顺序与程度。需要注意的是，在这一类题型中，被调查者所填写的答案应该十分简单、字数不多，且易填写。

（6）多项任选式

即问题有多个答案，被调查者可以根据自己的情况在所提供的答案中任意选择各种不同数目的答案。

例13：在以下各种家用物品中，您家有哪些？（请在您家有的物品答案上打"√"）
①彩色电视机　②摄像机　③家庭影院　④空调器　⑤洗衣机　⑥电冰箱
⑦计算机　　⑧微波炉　⑨电话

多项任选式是多选题中最常见的题型，这种问题形式的最大优点是使调查对象有更多的选择余地，但它的缺点是无法区别和比较被选答案之间实际存在的程度上或先后顺序上的差别。

（7）表格式

即将同一类型的若干个问题集中在一起，构成一个问题表格。

例14：你觉得下列污染在你所在城市是否严重？（请在每一行适当的格中打"√"）

	很严重	比较严重	不太严重	不严重	不了解
①灰尘					
②噪声					
③污水					

表格式的问题整齐、醒目。但应当注意的一点是，这种形式虽然具有简单、集中的优点，但也容易产生呆板、单调的感觉。在一份问卷中这种形式的问题不宜太多。

2. 答案的设计

由于社会调查中的大多数问卷主要由封闭式问题构成，而答案又是封闭式问题非常重要的一部分，因此，答案设计的好坏就直接影响到调查的成功与否。关于答案的设计，除了要与所提的问题协调一致以外，还要特别注意使答案具有穷尽性和互斥性。

所谓答案的穷尽性，指的是答案包括了所有可能的情况，任何一个被调查者都能在答案中找到适合自己情况的选项，否则被调查者就会无法选择填答。例 15 中的答案就不是穷尽的。

例 15：您最喜欢看哪类电视节目？（请在合适的答案号码上打"√"）

①新闻节目　②体育节目　③电视剧　④教学节目

由于所列出的答案显然没有包括全部电视节目类别，因此肯定会有许多回答者无法填答这样的问题，比如喜欢广告节目或者少儿节目的人等。解决这类问题的办法是，在所列举的若干个主要答案后面，再加上一个"其他"类，这样那些无法选择前面所列答案的被调查者至少可以选择最后这一选项。但需要注意的是，如果在实际调查中发现很多被调查者都选择"其他"这一项，那么说明答案的设计是失败的，即有些比较重要的答案类别没有单独列出。

所谓答案的互斥性，指的是答案互相之间不能交叉重叠或相互包含，即对于每个被调查者来说，最多只能有一个答案适合其某种特定的情况。如果被调查者针对这种特定情况可以同时选择两个或更多的答案，那么问题答案的设计一定不具有互斥性。例 16 中的答案就不是互斥的。

例 16：您的职业是什么？（请在合适的答案号码上打"√"）

①营业员　②律师　③公务员　④商业人员　⑤其他

因为"商业人员"与"营业员"是包含与被包含的关系，这两个答案之间就不是互斥关系。

二、问题语言设计的注意事项

问题的语言、提问方式
及常见错误

语言是问卷设计的基本资料，要设计出含义清楚、简明易懂的问题，就必须注意问题的语言。问题措辞的基本原则是简短、明确、通俗、易懂。在问卷设计中，问题的语言表达和提问方式有下列常用的规则。

1. 语言要尽量简单

无论是设计问题还是设计答案，都要尽可能使用简单通俗、易明白的语言，而不要使用一些复杂的、抽象的概念以及专业术语，如"核心家庭""社会分层""经济体制"等。

2. 陈述要尽可能简短

问题越短小，产生含糊不清的可能性就越小；问题的陈述越长，就越容易产生含糊不清的地方，回答者的理解就越有可能不一致。在设计问卷时，应尽可能不使用长句，要使问题尽可能清晰、简短，使回答者很快看完且容易看懂。烦琐的、复杂的问题只会引起被调查者的反感，影响调查的顺利进行。

3. 要避免双重（或多重）含义

双重（或多重）含义指的是在一个问题中，同时询问了两件（或几件）事情，或者一句话中实际上询问了两个（或几个）问题。比如，"您的父母是工人吗？"和"您的母亲是工人吗？"这两个问题，由于一题两问，就使得那些父母中只有一方是工人的被调查者无法回答。

4. 不能带有倾向性

人们对问题的回答在一定程度上受问题措辞所表现出来的倾向性的影响，即问题的提法和语言不能使被调查者感到应该填什么，或者感到调查者希望其填什么。问题的提法不能对回答者产生某种暗示或诱导，应保持中立，使用中性的语言。例如，同样要了解被调查者是否喝酒，一般问"你喝酒吗？"，而如果把问题改成"你不喝酒，是吗？"，就带有一种希望被调查者回答"是的，我不喝酒"的倾向。此外，不应在问题中引用或列举某些权威的话，也不要使用带有情感色彩的词语。

5. 避免用否定形式提问

问卷设计中要避免使用否定形式，以防产生误解和诱导性。比如，人们往往习惯于肯定形式的提问"您是否赞成物价进行改革？"而不习惯于否定形式的提问"您是否赞成物价不进行改革？"。由于人们不习惯否定形式，往往容易漏掉"不"字，并在这种理解的基础上进行回答，这将导致他们的回答与真实意愿相反。这种误答的情形在问卷结果中常常又难以发现。因此，在问卷设计中要避免用否定形式提问。

6. 慎重处理敏感性问题

当问题涉及个人隐私或不便表达的敏感性问题时，人们往往具有一种本能的自我防卫心理，直接提问会引起很高的拒答率。所以对这些问题最好采取某种间接询问的形式，语言应尽量委婉。

7. 不要超越调查对象的知识与认知范围

问卷提出的问题应该是被调查者能够回答的，如果向被调查者询问一个他们一无所知的问题，那么被调查者将无法回答。比如，我们提出这样的问题："您对我国的社会保障制度是否满意？"那么，大部分被调查者将无法回答，因为他们可能并不知道什么叫社会保障制度，也不知道我国具体的社会保障制度。人们无法对自己不了解、不熟悉的事物作出客观、正确的评价。

拓展资料

调查问卷中的敏感性问题设计研究 [①]

在现代社会经济现象中，敏感性问题既具有客观性，又具有普遍性。所谓敏感性问题（sensitive question）是指在一定时期或一定调查目的基础上为获取信息所提出的涉及被调查者秘密、禁忌等令其不愿回答或不愿真实回答的问题。例如：个人或单位是否有偷漏税行为？考生在考试中是否有作弊行为？是否为吸毒赌博人员？婚前是否有性行为？是否为同性恋及类似的非社会主流的群体？对于这类敏感性问题，调查中若采用直接提问的方式，被访问者或者拒绝对此做出回答，使调

---

① 李灿，辛玲. 调查问卷中的敏感性问题的设计研究 [J]. 经济师，2014（1）: 143-144.

查陷入僵局，或者敷衍地做出虚假回答，使得调查所得信息失真，给经营决策造成失误。这样就破坏了数据的真实性，而且破坏程度的大小亦无法衡量。所以当某些敏感性问题对于调查目的非常重要而不可或缺时，就应该特别注意问题的提出——尤其是提问的方式，在调查方法上进行一些专门设计，尽量降低调查的敏感性，减少被调查者的疑虑，从而能得到较真实的调查结果。

在这种情况下，可以使用委婉提问法。即注意敏感性问题的提问方式，在问卷中委婉地提出问题，这种方法采用不直截了当的文字语句进行询问，通过"旁敲侧击"来引出被访问者的实话，同时不给访问对象有泄露隐私的感觉。常用的方法有释疑法、转移法、假定法等。

（1）释疑法。在问卷开头或敏感性问题之前可以加入一些说明性语言，说明调查机构与调查人员始终恪守调查行业准则与职业道德，对被调查者的个人信息及所提供的数据资料将严格保密，以消除被调查者的心理防卫。比如，"在校大学生恋爱观及性观念调查"中可以在问卷开头说明："您好，我们是××调查公司的调查员。为了解目前在校大学生的恋爱观及性观念，我们征询您的看法。您的回答无所谓对错，只要是您真实的情况和看法即可。我们对您的回答将完全保密。可能要耽误您15分钟左右的时间，请您配合，谢谢您的合作。"释疑法在敏感性问题提出前声明这种行为或态度是较为平常或常见的，以拉近问卷与被调查者的距离，从而达到消除其心理防卫的目的。

（2）转移法。即采用第三人称方式提问，将本该由被调查者根据自己实际情况回答的敏感性问题转变为根据他人情况做答，以降低敏感性。如："许多人的信用卡都透支，您知道是什么原因吗？"转移法将被调查者的视角转移到其他信用卡持有者身上，有助于其消除自身的心理防卫从而获得有效的答案。

（3）假定法。即用一个假定性条件句（假设某一情景或现象存在）作为问题的前提，然后再询问应答者的看法。如："如果您手上有10万元人民币，在购买汽车和住宅中您只能选择一种，您可能会选择何种？"

三、问题的数量与顺序

1. 问题的数量

一份问卷应该包括多少个问题，并没有统一的标准。一般来说，要根据研究的目的，研究的内容，样本的性质，分析的方法，拥有的人力、财力、时间等各种因素来决定。根据大多数研究人员的实践经验，一份常规的自填式问卷的问题不宜太多，应限制在 15 分钟以内顺利完成为宜，最多也不要超过 20 分钟。问卷过长往往容易引起被调查者心理上的厌烦情绪，影响填答的质量和回收率。如今社会生活节奏加快，时间单位价值增高，使得长时间的问卷调查的可行性急速下降。即使有的社会调查资金充裕，能够发放一些报酬或小礼物，但对被调查者的吸引力通常也是有限的。因此，除了一些大型综合调查，通过前期大量的工作和调查过程中大量时间、人力的投入，问卷长度可以长一点（有一些问卷调查超过了一个小时）之外，问卷应尽量做到简短、高效。

2. 问题的顺序

在问卷设计中，问题之间的次序不仅会影响问卷填答质量，还可能影响到问卷的回收率。问卷中各种问题的先后顺序一般应按照以下原则安排。

（1）先较容易回答的问题，后较难回答的问题。问卷开头的几个问题一定要相当简单，回答起来一定要非常容易。这样可以给回答者一种轻松的、方便的感觉。如果一开始的问题就很困难，将削弱回答者的积极性。

（2）先熟悉的问题，后生疏的问题。人们对于自己熟悉的事物总能谈些看法，而对于不熟悉的事物往往难以开口。

（3）先行为方面的问题，后态度、意见、看法方面的问题。行为方面的问题涉及的只是客观的、具体的事实，因此往往比较容易回答。而态度、意见、看法方面的问题则主要涉及回答者的主观因素，不易在陌生人面前表露。如果一开始就问这方面的问题，容易引起被调查者心理上的戒备和反感情绪。

（4）先封闭式问题，后开放式问题。回答开放式问题要比回答封闭式问题需要更多的思考和书写，若将开放式问题放在开头，会影响回答者填完问卷的信心和情绪。

（5）把同类性质的问题排列在一起，可使得回答者思路清晰地按类别回答，利于回答者思考。因此，要按照逻辑顺序，尽量将相同或相近的、有逻辑联系的问题放在一起。

3. 相倚问题

在问卷设计中，常常会遇到这样的情况：有些问题只适用于样本中的一部分调查对象。比如，"你有几个孩子？"这一问题只适合于那些已经结婚生育的调查对象。因此，为了使问卷适合每一个调查对象，在设计时必须采取相倚问题（或称为后续性问题）。

所谓相倚问题，指的是在前后两个（或多个）相连的问题中，被调查者是否应当回答后一个（或后几个）问题要由其对前一个问题的回答结果来决定。前一个问题属于"过滤性问题"。在问卷设计中，可以采取例 17 和例 18 中两种不同形式的相倚问题。

例 17：你有孩子吗？

①有——请问你有几个孩子？ ＿＿＿个

②没有

例 18：你有孩子吗？

①有

②没有——请跳过问题 12 ~ 18，直接从问题 19 回答。

四、问卷设计的常见错误

1. 概念抽象

问卷设计的常见错误

操作化就是将抽象的概念转化成可观察的具体指标的过程，是问卷设计的前期工作。在问卷设计中出现概念抽象的错误，多是由研究者在操作化层面对其关注度不够，或者操作化不合适引起的。

例 19：从总体上看，您认为我们国家的社会权利制度如何？

①基本合理 ②存在一些弊端 ③存在严重弊端 ④不了解

这里的"社会权利制度"是一个较为专业的概念，一般的被调查者往往不清楚什么是"社会权利制度"，因此很有可能会给出"不了解"的答案。这种答案收集得过多，调查就不具有实际意义。

例 20：你们家庭属于下列哪一类家庭？

①核心家庭 ②主干家庭 ③单身家庭 ④联合家庭

这一问题答案中所涉及的家庭类型都是专业术语，这是概念抽象错误的另一种表现。普通的被调查者往往不太了解何谓"主干家庭""联合家庭"等及其彼此之间的区别，因而也无从选择。即使是一些专业人士，也容易将这些概念混淆。

2. 问题含糊不清

所谓问题含糊不清，是指问题的含义不清楚、不明确，或者含有歧义。产生这种错误有的是因为问卷设计者对所提问题的目的和用意不清楚，有的是因为问题的语言表达不当。

例21：您对你们学校这几年情况的感觉是：

①几乎没有什么变化　　　　　　②变化不大

③变化较大　　　　　　　　　　④变化很大

这个问题中并没有指出学校的具体什么情况，笼统的问题不利于得出有效的答案。

例22：有人说，改革开放前青年人对老年人很尊重，现在青年人越来越不尊重老年人了。你认为这种变化发展得：

①太快了　　　　②比较快　　　　③比较慢　　　　④太慢了

这一问题的前后两部分说的不是一回事。前面部分是某些人的"看法"，后面部分问的却是"这种变化"。有些人的看法并不等同于客观现实，即现实中不一定存在"这种变化"。因此，这一问题实际上是在把某些人的看法当作客观现实的条件下来询问的。它把下列两个完全不同的问题混在了一起。

例22-1：有人说，改革开放前青年人对老年人很尊重，现在青年人越来越不尊重老年人了。你的看法如何？

①确是这样　　　　②不完全是这样　　　③完全不是这样

例22-2：有人说，改革开放前青年人对老年人很尊重，现在青年人越来越不尊重老年人了。你认为这种变化是：

①正常的　　　　②不大正常　　　③很不正常

3. 问题或答案带有倾向性

问卷中的问题和答案的设计应该遵循中立客观的原则，不能带有某种倾向性，否则问卷的信度和效度都将受到影响。

例23：你认为全国教师的平均工资水平是否应当提高？

①工资偏低，应当大幅度提高

②应当小幅度增加

③虽然偏低，但为了国家经济建设，可以暂时不增加

④和劳动生产率相比，工资不算低，不应该增加

这种问题的提法无疑带着明显的肯定倾向，会对回答者形成一种诱导。正确的做法是：将题目改成"你认为全国教师的工资水平如何？"。这样就可以避免这种倾向性，而且问题与答案更为协调。

例24：有人认为，国家实施共同富裕的发展战略最终将促进社会的发展，您的看法是：

①同意　　　　　②不同意　　　　　③不清楚或不知道

这种单项列举观点的形式在客观上会对被调查者产生一种诱导，容易使其形成肯定的看法，可作如下更改。

例24-1：有人认为，国家实施共同富裕的发展战略最终将促进社会的发展；还有人认为，实施共同富裕的发展战略并不一定有利于社会的发展。您的看法是：

①有利　　　　　②不利　　　　　③不清楚或不知道

4. 问题提法不妥

产生这种类型的错误通常是因为研究者在设计问卷时，没有很好地为回答者着想，或者忽视了回答者填答问卷所面临的各种主客观障碍。

例25：请你判断下列说法是否正确（请在合适的格中打"√"）

说法	正确	错误	不知道
①打和骂是家庭教育不可缺少的方式			
②对孩子应该多表扬，少批评			
③越多做练习，孩子的学习就会越好			

要求被调查者"判断正确与否"的提法是十分不妥的。这样做相当于把他们推进了考场，会使得被调查者产生很大的心理压力。尤其是当他们对某种说法拿不准，或不是很清楚时，这种压力就会更大。因此，把提法改成"你是否同意下列看法？"，再把答案改成"同意、不同意、不知道"就比较合适。

5. 问题有多重含义

在题目的设计中，研究者应遵循一个问题只能询问一件事情的原则，不能同时询问两件甚至多件事。但是，在实际设计问卷的时候，许多设计者常常会不自觉地出现这种错误。

例 26：您觉得您和您家人的收入能否满足消费需要？

①能　　　　②不能　　　　③不清楚

在这个问题中，研究者同时询问了"您的收入能否满足消费需求"和"您家人的收入能否满足消费需求"两个问题。在实际生活中，有的被调查者可能觉得自己的收入能够满足消费需求，但家人的情况则相反；或者家里有的人能满足，有的人不能满足；等等。因此这个问题其实包含了多个问题，可能会让被调查者无从选择。

例 27：你们班同学尊敬老师吗？

①很尊敬　　　　②比较尊敬　　　　③不大尊敬　　　　④很不尊敬

在这个问题中，一个班里可能有的人比较尊敬老师，而有的人则很不尊敬老师，这也是一个包含多重含义的问题。

6. 问题与答案不协调

在封闭式问题中，问题和答案是不能分割的整体，二者之间必须相互协调、密切配合。简单来说，提什么问题，就应该准备什么答案，不能出现答非所问的情况，也不能出现答案不全或答案相互包含的情况[①]。

例 28：你认为当前自己在学习中存在的最主要的问题是什么？

①迫切需要解决　　②不需要解决　　③无所谓

题目中询问的是"最主要问题"，回答的却是解决这个问题的迫切度，可见是犯了答非所问的错误。

例 29：你最喜欢看哪一类报刊？（请在合适的格中打"√"）

报刊类型	经常看	有时看	很少看
时事政治			
科普常识			
人物传记			
体育娱乐			

---

① 谭祖雪，周炎炎. 社会调查研究方法 [M]. 北京：清华大学出版社，2013：136-139.

问题中询问的是"报刊的类型",而要求回答的却是每一类报刊的阅读频率,因此正确做法是把表格改成选项"①时事政治,②科普常识,③人物传记,④体育娱乐"。如果想要了解每一类报刊的阅读情况,那么就必须将问题改为:"你对下列报刊的阅读情况如何?"

✏ 小测验

扫一扫做题

👤 思考与实践

1. 问卷的封面信中应该说明哪些内容?试就第二章练习中你所选定的调查课题设计一份问卷的封面信。

2. 结合实际例子说明问卷设计时为什么要为回答者着想。

3. 问卷设计中,问题的语言表达和提问方式有哪些常用的规则?问题为什么要尽量简单?

4. 安排问卷问题的顺序时,应该按照什么样的规则?用说明理由。

5. 找几份实际社会调查中所用的问卷,结合本章内容,对这些问卷进行分析和评价。

第七章 调查资料的收集

第一节 资料收集方法的类型与特点

资料收集方法的
类型与特点

　　资料收集是社会调查中最基础、最烦琐、需要花费大量时间和精力的工作。社会研究者在调查设计阶段所进行的各种设想、所做出的各种决策、所制订的各种调查方案、所假设的各种结果都会在资料收集过程中得以体现、实施、检验。因此，资料收集内容的质量将直接影响到社会调查的结果。

一、资料收集方法的类型

　　从大的方面来划分，社会调查资料收集方法可以分为自填式问卷法和结构式访问

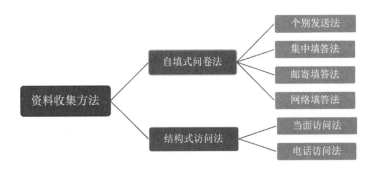

图 7.1　社会调查资料收集方法的类型

法两种（图 7.1）。

自填式问卷法是指调查员将问卷直接发放或邮寄或通过电子邮件发送给被调查者，被调查者阅读填写后再反馈给调查员，它是现代社会调查中最常用的一种资料收集方法。根据具体操作方法的不同，可以将自填式问卷法进一步划分为个别发送法、集中填答法、邮寄调查法和网络调查法四类。

结构式访问法又称为标准化访问，是指调查员依据事先设计好的结构式问卷逐一询问被调查者，并根据其回答在问卷上选择合适的答案。调查员与被调查者之间直接的互动贯穿于资料收集的全过程。根据具体操作方法的不同即调查员与被调查者是否见面，可以将结构式访问法进一步划分为当面访问与电话访问。

不同的资料收集方法在操作程序上各不相同，有着不同的特点，也有着不同的适用对象和范围。只有最合适的资料收集方法，没有最佳的资料收集方法。所以，在实际的资料收集工作中，我们应当综合考量多种因素，如调查目的、调查总体性质、样本规模大小、调查项目完成时间等，选择最恰当的资料收集方法，并灵活运用，以达到最佳的调查效果。

二、资料收集方法的特点

1. 自填式问卷法的优缺点

自填式问卷法具备以下优点。

（1）节省各类成本

自填式问卷法可以在较短时间内同时调查多人的情况，相对更加节约成本。如果采取邮寄或电子邮件的方式，则更摆脱了时空的限制，效率更高。

（2）匿名性强

自填式问卷法一般不要求署名，能够较好地保护调查对象的个人隐私。被调查者因此不会虚假作答，尤其是在回答问题一些相对敏感的问题时，可以大大减轻被调查者的心理压力，有利于提高问卷的真实性。

（3）便于定量分析

自填式问卷中都是结构化的问题，所有被调查者面对的问题相同，答案也都是固定可选择的，调查员可以较好地根据被调查者所选答案，运用统计分析工具进行统计分析。

（4）可避免某些人为误差

自填式问卷法采用的是统一设计和印制的问卷，从问题设置、排列次序到答案设置、填答方式，所有问卷都是完全相同的，调查对象所受到的刺激和影响都是相同的，这在最大程度上避免了调查员的主观影响所造成的偏差。

这些优点使得自填式问卷法拥有了低成本、高效率、资料客观真实的优点，也正是因此，自填式问卷法被研究者们广泛应用，不过，这种方法本身也存在一些不足之处。

（1）问卷的回收率难保证

自填式问卷法依赖的是调查对象的自觉主动反馈，较难实现有效监督。因此，倘若调查对象由于兴趣不高、态度不积极、责任心不强，或者受到时间、精力、能力等方面的限制而无法填答和反馈，问卷的有效回收率往往会受到影响。

（2）受制于调查对象的文化水平

自填问卷需要被调查者自行理解并填写，需要看得懂并正确理解问题及答案才能按要求填答，这使得其适用范围限于有一定文化程度的群体。

（3）调查资料的质量有时难以保证

被调查者在自行填答时如果存在理解不清的情况，可能无法及时向调查员询问，容易导致错答、误答、缺答、乱答，使得调查资料的质量不高、可信度不强，影响调查的实际结果。因此，当对调查质量要求极为严格时，研究者可能更倾向于选择成本相对更高、代价更大的结构式访问法。

基于自填式问卷法的以上特点，我们在运用该方法收集资料时，应当充分考虑其适用性。一般来说，自填式问卷法在较发达的调查地区和文化程度较高的调查对象群体中更适用，比如说，在城市比在农村更适用，学历水平相对较高的专业技术人员比文化程度相对不高的农民群体更适用。此外，这种方法在成分单一的对象中比成分复杂的总体中更适用，比如，全都是学生群体的情况比既有学生又有工人、农民的情况更适合采用自填式问卷法。这是因为被调查者的社会背景、行为特征、社会态度等方面相同或相似程度越高，就越容易设计相对标准化的适用于所有调查对象的问卷进行调查；而差异性越大，就越难设计出一份适合所有人的问卷。

2. 结构式访问法的优缺点

结构式访问法的优点明显，主要有以下三点。

（1）能高度控制调查过程，调查结果可靠性和质量较高

调查员与被调查者面对面提问和回答，既可以避免问题理解不清或误解造成的误答，也可以有效避免代答和共商的情况。同时，调查员可以观察调查对象在回答时的表情、态度、行为，有助于降低欺骗性回答的概率，提高调查结果的真实性。

（2）调查的回答率较高，收集到的资料质量往往比较高

结构式访问法是在面对面的口头互动中进行的，被调查者很难避而不答或者出现说假话的情况，因而结构式访问收集到的资料质量往往比较高。

（3）适用范围更广

不同于自填式问卷法适用范围的有限性，结构式访问法对被调查者的文化水平没有特定要求，既可用于文化水平较高的调查对象，也可用于文化水平较低甚至基本不识字的调查对象。

当然，结构式访问法也有着其难以避免的不足。

（1）调查成本较高

结构式访问法需要对调查员进行培训，整个调查组的交通费、材料费、食宿费等是一笔不小的支出，口头互动的方式也需要花费更多的时间和精力。

（2）对调查员的要求更高

面对面互动的方式使得调查员的能力及其工作态度直接影响着调查的质量和结果。因此，认真负责、访问技巧和应变能力强的调查员是圆满完成访问调查的基础。同时，调查员不可以在调查过程中出现任何语言、表情、行为手势等方面的情感态度流露，这容易使得回答产生结果偏差。

（3）匿名性较差

在结构式访问法的面对面互动交流中，某些较敏感的问题容易对被调查者造成较大的心理压力，使其顾虑较多，这很有可能影响到其回答的真实性和可靠性。因此，一些敏感问题，如个人私生活、政治态度、社会禁忌等较难采用结构式访问法。

第二节 自填式问卷法

自填式问卷法

一、自填式问卷法的主要类型

自填式问卷法根据具体操作方法的不同，可以分为个别发送法、集中填答法、邮寄调查法和网络调查法。

个别发送法是自填式问卷法中最常用的一种资料收集方法。个别发送法是将问卷逐个发放给抽取的被调样本，阐明调查的目的和填答要求，并约定好回收问卷的时间、地点和方式。如果调查内容不涉及敏感问题或上下级关系，也可以直接由某种行政组织系统代为发放和回收。

▶举例来说，假如要进行关于某市大学生就业状况及择业倾向的社会调查，采用个别发送法进行调查研究。首先要设计好问卷，然后调查员应当根据所抽取的该市大学生样本，逐一登门将问卷发放到调查样本中，阐明此次调查的目的和填写要求，邀请他们配合填答，这可以附赠一些小礼品，等被调查者当场作答后回收问卷或约定好回收问卷的时间、地点和方式，之后再取回。

集中填答法是先将被调查者集中起来，再统一发放问卷，统一讲解调查目的、填写要求等内容，被调查者当场各自作答，填答完毕后统一收回问卷。在填答过程中如果有疑问可以当场提问，在回收问卷时应尽量用问卷回收箱进行回收，以消除调查对象的心理压力。集中填答法适用于调查对象样本具有较强同质性的情况，这样调查对象更容易集中起来。

▶举例来说，假如要使用集中填答法调查某大学学生对某课程任课教师的评价，可以先与所有相关学生的班长取得联系，在他们的帮助下组织各班同学集中进行调查评价。同学们集中后由各班班长发放教师评价调查问卷并对调查目的、调查意义、调查注意事项等内容进行解释说明，在填答过程中如有疑问可以咨询班长。同学们应在教室里独立安静地填写完问卷并上交或投入问卷回收箱后再自行离开，也可以将问卷倒扣在桌面上，由调查员最后统一回收。

邮寄调查法是社会调查中一种比较特殊的资料收集方法，它是通过邮局将问卷以信件的方式邮寄给被调查者，再由被调查者自行填答后寄回。它的一般做法是：调查员首先给被调查者邮寄一封调查通知信和调查问卷（通知信上应当说明调查目的、调查意义、调查组织者、隐私保护声明、问卷填写注意事项、问卷寄回说明以及调查员联系方式等内容），有条件的话最好再附上已写好回邮地址和收信人（或收信单位）且贴好足够邮资的信封，以便于被调查者顺利地寄回调查问卷。然后耐心等待被调查者寄回已填问卷，若经过较长时间仍未回应，可给被调查者再寄去通知信和调查问卷。这种资料收集方法在西方一些国家比较普遍，但目前在我国使用较少。邮寄调查法适用于了解用户需求、市场信息、满意度等的调查研究。

▶举例来说，假如某新兴智能电器公司想要了解当前潜在用户需求和既定用户需求及满意度，就可以采取邮寄调查法的形式向抽取出来的被调查者邮寄问卷，随同问卷寄出的还应当包括调查通知信和贴有邮票的回信信封，邀请他们合作作答，有条件的话可以随信附上一些小纪念品或明信片，注明回寄时间。

网络调查法是随着计算机网络技术发展起来的新型社会调查资料收集方式，研究者通过互联网向被调查者发送调查问卷，被调查者在网络上进行填答。网络调查法可以分为非概率抽样调查和概率抽样调查。非概率抽样调查是一种无特定调查对象的"愿者上钩型"调查，任何上网者都可以通过打开网页链接来填答问卷，被调查者是完全自由自愿的，可以选择填或不填。这种调查方式可能受到较多人的点击访问，但是也较容易被关闭或被忽略，导致实际回收率和调查质量得不到保证。因此，这种调查方式较少用于学术研究，更多为非学术研究的大众媒介所用。概率抽样调查是先设置抽样框，在抽取出样本后再设法通知被调查者进行调查。最常见的是电子邮件和网页链接，数据可以直接进入后台，便于后期的统计分析，也可以使用微信或线下联系方式通知其在统一平台上作答。这种方法的调查效果和问卷回收率都有一定保证，在学术研究中广泛应用。

▶举例来说，目前比较常见的是运用问卷星来发放和回收问卷，假如要调查杭州市高校学生时间分配情况，可以先设计好问卷，再将问卷内容录入问卷星网页中，然后通过链接或二维码的形式发放问卷。被调查者所填的内容和填写时间都能即时地反馈到问卷星界面，同时其也提供相应的基本分析和示意图。

拓展资料

问卷新方式——问卷星[①]

问卷星是国内最早也是目前最大的在线问卷调查、考试和投票平台，自2006年上线至今，用户累计发布超过1081万份问卷，累计回收超过6.06亿份答卷，并且保持每年100%以上的增长率。问卷星的用户已覆盖国内90%以上的高校和科研院所。

问卷星网站由一群年轻人组成的创业团队创建，平台的功能也是不断升级、推陈出新。问卷星的使用比较容易上手，包括以下六个基本步骤。

（1）注册账号。在问卷星的首页注册账号并设定密码，注册过程只需要三步，简单便捷。也可以直接使用QQ账号登录。

（2）在线设计问卷。问卷星提供了所见即所得的设计界面，支持多种题型以及信息栏和分页栏，并可以在线编辑问卷，给选项设置分数。

（3）设置相关属性并发布问卷。问卷设计完成后可以直接发布并设置相关属性，例如问卷的起始和截止时间、公开级别、访问密码等。

（4）发送问卷。发布问卷后问卷星会自动生成问卷的链接和二维码。问卷制作者只需要将链接或二维码通过QQ、微信、微博、邮件等方式发送出去即可邀请他人填写问卷。

（5）回收问卷并查看数据。在问卷星的后台点击"统计与分析"可查看本问卷的作答情况。问卷星还可以自动生成柱状图和饼状图，使统计情况一目了然。问卷星支持设置筛选条件，可以根据答案来做交叉分析和分类统计。

（6）下载调查报告。调查完成后，制作者可以将问卷及其数据、图表下载、保存和打印。

问卷星平台具有如下特点。

（1）成本低廉。问卷星平台分为免费版、专业版和商业版三个版本，其区别在于使用对象功能模块数量、问卷质量控制、数据云储存等方面的服务不同，对于一般性调查问卷的设计，免费版对应的功能已经基本能够满足需求。该平台不需要使用者搭建服务器、不需要购买额外的储存空间和域名、不需要花费许多时间维护等特点使调查更加经济。

---

① 何玲．问卷星在现代教育技术课程教学中的应用 [J]．教育观（新校园），2020（1）：10–11．

（2）使用快捷。问卷星平台不需要使用者精通任何的计算机程序语言，平台操作全部是可视化、图形化界面，只需要使用者有一个设计思路，按照相应操作提示即可完成问卷设计，整个过程在浏览器里就能完成，理论上只要是有网络的地方都可以进行操作，其花费时间短、效率高。

（3）功能众多。问卷星平台的功能非常丰富，主要分为五类：外观自定义、题型设计、答题逻辑设置、数据的统计分析、问卷发布与推广。特别是题型设计有30多种题目类型可选，涵盖问卷、考试、投票等。

（4）支持多种平台。除了通过计算机浏览器访问相关页面，如今的问卷星已经可以通过微信公众平台实现相关的功能，也就是说问卷星可以通过平板电脑、手机等多种终端进行操作，而且对使用终端的硬件配置要求非常低，让使用者在使用的时间、地点等方面更加自由。同时，问卷星的问卷和测试还可以通过微博、微信链接等进行分享推广，也可以使用其数据推送，因此问卷星得到多平台支持，这也是其广泛被使用的原因之一。

二、自填式问卷法的优缺点

1. 个别发送法的优缺点

个别发送法有着独特的优势。

（1）可以较大程度地保证问卷的质量

调查员在发放问卷时可以简明扼要地说明调查目的和填写注意事项，有助于增强信任，使调查对象认真填写，提高问卷填写质量。

（2）回收率相对较高

调查员当面发放问卷，当面约定回收时间并于约定时间上门回收，有效避免了调查对象由于不愿配合、太忙而不予填答或由邮寄导致的"有来无回"的情况。

（3）可以给予被调查者充分的自主填答时间

被调查者可以选取空闲的时间进行填答，有充分的时间进行思考。

（4）可以保证调查资料的客观真实性

调查对象之间彼此不认识、不了解、不知道，不会存在聚集填答、相互讨论、相互协商、相互抄袭的现象，有效避免了调查对象之间互动填写而对资料客观真实性产生影响。

当然，个别发送法同样存在一些不足。一方面，上门的方式使其调查范围有限，无法像邮寄问卷和网络邮件填答那样可以发送给更广的受众；另一方面，由于不是面对面的问答，问卷的填答质量不能完全得到保证，可能存在误答、乱答等情况。但是，总体上讲，个别发送法的优势更为突出。因此，个别发送法仍然是广为选用的资料收集方法，在一般的社会调查中广泛应用，特别是民意调查、市场调查、社会生活状况调查、社会问题调查以及一些学术性研究的调查中。

个别发送法在实际运用中应当注意以下两点。

第一，挑选和培训调查员。调查员在个别发送法中起到关键作用，从问卷的发放，到问卷解释说明，再到问卷的回收整理，以及与调查对象的互动都离不开调查员的参与。所以为了尽可能减少调查员对调查质量和结果的影响，应当精心挑选调查员并事先进行统一的标准化培训。

第二，约定好问卷的回收时间和回收方式并严格遵守。为了保证问卷的匿名性和调查结果的真实性，应当尽可能采取回收箱的形式来回收问卷。问卷回收的时间与问卷发放的时间相隔既不能过短也不能过长，过短会导致被调查者缺乏足够的时间进行思考填答，过长则可能导致调查对象的懈怠或忘记填写，从而影响问卷的质量和回收率。

2. 集中填答法的优缺点

集中填答法除了具备自填式问卷法的各种优点外，还有其独特的优势。

（1）成本更低更高效

集中填答法只需要一两名调查员对应几十名同质性被调查者便可完成，效率更高，并且同一时间集中发放、填写、回收问卷的方式更节约成本。

（2）更能保证问卷填答的质量和回收率

在集中填答过程中，被调查者随时可以向调查员现场提问，调查员及时作出解释说明，错答、误答、乱答的现象将大大减少，同时也较好地避免了互商、放弃等行为，保证了调查问卷的填写质量和回收率。

（3）更能提高样本的代表性

集中填答法更适合于在样本同质性较强的情况下进行抽样调查，所以可以事先制定抽样框，在此基础上通过严格的随机抽样的方法来抽取样本。

但是，集中填答法的局限性也较明显。

（1）调查对象难集中

集中填答法顺利进行的前提是将被调查者集中起来，但是如果调查对象异质性较强或者无法集中，则无法使用该方法进行调查。或是时间上难配合，或是空间上太分散，抑或是疫情等不可抗力因素，都会影响被调查者集中。一般来说，党政机关、企事业单位、学生群体更适合采用该方式。

（2）可能影响资料的客观性

共同的"问卷填答"任务为被调查者相互讨论、相互暗示，甚至相互抄袭提供了土壤。同时，他们还会受到类似于"非正式组织""团体压力"等不利于个人想法充分表达的限制，从而影响到收集资料的客观真实性，这也是在运用集中填答法时需要注意的。

为了更好地发挥集中填答法的优点，尽可能地克服其缺点与不足，在实际调查工作中。应当注意以下三点。

第一，尽可能利用一切资源尤其是行政组织资源来支持和配合资料收集工作的开展。集中填答法对于行政组织资源的依赖程度较高，如果没有相关行政组织部门或单位的支持与配合，是较难有效地组织被调查者集中填答的。因此，应当事先与被调查者所属的行政单位、组织部门取得联系，在他们的同意、支持、配合下将大家集中起来，完成调查工作。

第二，科学确定调查员的数量，培训提高调查员的素质。集中填答法的全过程基本都需要调查员的参与，而且调查员与调查对象有着直接的、面对面的接触和交流互动，为了尽可能地减少、控制调查员与调查对象之间的相互影响，应提高调查员的能力和素质。在实际调查工作中，可以综合考虑调查对象的数量、文化程度及素质、问卷问题数量及难易程度等因素来决定调查员的数量。并且在开始调查之前要认真挑选和培训调查员，提升他们的综合能力，如应变能力、表达能力、组织能力、控制能力等。

第三，调查员与调查对象间应当建立良好的关系。在集中填答时，调查员承担了问卷发放、问卷内容解释说明、问卷回收并表示感谢等工作，其与调查对象的互动和关系在相当大的程度上会影响问卷的填答质量和结果。如果二者能保持较为和谐的友好关系，建立起较好的信任，那么就能够在较大程度上保证问卷填答的真实性。

3. 邮寄调查法的优缺点

邮寄调查法除了具有自填式问卷法的诸多优点外，也有着其独特的优势。

（1）成本低

可以说，除网络调查法之外，邮寄调查法是社会调查中成本最低的资料收集方法。其无须花费大量的调查员酬金和食宿交通费，仅需通过邮寄就可以实现调查目的。

（2）调查范围广，不受地域限制

无论被调查者在何地，只要有邮政通信的地方都可以进行邮寄调查。

（3）问卷填写时间宽泛

被调查者可以在其方便的时间进行填写，不占用其他时间。如果邮寄调查法在实践中能充分发挥它所具有的功能，那么调查者就无须挨个上门使用个别发送法进行调查了。

然而，邮寄调查法在具有上述突出优点的同时，也具有三个目前较难克服、可能会影响实际调查效果的弱点。

（1）问卷回收率低，回收时间长

自行寄回问卷因受主客观因素影响而存在较多不确定性，被调查者不愿接受调查或忘记邮寄等都会降低调查问卷的回收率。

（2）调查样本较难抽取，样本代表性难判断

一份完整详细的社会调查抽样框应当包含所有对象的姓名、住址等具体个人信息，但是在这样一个高度重视个人隐私的时代，想要合法且无阻碍地获得一份完整的被调查名单及其具体地址的难度较大，因此，邮寄调查法的样本抽取较困难。此外，愿意接受调查和潜在需要调查的对象往往可能并不匹配，比如想要调查高校毕业生的薪资水平及原因分析，但是愿意接受调查的对象可能都是薪资水平相对较高的，这就不具备较高的代表性了。

正是因为邮寄调查法的问卷回收率不稳定甚至不高，所以应当注意以下事项以提高问卷的回收率和所收集资料的质量。

第一，调查主办方应当是较正式的或非营利性的、有责任感的、受信任的权威机构，以增强被调查者对社会调查合法性的认可和填答意愿。

第二，调查问卷的封面信应当单独打印，并用小信封单独装封，封面信的语气应该尊重客气，不应使用强制性语气来表达，信的内容应当简洁明了。随封面信、调查

问卷、回邮信封一并邮寄的可以是一些物质奖励以激发被调查者的热情，如购物优惠券、小礼品等。

第三，寄问卷的时间也应仔细考量。应当确保被调查者至少在收到问卷的一周内没有重大特殊活动和事件，有充分时间进行作答，不要在大型节假日之前邮寄，也不要在学生备考阶段邮寄。

第四，可以用跟踪信或电话提醒的方式帮助提高问卷回收率。问卷寄出一定时间后，可以发送跟踪信件、邮寄明信片、打跟踪电话等来提醒被调查者，以缩短回收时间，提高回收率。

近年来，随着信息化的发展，邮寄问卷法的使用频率并不高。人们更倾向于即时性的更便捷的沟通工具，网络调查法应运而生。

4. 网络调查法的优缺点

网络调查法的优点突出。

（1）高即时性

网络调查可以即时作答、即时上传，能够相对快速地获得数量可观的结果，填答结果也可以即时反馈给研究者进行统计分析。

（2）可跨越时空限制

网络调查依托于互联网，不受时间、地域的限制，调查对象可以在任何地点、任何时间参与填答。

（3）成本较低

网络调查问卷的制作、发放、回收、分析全过程都是在互联网上进行的，既节省了问卷印刷费用，又节省了邮寄费用和人工回收的费用，大大降低了填答的成本。

（4）高匿名性

在网络调查中，调查员与调查对象不产生任何直接接触，调查对象填答时压力感不强，往往更容易说出真实情况，尤其是在进行一些私密问题和敏感话题调查时其优势更明显。

但是，网络调查法的调查对象必须是有条件、会上网的群体。因此，虽然它具有很多传统资料收集方法无法比拟的优点，但仍具有一些由网络带来的缺点与不足，主要表现在以下几方面。

（1）样本代表性差

网络调查的抽样框往往较难界定，严格的随机抽样较难实施，样本代表性往往较差。

（2）所得调查资料的真实性、准确性难以判断

互联网的虚拟性、公众的警惕心、调查对象参与的随意性等都可能导致网络调查所获取的资料的真实性和准确性难以判断，甚至可能性别、年龄等基本资料都是虚假的。

网络调查法虽然存在以上问题，但通过一些方法可以提高网络填答的质量。

第一，提高问卷设计的质量。问题设计应当尽量简单、明了、易懂，不易产生误解，问题数量不宜过多，一般 20 分钟内完成最佳，且填答方式要简单，最好点击即可选择。否则，容易引起厌倦心理，甚至可能导致乱答，影响到问卷结果的质量和回收率。

第二，提高样本的代表性。一方面尽可能扩大调查对象的覆盖面，通过多种方式宣传激励，吸引更多的人参与调查；另一方面尽可能丰富调查对象的类型，吸引不同年龄、不同地域、不同文化程度的人参加调查。

第三，注重与传统资料收集方法结合运用。网络调查由于样本代表性差，资料真实性难以判断，一般不宜做统计推论，更适合作为其他资料收集方式的补充，例如在准备做"杭州市城市居民生活状况的调查"时，可以先通过网络调查收集一些前期的资料，为后续更具体的问卷设计提供良好的基础，后期再采用个别发送法进行资料收集。

第三节　结构式访问法

结构式访问法

一、结构式访问法的主要类型

结构式访问又称为标准化访问，是按照预设的、结构化的问卷进行的高度控制的访问调查。根据访问员与被访者是否见面，结构式访问法可以分为当面访问和电话访问两种。

当面访问是指直接根据住址进行抽样（近年来绘图抽样日渐流行，虽然花费很高，但效果甚佳），调查员严格按照问卷进行调查访问和记录，不能随意改变问题的顺序和内容，也不能随意对问题作出解释。答案的记录也完全按问卷的要求和规定进行。在访问过程中应尽量避免他人干扰，并设置督导和回访等访问质量控制程序。

▶举例来说，假设要进行"杭州市城市居民生活状况的调查"，在设计好访谈问卷后，选取在杭高校公共管理专业的部分本科生和研究生担任访问员，在集中培训后分组前往事先抽样的居民家中进行当面访问，做好记录，及时整理。

电话访问是指访问员使用问卷和计算机辅助电话调查系统（CATIS），随机抽取号码作为调查样本进行访问并记录回答，是当前使用最广泛的抽样调查方法。

▶举例来说，假设要进行"杭州市城市居民生活状况的调查"，在设计好访谈问卷后，在辅助访问系统中设定好随机抽取电话号码的计算机程序，并抽取号码作为调查样本，选取和培训访问员进行电话访问，整理汇集数据以备分析。

随着计算机云计算、大数据、人工智能等技术的发展，研究者们也进行了积极尝试，将这些技术运用到社会调查过程中。计算机辅助电话访问（CATI）、计算机辅助面访（CAPI）、计算机辅助语音自访（ACASI）、互动式语音应答（IVR）都是结构式访问的最新样态。电话访问在社情民意调查、品牌知名度研究、市场研究等方面都得到了较为广泛的应用。

二、结构式访问法的优缺点

1. 当面访问的优缺点

当面访问具有三个方面的优点。

（1）过程可控

在当面访问中，访问员与被访者面对面的互动问答便于控制访问过程，能有效避免调查对象由于不理解问题而误答、乱答、共商填答等情况。

（2）回收率较高

在当面访问中，调查对象拒绝配合或半途而废的情况较少，所以它的回收率往往可以得到较好的保证。

（3）结果可靠

在访问和记录的过程中，访问员可以通过观察被访者的语气、表情、行为等来辅助分析和判断回答的真实性和可靠性程度，提高了调查结果的有效性。

当然，当面访问也有一定的不足之处。

（1）费用高

当面访问是所有资料收集方式中费有最高的。这是因为当面访问不仅要支付访问员的培训费用，还需要支付其薪酬、交通食宿等费用，这远比个别发送、集中填答、邮寄调查、网络调查、电话访问的成本高。

（2）时间长

无论是自填式问卷法中的集中填答、邮寄调查、网络调查，还是结构式访问法中的电话访问，都可以实现在较短的时间段内对多个调查对象进行调查，而当面访问则必须逐一对调查对象进行面对面访问，所花的时间显然更长。

（3）调查的范围和规模有限

由于当面访问需要逐个地对调查对象进行面对面访问，在调查成本、调查资源、调查时间有限的情况下，无法像集中填答、邮寄调查、网络调查、电话访问那样在较大的调查范围内访问较多的人数。

（4）不适用于对敏感问题的调查

当面访问不像自填式问卷法具有一定的匿名性，被访者面临着一定的心理压力和回答顾虑，所以在调查一些敏感问题时，其效果并不好。

2. 电话访问的优缺点

电话访问有以下三方面的优点。

（1）效率更高，成本更低

与当面访问相比，电话访问所花费的时间和精力都更少，即使是较大的样本数量，也可以在很短的时间内完成访问调查。同时，电话访问节省了大量访问人员的交通和食宿费用，能够以较低的成本高效地完成访问调查。例如，一个样本为300人的调查如果采用电话访问的方式进行，一天时间就可以完成，且电话访问可以同时把被访者的回答直接录入计算机，当电话访问结束时，可以直接对结果进行统计分析。

（2）便于监督和控制

电话访问在同一个电话调查工作室或电话访问实验室进行，监督员可以很方便地对访问员的访问质量进行监督和控制，使得访问质量得到保证。

（3）调查对象的范围广泛

只要有电话的个人和单位就可以进行电话访问，所以在当前移动电话几乎全覆盖的情况下可选取的调查对象范围很广泛。此外，对于一些不愿意被上门打扰的调查对象而言，电话访问的方式更易于被接受。

当然，电话访问也有其自身的缺点，主要表现在以下几个方面。

（1）样本抽取困难，代表性难以保证

电话访问的抽样框建立困难，虽然可以调查到几乎全部的潜在调查对象，但其不一定就是我们所需要的调查对象，因此，在进行电话访问时，应当对样本总体及样本的情况有清楚的认识，尽可能做到抽样的科学性与代表性。

（2）电话访问的时间与内容有限

电话访问的通话时间不宜过长，一般控制在 10 分钟以内为最佳。访问时间的限制决定了访问的问题要简单，题目要少，且不能在某一方面过于深入，这在客观上制约了所收集资料的范围和深度。因此，当对调查深度要求较高或问题较多、问卷较长时不适合采用电话访问。

（3）拒访率相对较高

随着公众对陌生电话的警惕性不断提高和电信诈骗屡见不鲜，拨打电话时极易被拒接。同时，电访过程中被访者也可能随时挂断电话，这些都导致了较高的拒访率。因此，实际调查中研究者一定要安排好电话访问的时间，同时要特别注意访问的开场白。

（4）资料的真实性难以判断

在电话访问中，访问员无法直接通过被访者的表情、神态、动作等来判断回答的真实性，因此所收集资料的真实性难以判断。

第四节　资料收集的关键环节、访问技巧与质量保证

一、资料收集的关键环节

资料收集在社会调查过程中是很复杂且实践性、操作性很强的一个阶段。无论是自填式问卷调查，还是结构式访问调查，在具体

资料收集的注意事项

的操作过程中，都有一些关键环节的需要注意。

1. 注意运用多种资料收集方式

在选择资料收集方法时，应当综合考量调查目的、调查性质、样本规模、调查完成时间限度等多方因素以及各种方法自身的优缺点和适用性，有时多种方式混合使用效果更佳。有三个原因。第一，有利于降低调查费用。比如先使用邮寄调查或互联网调查，再针对无应答者采取电话访问或当面访问的方式，或者在追踪调查中先入户面访，后面轮次改用电话访问或互联网访问的调查方式，这样无须对全部调查样本都进行成本较高的当面访问，大大减少了调查成本。第二，有利于提高应答率。在入户面访时，如果被访者不在家，改用电话访问或邮寄调查的方式继续调查可以避免样本缺失。第三，有利于提升数据质量。在面访调查中，对于一些敏感性或隐私性问题可以采取自填的方法来减轻回答压力，使问卷结果更真实可信。同时，也要注意谨防"模式效应"，即不同的调查方法获得的调查结果数据的差异性。

2. 注意换位思考

社会调查结果与被调查者回答的真实度、有效度息息相关，只有被调查者积极配合、真诚填答，才能实现有效的社会研究。因此，在调查资料收集的过程中，调查员应当充分了解和分析被调查者的真实想法。对于被调查者来说，他们本可以不接受调查或是随意作答，但是他们付出了时间、精力，甚至吐露了一些隐私，自然应当适当回报以表感谢，因此，调查员在调查过程中应有针对性地给予被调查者某种形式的补偿，如适当的报酬或礼品、纪念品，这可以在相当程度上引导被调查者认真对待和接受调查。此外，给予被调查者信任感也能有效调动其积极性，比如在调查时予以"您在这方面经验丰富""您作为我市居民代表""您的回答将为我们的调查结果提供重要参考和贡献"等表述。

3. 做好调查前准备

首先，要充分了解调查对象样本的选取标准和方法；其次，要明确调查的目的、程序以及调查问卷的内容要求等；最后，应当对调查对象的相关情况和特征，包括家庭情况、年龄、职业、受教育程度等内容有相对充分的了解。这一方面有利于调查的顺利进行，调查员可以根据被调查者的基本情况对其在调查访问过程中所谈及的现状有一个相对准确、客观的理解；另一方面有利于调查者在调查开始或冷场时谈一些可以引发共鸣的话题来缓解被调查者的心理压力，拉近其与调查员之间的心理距离。

在调查时，调查员应当随身携带可以证明个人身份的有关证件和标志，如身份证、学生证、工作证、调查单位介绍信等，如果有条件，还可以在胸前佩戴盖有调查单位公章的"调查员证"。此外，还应当带一些小礼品、纪念品等来表示歉意和谢意，以减少调查对象对调查访问的不信任感，增强调查的正式性，促使调查对象更好地配合调查。

4. 第一印象

被调查者对调查员的第一印象会影响到调查的结果。调查员与被调查者事先往往都是不认识的，陌生人的形象较难令人敞开心扉，而"正式、普通、友善、礼貌、诚恳"的第一印象能够减弱被调查者的防备和抵触心理，增强其对调查员的信任感，保证调查的顺利进行，是不能忽视的因素。所谓"正式"，即调查员可以通过衣着得体、携带证件和调查证明来消除怀疑和抵触感，体现出合理、合法、正规性。所谓"普通"，即调查员的外表和穿着应当看起来比较正常，既不会显得过于严肃造成压力感，也不会使被调查者感到随意的轻视感。"友善、礼貌、诚恳"则要求调查员应当态度诚恳、语气温和有礼，这样更易于被调查对象所接受。

5. 进门和开场白

在入户访问的社会调查中，能否顺利入户是调查能否顺利开展的关键。入户应获得被调查者的首肯，被调查者没有责任和义务去主动牺牲自己的时间、精力来接受调查。因此，调查员应在入户时向调查对象明确诚恳地表达歉意，如"对不起，打扰了！"或者"不好意思，影响您休息了"等，并主动拿出可以证明自己身份的正式介绍信；在调查过程中要始终尊重调查对象，不过分打听；在调查结束离开时要再次诚恳地表达感谢和歉意。

无论是否入户调查，好的开场白是调查成功的一半。好的开场白是为了尽快消除调查员与调查对象之间的陌生感和紧张感，快速建立起信任感和融洽的互动关系。其标准是：礼貌诚恳、简明扼要、重点突出、亲和力强；应当包括以下内容：调查者身份、调查目的和内容、调查对象选择标准。同时要说明不会占用过多时间、希望得到对方的支持等。

举例说明：

您好！不好意思，打扰您休息了，我（们）是浙江工业大学公共管理专业的学生，这是我的身份证和学生证。这是我们本次的调查函，我们目前正在进行一项关于城市居民医保满意度的社会调查。我们从全市随机抽取了 500 名市民作为代表，很幸运您是其中的一位。我（们）想要占用您 10 分钟左右的时间，向您做一些了解和提问，谢谢您支持我们的调查。

6. 提问

在正式进入调查访问前，可以先简单地聊一聊被调查者相对熟悉的事情，以消除调查的紧张感和拘束感，营造一个良好的调查氛围，然后逐步地将话题引向调查内容。调查员应当把控好调查访问的节奏，可以先从一些简单的、不敏感的基本信息入手，提问速度应适宜，不要因过快而给被调查者带来很大压力，也不要因过慢而占用被调查者的时间，引起被调查者的不耐烦。调查内容不要偏离主题，当感觉话题有偏离时可以适时礼貌地通过插话和转问来进行引导。

在调查过程中，调查员应当做到语气平和、记录迅速。无论是提问还是等待回答，调查员都应与调查对象有眼神交流，而不是简单地念问卷，同时要适时回应调查对象；在提问时表达要清楚，不要带有过多的情感语气词；在被调查者回答问题时，调查员要专心聆听，不要随便插话和发表意见，也不要只顾记录，不作回应，正确的做法是准确理解被调查者的回答，迅速地、简要地做好相应记录。

二、调查过程中的访问技巧

1. 访谈的程序与技巧

调查过程中的访问技巧

首先，要做好访谈的准备工作，设计调查方案，拟定调查提纲，做好调查计划，做好调查人员的配备和物资准备等工作；其次，在进入访谈之初，要平和礼貌地做自我介绍，说明访谈目的、访谈对象的选择标准，诚挚请求合作；再次，要对访谈过程进行控制，不要偏离话题而浪费时间，也不要只追求速度而忽视访谈过程和质量；最后，提问要注意技巧，要保持中立态度，紧紧围绕主题，语言要简练准确，要准确理解被访者回答的内容，并做好访谈记录与资料整理工作。

2. 现场记录的内容

现场记录的内容包括内容性记录、观察性记录、方法性记录、内省性记录四种。内容性记录即记录被访者所说的内容；观察性记录即记录访问员看到的内容，如被访者的表情、神态、场景等；方法性记录则是记录访问员所使用的调查访问方法；而内省性记录是记录访问员的个人因素对访谈过程、结果可能产生的影响，以及访谈过程中访问员的个人感受和心得等，它应与客观的内容性记录相区别。

3. 备忘录

访谈过后，访问员应当尽早对访谈结果进行整理、分析，并撰写备忘录。备忘录有以下分类：描述型备忘录，主要用于报告访谈结果；解释型备忘录，主要用于对结果作出初步解释；理论型备忘录，主要用于建立最低层次的理论；方法型备忘录，主要用于讨论访谈时使用的方法及其对研究过程的影响。

4. 访谈中的倾听方式

访谈中的倾听方式分别是行为层面上的倾听、认知层面上的倾听、情感层面上的倾听三个维度。

（1）行为层面上的倾听

在社会调查中，访问员在行为层面上的倾听可以表现为"表面地听""消极地听"和"积极关注地听"。举例来讲，假设要进行"杭州市城市居民生活状况"的访谈，"表面地听"是访问员看似在听，实际并没有入心，甚至可能还在想其他事情，是"左耳进右耳出"的状态；"消极地听"是访问员被动地听了居民描述其生活状况的内容，但并没有完全理解这些内容背后所蕴含的信息，也未起到良好的访谈效果；"积极关注地听"指的是访问员认认真真地倾听并充分理解了被访者所要表达的意思，能够让被访者感受到真诚、殷切的访问态度，并且可以根据描述主动地理解和分析其中能够采用的资料及其意义。

（2）认知层面上的倾听

在社会调查访谈中，认知层面上的倾听可以分成"强加地听""接受地听"和"建构地听"三种情况。举例来讲，假设要进行"杭州市城市居民生活状况"的访谈，"强加地听"是访问员在被访者描述其当前收入、教育、居住等生活状况时，根据自己的习惯和价值体系进行概念分类和理解，并作出自己的价值判断；"接受地听"指的是访问员暂且搁置自己的价值判断和习惯，主动接受和捕捉被访者对其当前生活状况的描述，注意他们所使用的本土概念，探寻他们讲述内容背后有助于研究杭州市城市居民生活状况的信息；"建构地听"指的是访问员积极地倾听并与被访者进行平等的互动交流，在互动中不断深入了解被访者的生活状况，并且不断地反省自己在倾听过程中的假设，共同建构出访谈内容背后有助于研究杭州市城市居民生活状况的真实情况。在社会调查过程中，我们一般采用"接受地听"的方式。

（3）情感层面上的倾听

第三个维度是情感层面上的倾听。举例来讲，假设要进行"杭州市城市居民生活状况"的访谈，第一种是"无感情地听"，指的是访问员在倾听被访者对自身生活状况的讲述时，对其所讲述的内容和表露的情感都没有情感波动。当然，在实际访谈中，如果访问员自己都没有任何的情感表露，被访者就更不会表露真情实感了。第二种是"有感情地听"，指的是访问员在访谈过程中有明显的情感、情绪的表露，明确地接纳被访者的所有情绪反应，并表现出自己对其情感表达方式的充分理解，比如被访者对自身的生活状况表示满意或抱怨时，访问员可以给予相应的情感回应和互动，在这种情感的渲染下，被访者更容易主动地表达自己的真情实感。第三种是"共情地听"，指的是访问员在无条件的积极倾听中与被访者达到了情感的共振，即共情。共情可以分成两种层次，一种是表示认可的共情，比如在被访者表示其对当前住房条件不满时，访问员可以在语言上对被访者表示充分认可，引起共鸣；另一种则是相对高层次的准确的共情，即访问员在内容上对被访者表示准确认同，比如在被访者表示其对当前住房条件不满时，访问员可以更具体地对人均住房面积不足、房价过高、房贷压力大等内容进行进一步的肯定和问询。我们在调查过程往往选择"有感情地听"这种方式，"共情地听"过于投入，会带来主观误导，而"无感情地听"则不利于调查顺利进行。

5. 访谈中的回应

在访谈中，认可、重复、重组、总结、自我暴露、鼓励对方都是基本的回应方式。认可包括语言上的呼应和非语言上的呼应。重复是把受访者的话重复一遍，表示确认没有听错。重组是把受访者的话按照自己的理解重新组织，以便检查自己的理解是否正确。总结是把受访者的话进行归纳概括，一方面突出中心和主要思想，另一方面检验是否理解正确。自我暴露是指访问员在受访者的话能够引起自己共鸣的时候适当地诉说自己的相关情况和自己的感受、体验。鼓励对方就是要给予适度的积极性评价。

在实际操作中，我们应当尽可能避免论说型回应和评价型回应这两种回应方式。

三、调查员的挑选培训及质量监控

调查员的挑选培训及质量监控

在社会调查中，无论采用何种调查方法，调查员都是至关重要的核心角色，是社会调查资料收集工作的主要承担者。调查员自身的素质在一定程度上影响甚至决定着调查的结果，所以，挑选和培训调查员对于社会调查研究是至关重要的。

1. 调查员的挑选

（1）调查员应具备的基本素质

调查员应当具备以下四方面的基本素质。第一，诚实与认真。即调查员应客观认真、实事求是地记录和分析调查结果。第二，兴趣与能力。调查工作的重复性可能会使调查员感到枯燥，所以应当培养调查员对调查工作的兴趣。同时，调查员还需要具备较强的交际能力、观察能力、辨别能力、应变能力等。第三，勤奋负责。调查工作具有一定的艰苦性，调查员应具有不怕苦、不怕累、不畏难的精神和高度的责任心；第四，谦虚耐心。调查员应当礼貌尊重被调查者，耐心提问、耐心解释、耐心倾听，不能表现出不耐烦的态度。需要说明的是，这些素质评估起来相对较难，需要调查组织者充分调动主观能动性，进行综合评估。

（2）调查员应具备的特殊条件

调查员还应当具备以下几方面的特殊条件。

第一，从研究主题来考虑，在调查有关政治、经济问题时，一般应选择男性调查员；而在调查婚姻、家庭问题时，则女性调查员更合适。

第二，从被调查者的特点来考虑，调查员应尽可能在年龄、职业、社会地位等方面与被调查者相类似，这样有利于拉近双方的距离，增强信任。当被调查者为青年时，应尽量选择青年调查员，而当被调查者年岁较大、资历较深、影响力较大时，则应选择年龄较大的调查员。

第三，从社区的角度来考虑，与被调查者在地域、民族、宗教信仰等方面相同的调查员能够更熟悉和尊重被访地区的语言、风俗习惯、文化传统等，往往能够更顺利地开展调查。

第四，受教育程度和生活经验也是十分重要的条件。一般来说，受教育程度越高的调查员，其理解问题、表达问题和解释问题的能力会更好，应用各种调查技巧的能力也更强。但是，受教育程度高但缺乏社会生活经验的调查员，却往往不如那些受教育程度稍低但社会生活经验丰富的调查员。如在进行"城市居民家庭调查"时，选取高中文化程度、热心负责的中年女性和身体健康、离退休的教师来进行调查效果要比年轻的学生来进行调查效果更好，因为学生往往不具有丰富的社会生活经验或与被调查者相似的经历。

2. 调查员的培训

在调查访问中，调查员通常承担着三种任务：一是指导，调查员的主要任务是指导被调查者按照调查访问要求真实自然地回答；二是倾听，调查员不仅要正确地引导被调查者，还要适时地给予恰当的回应，尊重被调查者，增强彼此的信任；三是记录，调查员在倾听的同时还要及时、简要地做好回答记录，以备后期的进一步分析。在具体操作时，对调查员的培训常常包括以下内容。

（1）召开全体调查员会议，介绍调查计划、调查目的、调查要求、调查方法、时间安排、报酬等相关内容，以便调查员有一个整体性了解。此外，还要组织调查员集中学习调查员须知、调查问卷、调查手册等材料，逐字逐句、逐条逐项地讲解清楚。

（2）进行模拟调查或访问实习。在小范围内先让每个调查员按照正式调查的要求和步骤，从头到尾实际操作一遍，然后认真总结模拟调查或访问实习中遇到的问题，并通过讨论讲解来解决这些问题。

（3）要建立起相应的监督和管理制度，以确保调查访问工作有效地开展。要建立组织管理办法、指导监督办法、复核检查办法、总结交流制度等内容。

3. 调查员因素对调查质量的影响

调查员作为社会调查的主要执行者，对调查结果有着重要影响。调查员的性别、经验、调查次数等都是重要的影响因素。

第一，调查员的性别对调查质量有一定影响。衡量调查员调查质量的指标有两类：一类是表征回答题目的缺失状况，若"没有回答"则表示该条目无信息，称为"回答内容的缺失指针因子"；另一类是收集到的信息不够准确、精致，称为"回答内容的精致指针因子"。在回答的题目呈现内容缺失的情况下并无明显的性别差异，而在对于调查问题具体细节的追问上则存在较明显的性别差异，在某些特定题目中存在调查员性别与被访者性别的交互效应。

第二，调查员的调查经验也会影响调查质量。过往的调查经验是一把双刃剑。经验过多的调查员在调查中容易出现想当然的情况；而缺乏经验的调查员可能会影响调查的实施进度。经验丰富的调查员可以作为调查的督导员。

第三，调查员的调查次数对调查质量会有影响。研究表明，调查质量与调查次数呈现出"倒 U 型"的变化规律：当调查次数在 10 次以下时，调查员的调查质量随着调查次数的增加而不断改善；当调查次数在 10 ~ 26 次时，调查员的调查质量是最佳的；而调查次数一旦超过 26 次，调查员的调查质量又会随着调查次数的增加而不断降低。因此要合理分配调查员每天的调查数量。

4. 调查过程中对调查员的控制

由调查员造成的调查误差主要有询问误差、追问误差、欺骗误差、记录误差四类。其中，询问误差指的是调查员在询问时对问卷题目进行了更改或省略等而造成的被访者的回答误差；欺骗误差是指调查员因伪造部分或全部答案而造成的结果误差。

正是因为调查员会对调查质量产生一定程度的影响，应当在调查过程中对其实施一定程度的控制。对调查员的控制主要包括培训控制、抽样控制、调查过程的控制、二次复核四种方式。培训控制指的是调查培训应是充分且适度的。抽样控制是指调查员应尽量不是抽样员。调查过程的控制是督导员带领调查员亲临调查现场，在调查现场及时对问卷收发及基本质量做复核。还可以通过做二次复核来加强控制。调查员的自主控制范围包括调查开始的时间、调查前的互动、调查时的选位、调查后的互动等。

5. 调查过程的管理与质量监控

除了对调查员进行挑选培训外，一项完整的社会调查的实施不是一蹴而就的，它需要经过一定的程序，并持续一段时间。因此，要做好对调查过程的管理和质量监控。这一工作的重点主要涉及以下几个方面。

（1）合理组建调查队伍

在正式实施社会调查前，首先要有良好的组织，挑选好调查员，建立调查小组，以确保整个调查过程有条不紊、保质保量地按照研究计划开展。调查小组的规模通常以 4 ~ 6 人为宜，注意男女比例搭配，尽可能做到小组中男女各半，每个小组指定一名组长。调查任务的布置和实施应当以调查小组为单位进行，而不是以单个的调查员为单位进行。

（2）建立监督和管理的办法及规定

"无规矩不成方圆"，规范流畅的调查工作有赖于正式的规制和监督。为了保证调查工作的顺利开展和资料收集的质量，在组建调查队伍的同时还要制定好具体明确的调查工作程序规定、管理制度和监督办法，包括调查进度控制管理办法、调查指导和监督办法、资料复核与检查措施、调查小结与反思交流制度等。比如，在调查进度控制管理办法中规定每个调查员每天的调查数量不能低于和高于多少次，再如，在调查小结与反思交流制度中规定调查员定期进行交流反思和反馈，确保有问题及时解决，有错误及时更改。

（3）做好抽样调查的实践演练

虽然在调查前已经对调查员进行了筛选和集中的培训，但是在实际调查中，突发情况时有发生，因此，调研员需要在前期做好准备工作和调查演练，研究人员应对其进行反复指导，并在实践中总结经验，不断改进，逐步提高。

（4）做好调查访问的过程管理与监控

前期准备工作做好以后，实地调查过程中更要做好控制。首先，为了更好地明确调查过程中可能遇到的问题和情况，督导员、调查负责人应当实际参与到问卷发放、调查访问的工作中，切实了解和体验实际调查中可能出现的问题；其次，督导员、调查负责人应当主动了解每一位调查员遇到的情况和问题，及时作出指导、提醒、纠正、建议；再次，每天的调查结束后，应当及时开会进行讨论和总结反思，对当日的调查进行回顾和分析，确保在日后调查的顺利进行。

（5）进行调查审核管理与监控

为了确保调查结果的完整、真实，调查员在调查完毕后应当快速地浏览检查问卷填答情况、访问问题回答情况，如有遗漏应及时回访以核实补充，检查无误后签名确认并写下时间。同时，每个调查小组的组长还应当对调查问卷或访谈内容进行二次审核检查，并签上组长的姓名及时间。

✎ **小测验**

扫一扫做题

👥 **思考与实践**

1. 请结合实例简述资料收集方法的类型及特点。

2. 请结合实例简述自填式问卷法的分类及各自特点。

3. 请结合实例简述结构式访问法的分类及各自特点。

4. 在访谈前需要做哪些准备？

5. 在访谈时需要给予被访问者怎样的回应？

第八章　调查与资料收集的中国实践

第一节　语境与问卷调查

问卷调查是调查员与被访者之间的互动过程。在此过程中，语言是实现互动的工具和媒介，它与问卷的质量有着密切的联系。问卷调查中的语言可以分为文本语言和口头语言，文本语言是以问卷中的"字"显现出来的，文本语言遵循的是语言学规则。而口头语言是以"话"显现出来的，口头语言遵循的是语用学规则。针对问卷中的文本语言问题，本书第六章第四节第二部分"问题语言设计的注意事项"专门进行了讲解。对文本语言的关注是必要的，这是进行高质量问卷调查的基础。然而，仅仅注重文本语言还远远不够。

如图 8.1 所示，问卷调查过程由两个阶段组成。第一阶段是研究者与调查员之间的互动，研究者负责问卷设计，并向调查员提供问卷，使调查员熟悉问卷的"文本语言"并理解它。第二阶段是调查员与被访者之间的互动，问卷是经由调查员"说"出来的，即以口头语言的形式表达出来，目的是使被访者能"听"明白并根据理解回答问题。但这个互动不仅是两个人之间简单的"一问一答"，它一定是发生在一个"场域"中的过程，空间、时间、互动双方的特征、语言的表达特点等都会影响问卷调查，这些因素构成特定的语言环境。语言环境即"语境"，是指说话时人所处的环境和状态。如果说语言学要求文本语言语词定义的精确、语法的正确、语句表达的简练、语句间的逻辑联系，那么它对口头语言的要求则是"话"必须与"语境"相适应，因为"就使用者而言，语言系统只存在于具体话语的语境中"[1]，离开了语境，词和句的意义很难被正确理解。

---

① 辛斌 . 巴赫金论语用：言语、对话、语境 [J]. 外语研究，2002（4）: 6-9；18-80.

图 8.1　问卷调查过程

一、语境的预设性特征与压迫性表现

语境的预设性特征
与压迫性表现

1. 预设的非充分满足性

预设就是一种假设、一种前提、一种大家默认的潜规则，这种规则不需要点明。预设从广义上讲是指"人们完成言语行为所必须满足的条件"[①]，从狭义上讲是指"用以表示说话者和他的听话者所共有的对句子的知识"[②]。

在问卷调查中，预设大量存在。例如：

"你如何评价现在的养老保障制度改革？"

这个问题就有几个预设前提：一是养老保障制度改革正在进行；二是被访者清楚养老保障制度改革的内容和效果；三是被访者有能力评价养老保障制度。问卷调查能否达到研究者预期的效果与预设的满足程度相关。

由于调查员与被访者之间共有知识的不对称性是必然的，用一种文本格式去表达问题很难适合认知能力有别的各种被访者，预设得以存在的前提条件难以在所有被访者那得到满足，因此，预设的非充分满足性在问卷调查中是普遍存在的，这也使得调查员与被访者的互动因语境不同而灵活机动。需要注意的是，设计者、调查员和众多被访者所处的不同话语情境是调查误差产生的重要原因之一，这个问题不容忽视。

2. 语境的压迫性

语境的压迫性是指语境对言语者产生压力从而导致的紧张，这种紧张会使言语者做出与无压迫语境下不同的行为。

问卷调查是调查员与被访者之间的交流过程，交流双方的态度、表情语气都会形成一个带有情绪性的语言环境，从而使各方作出积极的或消极的反应。一般来说，调查员为了获得调查信息都会以积极的态度创造出一个具有积极情绪的语境，但被访者

---

① 戚雨村. 现代语言学的特点和发展趋势 [J]. 外国语（上海外国语学院学报），1989（5）：3-11.

② 林静蔚. 语言、言语及言语的语言学 [J]. 陕西师范大学学报（哲学社会科学版），2002（S1）：209-211.

则有可能作出积极的情绪反应，乐意接受访问，也有可能作出消极的情绪反应，在调查中缺乏配合甚至中途拒绝调查。被访者的消极情绪反应对于调查员来讲是一种语境压迫，从而可能对其实施调查行为产生影响。

调查员对语境压迫性的感受主要来自以下几个方面。

（1）入户的困难程度。如果入户的时候非常困难，那么调查员会感到非常紧张。

（2）语言。使用本土语言容易产生亲近感，能够拉近调查员和被访者之间的距离；使用普通话则容易产生相对陌生的感觉。

（3）问卷长度。如果问卷过长，被访者和调查员都会有相应的压力。

（4）访谈环境。如果有其他人在场并"插言"，则会干扰到被访者的配合。

（5）被访者的职业或文化素质。一般来说，收入和文化素质较低的人在调查配合上的难度较大。

而语境的压迫性会导致调查员的行为产生偏差甚至出现"舞弊"行为，这表现在以下几个方面。

（1）缩短问题。缩短问题很有可能增加调查结果的偏差性。

（2）减少给被访者的选项，比如原本可能要给出 4 个选项，结果只给出其中一部分。

（3）给被访者暗示。

（4）有意减少问题。

这些"舞弊"行为在调查中都是不允许的。

二、语境的认知与培训

1. 语境的熟悉性

语境的认知与培训

语境的熟悉性是指调查员对某一项调查的问卷内容、访问程序、被访者反应、访问过程中互动特征的熟悉程度。一般来说，调查员对语境越熟悉，从陌生时的照本宣科变为脱离文本的口语化提问，越有利于他们接近被访者，与被访者进行自如有效的沟通，从而提高访问效率，促进问卷调查的顺利进行。但这种熟悉对调查而言也潜藏着负面的影响：熟悉使调查员变得过于自信，忽视了文本设计的逻辑和约束，有可能完全用自己的方式开展调查，无意之中可能改变了文本含义，甚至可能增加调查"舞弊"行为，并让调查员学会逃避研究者或调查组织者进行的问卷复查。

2. 语境与问卷设计及调查培训

问卷设计加入语境因素时需要同时考虑静态文本语言与动态实践语言。两者兼而有之才可能避免预设的不充分满足性，而两者之间能否达到最佳契合又取决于调查培训。

调查培训中有关语境的内容有以下几点。

（1）让调查员理解问卷中的每一个概念和句子。

（2）让调查员明白每个问题背后的预设是什么，了解这些预设在不同背景的被访者那里可能存在什么问题。

（3）提高调查员对语境的理解能力。语境是由调查员和被访者的特征、问卷内容、受访时间、受访空间、第三者是否在场等多种因素互动形成的。

合理的问卷设计必须考虑语言学所遵循的效果原则与效率原则的统一。要做到两者的统一，需要考虑以下几点。

（1）调查问卷的长度。过长的问卷必定会引起被访者的消极情绪，从而对调查员造成语境的压迫感，降低问卷调查的效果（除非向被访者提供较高的报酬）。调查中要兼顾问卷的长度与问卷的访问效果。

（2）熟悉的正面与负面作用。正如前文所说，熟悉有可能使调查员变得过于自信，忽视文本设计的逻辑和约束，有可能完全用自己的方式开展调查，甚至产生"舞弊"行为，因此，在一项问卷调查中，每一个调查员完成的问卷不宜过多。因为调查员初期对问卷的不熟悉虽然会产生效率问题，但他们可能会更认真，不太"敢"也不太"会"产生偏差行为。而一旦熟悉了问卷内容，调查员的行为就可能发生变化，出现效果问题的可能就增加了。

（3）在一个存在较大方言差异的国家或地区，口头语言可以用方言，以增加与被访者的亲近感，降低访问员的语境压力。文本语言可以用统一语言[1]。

---

[1] 蔡禾. 语境与问卷调查 [J]. 中山大学学报（社会科学版），2004（3）：115-120.

第二节 行政资源的影响

调查中的行政资源

要保证问卷获取的数据质量，除了要在问卷设计上下功夫，减少因问卷设计偏差对调查的真实性和可靠性带来的影响外，还要清楚认识影响资料收集的因素，减少调查中的误差。

一、行政资源的含义

行政资源是指行政组织依据其合法地位和权力所控制的信息以及有形或无形的社会公共物品。行政组织在狭义上是指中央和地方的国家行政机关，在广义上既包括立法、司法、监督等机关中管理行政事务的机构，也包括企事业及社会团体中管理行政事务的机构。在最广泛的意义上，那些具有半官方性质的公共服务组织如共青团、妇联和工会等社会团体也包含在内。行政资源简单来说就是政府所掌握的所有资源。

行政资源是地方政府生存与发挥职能的基础。从名义上来看，行政资源由地方政府所有和使用。但从地方政府的使命与职能目标来看，行政资源主要是用于执行法律法规以及管理与服务于经济社会发展的。经济社会发展新常态下，行政资源配置主要是寻求资源的公平与有效的配置，以实现基本公共服务的均等化，进一步提升民众满意度与获得感，推动中国经济社会高速可持续发展[1]。

二、调查中行政资源的不可或缺性

调查中行政资源的不可或缺性主要表现在以下几个方面。

1. 行政组织具有中心性

在我国，比较重要的社会资源往往由国家或地方行政组织掌握，要建立比较完备的抽样调查框，就要借助于行政组织掌握的户籍资料或人口普查数据及其他居民资料。很多全国性调查或区域性社会调查都需要获得相关行政组织的认同、支持与配合。此

---

① 毕铁居，赵丽江. 行政资源配置：资源依赖与优化选择 [J]. 长江论坛，2016（5）：54-60.

外，目前中国的宏观人口、户籍等基本数据仍由少数政府机关掌握，公开使用制度化程度低，因此，无论是通过行政机关办理程序，还是通过商业采购，从这个系统中获得信息资源的难度还是不小的。

2. 基层行政组织、社区对上级行政组织的资源依赖

由于我国已形成一套组织严密、极具动员力量的行政管理系统，基层行政组织及办事机构也习惯了科层制的运作方式，希望通过"自上而下"的方式完成调查任务。

3. 普通民众的信任"惯习"

对于民众而言，由行政系统组织的各种调查活动更具有"正统性"和"合法性"，更容易获得民众认可。

三、调查中行政组织参与度的分析

按照行政组织参与主体调动行政资源的方式和行政资源在调查中所发挥的角色，行政组织对调查的参与可概括为"全面参与""部分参与"和"有限参与"三种模式，也可称为"高度参与""中度参与"和"低度参与"。对调查组织者来说，最终采用哪一种模式受到自身与行政组织负责人关系强度以及调查成本的影响。

1. "全面参与"模式

行政组织"全面参与"的模式表现为"自上而下"的系统动员、基层行政组织的全面配合和社区自治组织的积极推动。其主要表现为：市、区政府部门系统动员、层层布置和推动，基层社区则直接参与，包括预抽样、预约访问时间和陪同入户等。

2. "部分参与"模式

在"部分参与"模式中，行政组织对调查予以认同支持，但基本上不通过行政系统的方式组织调查，各街道、社区协助调查的力度差别较大；行政组织协助调查，统计资料的使用有所限制，街道办事处和社区予以有限度的配合。

3. "有限参与"模式

行政组织"有限参与"的模式表现为：在获取抽样框时提供一定限度的协助和支

持；社区会因地制宜地提供有限的帮助，如安排人员陪同入户调查等。调查负责人把原准备用于联络社区的一部分经费直接交给调查员，由调查员自行决定如何与社区联络。

四、行政资源对调查的影响

一方面，在实际调查中，行政资源可以发挥很多作用，如可以给调查活动给予官方的肯定、认可或支持，为制定完备的抽样框提供必要的信息，还可以组织或参与现场调查活动，取得被访者的通力合作。如全国妇联曾经做过一项"中国妇女社会地位调查"的研究项目，尽管整个调查的样本很大，但由于该部门自身有很好的"从上到下"的组织机构，所以无论是联系调查对象，还是实地调查访问，都进行得十分顺利。

另一方面，动员行政资源也有可能对调查质量产生负面影响，主要表现在以下几个方面。

（1）为方便调查，抽样时行政资源的介入会使得"特殊"的样本户或被访者被有意或无意地排除，如那些与社区干部关系不好的人、路途遥远而影响调查进度的人，这在一定程度上降低了样本的代表性。

（2）某些地区的行政人员或社区工作人员在入户访问过程中全程陪同，给被访者形成巨大心理压力，影响被访者作答的信度。

（3）个别地区的行政组织对调查活动有一定的抵触、戒备情绪。

拓展资料

行政资源在室内环境调查实测中的作用 ①

调用行政资源是现阶段在我国开展大规模学术调查的一个重要特色。这首先是因为住户信息资源的获取必须依靠行政组织，而在实施抽样调查时往往需要住户的户籍资料，这些资料无法在社会上公开获得。其次，由于我国行政管理体制是一种"自上而下"模式，基层对上级行政组织具有较强的服从性，因此在开展入户调查时，调用行政资源可以很大地促进基层的配合性与降低入户难度，通常基层工作人员（如居委会）会协助调查员提前与住户沟通，有些甚至陪同入户调查，以取得住户的理解与信任，避免遭遇"闭门羹"的现象。并且，我国居民对政府行

---

① 杨超．城市建筑空间 [J]．建筑科学与工程，2022，29（7）：229-231．

政组织具有普遍信赖，通过行政组织认可的学术调查活动更加具有"合法性"，居民的参与度会相对更高。另外，近年来各种商业调查不断涌现，居民在这些调查中更愿意相信来自"官方"行政组织的调查。

针对目前我国国情的特点，行政资源在开展大规模学术调查中发挥了重要作用，但是课题组在使用行政资源时也发现以下问题：（1）某些基层人员在协助入户调查时可能会干扰住户回答，他们往往会与住户寒暄或以"插话"的方式干扰调查，有些甚至会指导住户进行调查问卷填写；（2）个别基层人员对调查存在戒备心态，较为消极地应对调查，甚至出现不配合状态。

第三节　被访者因素

所谓调查中的被访者因素，即调查过程中使被访者在问卷回答上偏离"真实答案"的任何可能的影响因素。这些因素包括问卷设计不佳、题目问法不对、被访者理解题意的差异、性别差异、教育程度高低、记忆谬误以及被访者故意回避问卷中有关敏感问题等。

调查中的
被访者因素

一、被访者的选择

被访者是调查研究的重点。被访者的抽样和选择是否合理将直接影响调查结果的准确性。被访者的选择应视调查课题的内容和调查目的而定，调查过程中要明确认识到阻碍被访者同调查者合作的各种因素，了解可能出现的各种主客观障碍。调查员在被访者的选择上出现的问题主要体现在以下两个方面。

一是容易选择人情对象。由于人情对象有利于沟通且问卷回收率高，故部分调查员会选择自己的亲朋好友或者同事、下属作为调查对象，但这样往往影响了调查的准确性。

二是所选的被访者不具代表性。例如对农民就医行为的问卷调查，比较富裕的和贫困群体的情况就存在不一致，文化程度高和文化程度低的群体的表现和回答也存在差异，如果只选择比较富裕的或文化程度较高的对象进行调查，其结果显然是有问题的。因此选择对象时要考虑各类不同人群，以使调查结果反映全面情况，并且在条件允许的情况下要尽可能多地收集样本。

二、影响被访者作答的因素

为了避免误差，分析被访者回答行为的主、客观因素很重要。影响被访者作答的因素主要包括被访者自身特征、重要场景等。

1. 被访者自身特征的影响

（1）性别和年龄

经调查，女性被访者的作答质量往往好于男性被访者；年轻人更愿意配合参与调查；年龄越大，问卷题目回答缺失的可能性越大。

（2）性格特征

主动的、自主的、健谈的被访者相对于被动的、依赖的、寡言的被访者能提供更多信息，参与调查的热情更高。

（3）主观障碍

公众对诸如政策、法律、制度以及风气、舆论等重大问题都有定论，形成了某种得到公众广泛认可的答案。当被访者回答这类问题时，出于从众心理，他们往往会忽略内心的真正情感，而将公众期望的答案变成自己对这个问题的理解和认识。例如，在问及我国的社会保障制度还存在哪些问题时，多数人都会考虑到公众期望，对问题的回答避重就轻，只反映一些表面的现象。这样做一是因为被访者从政府的角度考虑，认为政府也不希望看到自身存在如此多的问题；二是因为被访者不希望自己的答案显得标新立异，于是就随大流，只谈公众都普遍认识到的方面。同样，当问题涉及个人隐私或较为敏感的话题时，被访者往往会产生戒备心理，而不愿给出真实的回答。

（4）被访者及其生活经历

若被访者经常参与调查，则对调查的合作意愿更高，且作答质量也更高；若被访者没有参与过或很少参与调查，则会产生一定的紧张情绪甚至是排斥心理。

2. 重要场景因素的影响

在入户时间方面，刚刚吃完饭的被访者的合作意愿最高，其次是准备晚饭的期间，最差的时段是被访者一家正在进餐的时候；在周末，被访者合作意愿最高的时段的是上午，而下午和晚上意愿较弱。

此外，他人在场也会影响回答，其一是因为被访者的家人往往会参与调查，出现代答、插话、咨询别人后回答等现象；其二是因为带领入户的社区干部也会影响被访者作答。

在进行研究时，我们应该充分认识到被访者在整个调查过程中的重要作用，综合分析影响被访者作出真实回答的各种因素。

三、提高调查对象的配合程度

调查对象是否配合也是影响调查结果准确性的因素之一。调查对象没有义务牺牲自己的时间去配合完成调查，调查员也没有权力要求别人必须接受调查。针对调查对象不肯接受调查或对问卷调查敷衍了事、答非所问的情况，我们有如下几点建议。

一是积极做好事前宣传。调查对象范围一般在调查之前就已确定，因此很有必要在调查开始之前先进行宣传以让公众了解调研的目的，消除其顾虑，获取其信任，提高其参与热情。同时，在调查过程中要积极向调查对象宣传此次调研的保密规定，以打消其疑虑并获取支持。

二是确保调查对象有充足的作答时间。例如在对在校学生做问卷调查时，应选择休息的时间段，确保学生能从容作答，避开课间和饭点，以防出现学生仓促应对或敷衍了事的局面，影响调查结果。

三是给予调查对象适当的物质奖励。问卷调查对象与调查员一般彼此为陌生人，并且调查对象对调查缺乏了解和信任，因此很容易产生提防心理而拒绝调查。准备一些小礼品作为对接受调查者的奖励，可以提高其参与问卷调查的积极性[1]。

---

① 廖仕贤，邓辉，朱谢鹤，等 . 浅谈如何保证问卷调查的质量 [J]. 浙江医学教育，2014，13（1）：1-3.

✎ 小测验

扫一扫做题

👥 思考与实践

1. 问卷调查中的培训如何综合考虑语境的相关影响因素？

2. 调查中行政资源的作用体现在哪些方面？请举例说明。

3. 当你做访谈调查时，遇到不积极配合的被调查者，你会如何与其沟通？

第九章　调查资料处理及统计分析基础

前面几章介绍了收集资料的各种方法，接下来需要对问卷形式的调查资料进行处理，成为可以进行统计分析的数据（data）。资料处理的工作包括对原始资料的审核、复查，以及对问卷资料进行编码、录入和数据清理。数据清理之后，就进入统计分析的步骤。统计分析的基础包括单变量统计与分析和多变量统计与分析。

第一节　调查数据的整理

一、调查数据的审查

1. 资料的审核

资料收集完毕后，我们需要对其进行分析，而第一步往往是对调查数据进行审核。资料的审核是指研究者对调查所收集的原始资料进行初步的审查，校正错填、误填的答案，剔除乱填、空白和答案严重缺失的废卷。资料审核的目的是使原始资料更为准确、完整和真实，从而为后续的资料录入、清理和统计分析奠定基础。

审核的内容主要有两方面：第一，检查出问卷资料中存在的问题；第二，重新向被调查者核实。

在实际研究中，资料的审核工作有两种做法。第一种是在调查的过程中边调查边审核，也称为实地审核。每个调查员收集完问卷后马上对所收集的信息进行审核，一旦发现问题就及时联系被调查者询问核实。比如，调查员对某个街道抽取的 10 个家庭进行问卷调查，调查结束后，调查员一方面进入下一个街道发放问卷，一方面随即开始对第一个街道 10 个家庭的问卷进行审核。如果发现错填、漏填的现象，就及时返回第一个街道进行核实与修正。当调查资料的收集工作全部结束时，资料审核工作也完成了。

第二种是将调查资料全部收集回来，再集中时间进行审核，这种审核方式叫作系统审核或集中审核。比如上例中，如果采用系统审核的方法，则是让调查员先给所有街道中被抽取的家庭发放问卷，待所有问卷回收完成之后，再集中进行审核。如果发现问题，调查员再次返回调查地点，向被调查者核实。

实地审核的优点是及时、效果好，因为调查刚刚结束，所以被调查者的印象比较深，也更愿意配合调查员。其困难在于调查工作的组织和安排，需要调查员平衡新问卷的发放和已完成问卷的审核，对调查员的要求较高。系统审核的优点在于便于调查工作的管理和安排，审核工作统一进行，标准一致。但是，系统审核会导致调查工作的周期较长，由于需要返回调查地进行调查，如果地点很远则难以落实。

2. 资料的复查

为了确保调查资料的真实性，除了对资料进行审核外，还要进行复查工作。资料的复查指的是在调查者完成资料回收后，由其他人对所调查样本的一部分个案进行二次调查，以检查和核实第一次调查的质量。

资料复查的一般做法是：重新选择调查员，从原来的调查样本中随机抽选5% ~ 15% 的个案进行重新调查。资料复查中需要关注两个方面。第一是核实调查员是否真的对个案进行过调查，比如有的调查员会出于各种原因，自己填写问卷而没有真正地访问被调查者。第二是将两次调查的结果进行对比，从而对第一次的调查资料进行审查。

资料的复查需要获得第一次调查结果中被调查者的姓名、地址、联系方式等信息。如果缺少上述信息，则复查往往比较困难。在实际研究中，许多被调查者不愿意告知自己的姓名和联系方式。一些有经验的调查员会通过姓氏和邮箱来确认其身份。另外，在一些大学、企业的内部调查中，如果采用系统抽样的方法，则可以通过记录班级名称、部门名称的方式对调查情况进行复查。

通过对原始资料的审核和复查，研究者可以纠正问卷中存在的一些错误，剔除一些废卷，这有利于提高资料质量，从而为后续的统计分析奠定坚实的基础。

二、调查数据的录入及清理

1. 数据的编码

当调查员完成原始资料的审核与复查后，就需要对原始资料进行转换与录入。由于社会调查的资料统计分析工作通常由计算机来承担，所以我们要将对问卷中问题的回答转换成可供计算机识别和统计的数字。表9.1展示了2017年中国综合社会调查部分编码情况。可以看出，性别变量编码为1～2，受教育程度编码为1～14，民族变量编码为1～8，健康状况编码为1～5，户口登记状况编码为1～7，户口登记地变量编码为1～4。一般来说，我们习惯使用数值型变量来表示问卷题目。

表 9.1　2017 年中国综合社会调查的编码表（节选）

编号	题目	选项赋值
A2	请问您的性别是	1 ＝男性，2 ＝女性
A7	请问您目前的最高教育程度是	1 ＝没有受过任何教育，2 ＝私塾、扫盲，3 ＝小学，4 ＝初中，5 ＝职业高中，6 ＝普通高中，7 ＝中专，8 ＝技校，9 ＝大学专科（成人高等教育），10 ＝大学专科（正规高等教育），11 ＝大学本科（成人高等教育），12 ＝大学本科（正规高等教育），13 ＝研究生及以上，14 ＝其他
A4	请问您的民族是	1 ＝汉族，2 ＝蒙古族，3 ＝满族，4 ＝回族，5 ＝藏族，6 ＝壮族，7 ＝维吾尔族，8 ＝其他
A15	您觉得您目前的身体健康状况是	1 ＝很不健康，2 ＝比较不健康，3 ＝一般，4 ＝比较健康，5 ＝很健康
A18	请问您的户口登记状况是	1 ＝农业户口，2 ＝非农业户口，3 ＝居民户口（以前是农业户口），4 ＝居民户口（以前是非农业户口），5 ＝军籍，6 ＝没有户口，7 ＝其他
A21	您目前的户口登记地是	1 ＝本乡（镇、街道），2 ＝本县（市、区）其他乡（镇、街道），3 ＝本区／县／县级市以外，4 ＝户口待定

2. 数据的录入

录入数据时，一般要挑选和培训录入员，统一规定数据输入的格式和数据的文件名，录入员各自进行录入，最后把每一个录入员录入的数据进行合并。

我们以 SPSS 软件为例来介绍如何录入问卷。首先 SPSS 的视图分为数据视图和变量视图，数据视图中能够观察到数据的基本情况，每一行表示一个观察值，比如受访者 1、2、3、4，或者是企业 1、2、3、4，每一列表示一个变量。变量视图可以对每一个变量作定义。两种视图之间可以切换。图 9.1 和图 9.2 显示了 SPSS 的数据视图和变量视图。

图 9.1　SPSS 的数据视图

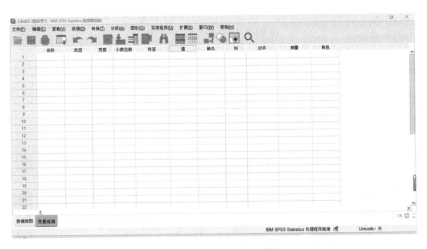

图 9.2　SPSS 的变量视图

（1）单选题的录入

单选题是最为常用的一种题型，表 9.1 中性别、教育程度、身体健康状况、户口登记情况等都是单选题。录入单选题时，一般会在变量视图中对问卷的题目进行设定。可以点击变量视图，输入变量。第二列"类型"一般选择数值型标签。问卷的题目一般录入到"标签"，问卷中的选项在"值"的一列作定义。

以表 9.1 的变量为例，录入性别时，1 表示男性，2 表示女性；录入教育程度时，1 表示没有接受过教育，2 表示私塾、扫盲，3 表示小学，4 表示初中；等等。在变量视图中定义了变量之后，就可以转入数据视图，开始录入问卷填答的情况。

如果单选题含有"其他"选项，比如图 9.3 中有关民族的题目，这道题目询问受访者的民族，汉族、蒙古族、满族、回族、藏族、壮族、维吾尔族分别被赋予了 1～7 的编码，同时还有一个"其他"的选项。录入这道题目时，我们一共需要两个变量。首先设置一道数值型变量来表示这 7 个民族，使用数字 1～7 来表示。然后设置一道字符串题目来表示"其他"的选项，可以直接输入汉字。如果某受访者是朝鲜族，那么在第一个变量中选择"8 其他"，然后在第二个变量中输入"朝鲜族"。如果是已提供的这 7 个民族，第二个变量可以直接留白。

SPSS 数据单选题
含"其他"的录入
方式

A4. 您的民族是：

汉族..1

蒙古族..2

满族..3

回族..4

藏族..5

壮族..6

维吾尔族..7

其他（请注明：_____）..............8

图 9.3 单选题含"其他"选项示例

（2）开放题的录入

一般来说，我们使用数值型变量来进行录入，数字 1、2、3 等都表示不同的含义，便于统计分析。但是，开放题没有办法用数值型变量来录入，所以要在"类型"里选择"字符型"，"值"的一列就不需要作定义。比如有一道开放题是：

SPSS 数据开放题
的录入方式

请问你的闲暇时间如何度过？（请在横线上写下你的答案）

（3）多选题的录入

在社会调查中，许多题目是多选题，比如图 9.4 显示的有关宗教信仰的题目。一个人可能会信仰多种宗教，选项中列出了佛教、道教、民间信仰等，同时还有一个"其他"选项。

A5. 您的宗教信仰（多选）：

不信仰宗教 01

信仰宗教

佛教 11

道教 12

民间信仰（拜妈祖、关公等）. 13

伊斯兰教 14

天主教 15

基督教 16

东正教 17

其他基督教 18

犹太教 19

印度教 20

其他（请注明：_____）. 21

图 9.4　多选题录入示例

多选题的录入方法是有多少个选项就单独设置多少个变量，选项内容放到"标签"里，在"值"的定义里面 0 表示选择"否"，1 表示选择"是"。如果其中有一个"其他"项，则和上述一样，设置为开放题的形式，选择字符串类型，在数据视图中可以直接录入选项中未提及的宗教。

SPSS 数据多选题
的录入方式

三、数据清理

完成数据的审查和录入之后，在正式开始统计分析之前，我们还需要清理数据，从而降低数据中的差错率，提高数据质量。数据清理工作一般在计算机的帮助下进行，通常可以采用三种清理方法：有效范围清理、逻辑一致性清理、数据质量抽查。

1. 有效范围清理

对于问卷中的任何一个问题，其回答都有一定范围，如果超出这个范围就说明填答或者录入的过程中出现了一些问题。比如表 9.1 中，有关性别的题目应该只有 1 和 2 两个选项，如果有受访者选择了其他数字，那么说明超出了有效范围，需要重新回答。

造成答案超出有效范围的因素有许多。第一，答案超出有效范围来自问卷填答过程。比如，当询问受访者年龄时，有的受访者提供了 180 的答案。显然，这个受访者没有如实提供信息，这一答案背离客观规律。这种错误来自被调查者。

第二，答案超出有效范围来自编码员的失误。比如，当询问受访者的性别时，答案只有 1 和 2 两个选项，但是编码员误把 2 看作 7，导致最后数据出现了超过范围的答案。

第三，答案超出有效范围来自录入员的失误。录入员需要把编码结果录入计算机，如果本来要录入 3，结果一不小心录入为 4，当这道题目只有 1、2、3 三个选项的时候，就会造成超出有效范围的错误。

检验数据是否存在超过有效范围的问题，可以在统计软件上执行统计各变量频数分布的命令，比较数据结果的范围与编码表即可判断。

2. 逻辑一致性清理

逻辑一致性的基本思路是依据问卷中的问题相互之间所存在的某种内在逻辑关系，来检查数据之间的合理性。逻辑一致性清理特别适用于相倚问题的核查，图 9.5 显示了逻辑一致性清理的例子。这个例子涉及 A1 和 A2 两道题目。

A1 平时生活里你遇到不愉快的事情或者有烦恼时，比较多的情况是闷在心里，还是向他人诉说？

1. 闷在心里（跳过 A2）　　　　2. 向他人诉说

A2 请问你向谁诉说？

1. 对父亲说　　2. 对母亲说　　3. 对（外）祖父母说

4. 对兄弟姐妹说　5. 对朋友说

A1 题中如果选"闷在心里"的话就直接跳过 A2 题，选择"向他人诉说"则继续回答 A2 题，选择向谁诉说，如对父亲、母亲、（外）祖父母、兄弟姐妹等。图 9.5 显示，4 名受访者 A1 选了闷在心里，但是 A2 同时他选了对父亲、母亲或者是祖父外祖父母来诉说，说明这道题目在跳答时出现了一些问题，A1 选择闷在心里的受访者也同样回答了 A2，这种情况需要调查者对数据进行清理。

你向谁诉说得比较多？（第一项）

平时生活中你遇到不愉快的事或者有烦恼时，比较多的情况是闷在心里，还是向他人诉说？			频数	比例	有效比例	累计比例
闷在心里	对父亲说		1	0.1	0.1	0.1
	对母亲说		2	0.2	0.2	0.3
	对（外）祖父母说		1	0.1	0.1	0.4
	不适用		1004	99.6	99.6	100.0
	合计		1008	100.0	100.0	
向他人诉说	对父亲说		1075	61.7	62.4	62.4
	对母亲说		503	28.9	29.2	91.6
	对（外）祖父母说		15	0.9	0.9	92.5
	对兄弟姐妹说		130	7.5	7.5	100.0
	合计		1723	98.9	100.0	
缺失			19	1.1		
合计			1742	100		

图 9.5　逻辑一致性清理举例

3. 数据质量抽查

在实际研究中，即使通过上述两种方法的检查，许多数据仍然会出现一些问题。比如，表 9.1 询问某人的受教育程度，本来受访者的回答是大学本科（成人高等教育）（编码为 11），但是录入员在录入过程中不小心录入为大学本科（正规高等教育）（编码为 12）。由于 11 和 12 都在这道题目的有效范围之内，因此进行有效范围清理无法解决这样的纰漏，而这道题目也不存在相倚性问题，所以逻辑一致性清理也无法发现问题。

这种情况只有对每份原始资料逐一检查才能发现。在实际研究中，我们可以采用数据质量抽查的方法。通常我们随机抽取 2% ～ 5% 的问卷，把抽中的原始问卷拿出来和录入的数据一一进行对比，检查是否有误，计算错误比例，由此评估整个数据录入的质量。比如，一项调查样本规模为 1000 个，问卷录入的变量个数为 200 个。我们随机抽取 3%（即 30 份）问卷进行检查，一共发现两个变量输入错误。由此我们可以求出数据的差错率为 2/（200×30）＝ 0.03%。对于 1000 个样本，总共 20 万个变量中（1000×200 ＝ 200000），一共有 60 个左右差错[1]。尽管我们很难确定哪些变量录入有

---

[1]　风笑天.现代社会调查方法 [M]. 6 版.武汉：华中科技大学出版社，2021：163.

误，但是了解错误的比例有助于我们评估数据质量对研究结果的影响。

第二节　单变量统计与分析

调查资料经过审查、录入和清理之后，就做好了统计分析的准备。社会调查的统计分析知识包罗万象，本节从最为基础的单变量统计分析入手进行概要性介绍。

一、化繁为简：单变量描述统计

在社会科学研究中，真实数据往往非常复杂，比如收入、预期寿命、生活满意度等，每个人都会有不同的取值，人与人之间、地区与地区之间存在很大的差别。这时，我们希望化繁为简，用一些简单的信息来对繁杂的数据进行概括性的了解。这种化繁为简的过程在统计分析方法中称为描述性统计（descriptive statistics），即用一些特殊统计值对整个事情的全貌作概括。立足于单一变量的化繁为简是单变量描述性统计，主要分为集中趋势分析和离散趋势分析。

1. 集中趋势分析（central tendency analysis）

集中趋势分析是用一个典型值或代表值反映一组数据的一般水平。集中趋势分析反映的是数据的集中水平，常用的几个典型值是平均数、众数和中位数。

（1）平均数（mean）

在社会调查中，平均数是最为常用的集中趋势典型值。平均数适用于定距层次以上的变量。如果我们想了解中国人的收入情况，我们不可能去掌握每个人的收入，但可以求出中国人的平均收入来对总体情况作概括。平均数是总体各单位数值之和除以总体单位数目所得之商，其公式是：

$$\bar{X} = \frac{\sum X}{n}$$

（2）众数（mode）

众数是一组数据中出现次数最多的数值。众数与平均数一样，可以反映数据的集中情况。比如数据 1，2，3，3，4，4，4，5中，4出现的次数最多，那么4就是众数。此外，对于定类变量，计算平均数没有实际的意义，因为不同数字只代表类别不同，此时众数可以更好地表示集中趋势。定类变量的众数反映的是众多类别中出现次数最多的那一类。

（3）中位数（median）

中位数指的是把一组数据按值的大小顺序排列，从小到大处在最中间位置的那个数值。所有数据中有一半的数据比它大，另一半的数值比它小。中位数主要适用于定序、定距、定比这几个层次的变量。

下面我们对平均数和中位数的特点略进行比较。

计算平均数用到数据中的每一个数值，而中位数只使用相对位置，所以平均数对数据的描述比中位数更全面。在抽样调查中，平均数比中位数更为稳定，它受样本变化的影响较小。比如以同样的抽样方法抽取同样规模的样本，平均数的相互差别往往比中位数要小。平均数比中位数更易于进行算数运算，因此，平均数是更为常用的集中趋势指标。

不过，与平均数相比，中位数也有一些独到的优点。比如，中位数不易受极端值的影响。一些调查中会报道某城市的平均收入，我们经常会说自己"被平均"，"被平均"的原因是数据中有一些极端值。当计算平均值时，这个极端值影响了结果。比如下面这两组数据：

第一组数据：1，2，3，4，5。

第二组数据：1，2，3，4，1000。

第一组没有极端值，平均数和中位数都是3，第二组有极端值1000，这时平均数为202，中位数还是3，受极端值影响较小。可见，当数据分布有极端值的时候，我们可以采用中位数来反映集中趋势。

2. 离散趋势分析（dispersion tendency analysis）

与集中趋势相反，离散趋势表示一组数据相互之间的离散情况，即数据取值分布的差距是大还是小。我们常用的反映离散趋势的指标是全距、标准差、异众比率、四分位差和离散系数。

（1）全距（range）

全距又叫极差，是一组数据中最大值和最小值之差。

（2）标准差（standard deviation）

标准差是一组数据对其平均数的偏差平方的算数平均数的平方根。标准差是用得最多的离散趋势指标，其公式是：

$$S = \sqrt{\frac{\sum (X - \overline{X})^2}{n}}$$

（3）异众比率（variation ratio）

异众比率是一组数据中非众数的次数相对于总体全部单位的比例。对于定类变量来说，异众比率较为常用。比如班级 A 的同学选择专业时分别为工科 14 人、理科 11 人和文科 10 人，班级 B 的同学选择专业时分别为工科 18 人、理科 12 人和文科 5 人。那么班级 A 的异众比率为 60%［（11 + 10）/（14 + 11 + 10）= 0.6］，班级 B 的异众比率是 49%［（12 + 5）/（18 + 12 + 5）= 0.49］，可见班级 A 的专业选择更加离散。

（4）四分位差（interquartile range）

四分位差是将调查得到的个案数据由低到高排列，然后将其分为 4 等份，每个等份包括了 25% 的个案。第一个 4 分位置的数值和第三个 4 分位置的数值的差叫作 4 分位差。通俗来讲就是排在第 25% 的人和排在第 75% 的人的数据差值，而排在 50% 的就是中位数。

（5）离散系数（coefficient of variation，简称 CV）

离散系数是一种相对离散趋势的统计量，它是我们对同一总体不同离散趋势的比较，也可以比较不同总体的同一离散趋势。其定义为标准差与平均数的比值，使用百分比来表示：

$$CV = \frac{S}{\overline{X}} \times 100\%$$

二、以小推大：单变量推论统计

1. 参数估计

在社会科学研究中，总体涉及每一个研究个体的信息，往往不可得。因此，研究者要从样本对总体进行推断。这个推断过程称为推论统计（inferential statistics），反映的是以小推大。

　　首先介绍几个概念。反映样本特征的指标是统计值（statistics），样本的平均数、标准差、方差都是统计值；反映总体特征的指标是参数（parameter），总体的均值、标准差、方差都是参数；推论统计的目的是从样本的统计值来估计总体的参数值，简称为参数估计；如果是对单一变量特征的参数估计，则称为单变量推论统计。

　　参数估计有两种做法：点估计和区间估计。点估计是以最适当的样本统计值来代表总体的参数值。比如，我们想了解某地大学生毕业后计划创业的比例，可以随机抽取一个大学生样本，然后求出计划创业比例为 10%。据此，我们可以估计该地区大学生毕业后计划创业的比例为 10%。样本值越大，抽样方法越严谨，点估计越准确。此外，不同的统计值在估计总体时的准确度也有所不同，均值和比例的准确程度比标准差更高。不过，点估计始终存在抽样误差，且估计的可信度难以确定。对此，可以使用区间估计来对估计结果的可信度进行评估。

　　区间估计是在一定的可信度下，用样本的统计值的某个范围来"框住"总体的参数值。区间估计的范围是置信区间，它反映的是估计的精确性，而可信度反映的是估计的可靠性和把握性，也就是置信水平。在样本大小相同的情况下，区间越大，估计的精确度越低，估计的把握（可信度）越大。反之，区间越小，估计的精确度越高，估计的把握（可信度）越小。间距的大小与可信度的高度成正比。

　　我们可以这样来理解区间与可信度的关系，比如我们估计中国劳动者的平均月收入为 1 ～ 10000 元。这个区间很大，估计的可信度也很大，但是估计的精确度就比较低。如果估计中国劳动者的平均月收入为 1000 ～ 3000 元，这个区间比较小，估计的精确度更高，不过估计的可信性更小，因为更有可能错误估计。

　　下面我们介绍两种区间估计：总体均值的区间估计和总体百分比的区间估计。

　　（1）总体均值的区间估计

　　总体均值的区间估计公式是：

$$\bar{X} \pm Z_{(1-\alpha)} \frac{S}{\sqrt{n}}$$

　　其中 $\bar{X}$ 是样本均值，S 是样本标准差，n 是样本数。$Z_{(1-\alpha)}$ 值是依据置信水平求得的。90% 的置信水平（可信度），$Z_{(1-0.1)} = 1.65$，95% 的置信水平，$Z_{(1-0.05)} = 1.96$，99% 的置信水平，$Z_{(1-0.01)} = 2.58$。

　　如何理解 Z 的取值？ Z 值分布表是正态分布表。当我们画一个平均值为 0，标准差为 1 的标准正态分布的概率密度函数，可以求出曲线之下的面积为 1。更进一步，我们可以根据标准正态分布的函数求出不同面积对应的 X 轴上的取值。如图 9.6 所示，如果阴影面积等于 0.9，实心圆点取值是正负 1.65；如果阴影面积等于 0.95，实心圆点的取值是正负 1.96；如果阴影面积是 0.99，实心圆点取值是正负 2.58。这是由标准正态分布函数求积分所得，可以通过查询 Z 值分布表获得。

查询 Z 值分布表
的方法

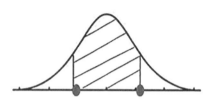

图 9.6　Z 值的取值

统计学家发现，当样本随机抽取，且样本数量较大时（$n \geqslant 100$）[①]，无限个样本均值的抽样分布类似于正态分布。这一分布的特性是：

$$\mu_{\bar{Y}} = \mu_Y$$

$$\sigma_{\bar{Y}} = \frac{\sigma_Y}{\sqrt{n}}.$$

中央极限定理

这被称为中央极限定理，有兴趣的读者可以扫码详细了解。

因此，当进行总体均值的区间估计的时候，随机抽取样本且样本数量较大时（$n \geqslant 100$），样本均值的抽样分布符合正态分布，可以参照正态分布的 Z 值分布表的取值进行区间估计。在这种情况下，总体均值有 90% 的概率落在样本均值 $\bar{X} \pm 1.65 \times \dfrac{S}{\sqrt{n}}$，有 95% 的概率落在样本均值 $\bar{X} \pm 1.96 \times \dfrac{S}{\sqrt{n}}$，有 99% 的概率落在样本均值 $\bar{X} \pm 2.58 \times \dfrac{S}{\sqrt{n}}$，因此就得出了总体均值的区间估计公式。在实际研究中，我们根据题目要求的置信水平，代入 Z 值即可以对总体的均值和百分比进行区间估计。

例 1：从某校随机抽取 100 名学生进行调查，发现月均消费为 900 元，标准差为 80 元，现在 90% 的置信水平下，求全校学生的月均消费的置信区间。

从题目可知，样本数为 100 人，样本均值为 900，标准差为 80，置信水平为

----

① 也有一些教材提出 $n \geqslant 30$。保守起见，本教材采用 $n \geqslant 100$ 的说法。

90%，$Z_{(1-0.1)} = 1.65$，代入公式可得：

$$900 - 1.65 \times \frac{80}{\sqrt{100}} = 886.8$$

$$900 + 1.65 \times \frac{80}{\sqrt{100}} = 913.2$$

可知，在 90% 的置信水平下，全校学生的月均消费的置信区间为 886.8～913.2 元。

（2）总体百分比的区间估计

总体百分比的区间估计公式为：

$$p \pm Z_{(1-\alpha)} \sqrt{\frac{p(1-p)}{n}}$$

其中，p 表示样本百分比，n 表示样本数，$Z_{(1-\alpha)}$ 的含义与上文一致。

例 2：从某校随机抽取 100 名学生进行调查，发现打算出国留学的比例为 10%，现要求在 95% 的置信水平下，估计全校学生中打算出国留学比例的置信区间。

从题目中可知，样本数为 100 人，样本百分比为 10%，置信水平为 95%，$Z_{(1-0.05)} = 1.96$，代入公式可得：

$$0.1 - 1.96 \times \sqrt{\frac{0.1(1-0.1)}{100}} = 0.0412$$

$$0.1 + 1.96 \times \sqrt{\frac{0.1(1-0.1)}{100}} = 0.1588$$

可知，在 95% 的置信水平下，全校打算出国留学比例的置信区间为 4.12%～15.88%。

上面两个例子介绍的是如何使用样本均值和百分比对总体的均值和百分比进行区间估计。值得一提的是，当置信度水平越高时，Z 值取值越大，求出的置信区间范围也越大。反之，当置信水平越小时，Z 值取值越小，求出的置信区间范围也越小。

2. 假设检验（hypothesis test）

在社会科学的实际研究中，参数估计应用较少，推论性统计较为常用的是假设检验。假设检验是先成立一个关于总体情况的假设，继而随机抽取一个样本，然后以样本的统计值来验证假设是否成立。

科学研究中需要建立假设，即假定总体中存在某种情况，如假定总体的均值是多少，总体中 X 与 Y 相关，这些假设称为研究假设（H_1，research hypothesis）。研究假设又称为备择假设。科学研究的目的是检验研究假设成立与否。然而，当我们做假设检验的时候，我们不直接检验研究假设，而是反其道而行之，先假设与研究假设相对立的假设是成立的。与研究假设相对立的假设是虚无假设（H_0，null hypothesis）。虚无假设又称为零假设、原假设。如果研究假设是总体均值等于 X，虚无假设就是总体均值不等于 X，如果研究假设是总体中 X 与 Y 有关系，虚无假设就是总体中 X 与 Y 不相关。

假设检验的应用非常广泛，概括来看分为参数检验法和非参数检验法。其中，参数检验法包括 Z 检验、T 检验、F 检验等，参数检验法要求总体具备某些条件，如正态分布。非参数检验法则不要求，包括 X^2 检验等。本节介绍一种最为基础、应用也较为广泛的参数检验法——总体均值的假设检验，常用的检验方法是 Z 检验和 T 检验。

对于总体均值的假设检验，虚无假设（H_0）是对总体均值取值的判断，我们首先假定虚无假设为真。假设检验的基本原理是小概率事件在一次观察中是不可能发生的，如果真的发生了，那么就应该考虑最初假定为真的虚无假设是错误的。当虚无假设为真时，随机抽取一个样本，这个样本的均值应该大概率落在某个特定的范围之内，很小的概率落在这个特定的范围之外。如果实际研究中，我们随机抽取样本的均值真的落在这个特定的范围之外，那么说明小概率事件发生了。当小概率事件发生时，我们有理由怀疑原先假定虚无假设为真的想法是错误的。所以，应该拒绝虚无假设，接受虚无假设的对立面，即研究假设（H_1）。

在分析资料之前，我们首先应该决定在什么情况下拒绝虚无假设（H_0），即划定的范围是多少。拒绝虚无假设的范围在统计学上称为否定域（reject zone）。对于总体均值的假设检验，否定域可分为一端或两端，如图 9.7 的（1）和（2）所示。如果否定域在一端，则称为单边检验（one-tailed test），如果在两端，则称为双边检验（two-tailed test）。选择单边还是双边检验取决于是否可以确定研究假设的方向。如果根据理论或研究经验，成立研究假设（H_1）时已经可以确认方向了，那么就选择单边检验，否则就选择双边检验。

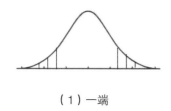 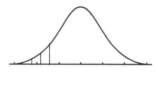

（1）一端 （2）两端

图9.7 否定域

根据单边还是双边检验，研究假设（H_1）和虚无假设（H_0）的关系有三种情况，其中，相等的关系一般包含在虚无假设中。三种情况分别是：

（1）$H_1: \mu \neq a$；$H_0: \mu = a$（双边检验）。

（2）$H_1: \mu < a$；$H_0: \mu \geqslant a$（单边检验）。

（3）$H_1: \mu > a$；$H_0: \mu \leqslant a$（单边检验）。

否定域的面积表示否定域在整个抽样分布中所占的比例，也表示样本的统计值落在否定域内的机会，其大小由显著度决定。我们常用的显著度是0.05，即否定域面积为0.05。此外，我们还使用0.01和0.001的显著度。显著度越小，意味着否定区域面积越小，也表示越难否定虚无假设（H_0）。

确定否定域的
范围

如何确定否定域的范围呢？对总体均值的假设检验，当样本是随机抽取且样本量较大时（$n \geqslant 100$），根据中央极限定理，无限个样本均值的抽样分布近似正态分布。因此，可以借助正态分布的Z值分布表确定否定域的范围。

如何确定样本所得的统计值是否落入否定域中？对于总体均值的假设检验，当样本是随机抽取且样本量较大时（$n \geqslant 100$），由于样本的抽样分布符合正态分布，使用Z统计值计算，其公式为：

$$Z = \frac{\bar{X} - \mu_Y}{s/\sqrt{n}}$$

其中$\bar{X}$是样本均值，μ_Y是虚无假设中的总体均值，S是标准差，n为样本规模。

当求出来的Z统计值落入否定域范围内时，则拒绝虚无接受，接受研究假设。

如果样本数量较小，比如$n \leqslant 30$时，就无法使用Z统计值，而应该采用T检验法，有兴趣深入了解的读者可以参阅统计学相关教材进一步学习。

概括起来讲，总体均值的假设检验的步骤是：

（1）建立虚无假设和研究假设，把想要验证的结果作为研究假设；

（2）根据需要选择合适的显著性水平，如 0.05、0.01 和 0.001。样本是随机抽取且样本量较大时（n ≥ 100），查询 Z 值分布表，确定否定域；

（3）根据样本数据计算统计值 Z；

（4）如果 Z 在否定域内，则拒绝虚无假设，接受研究假设；如果 Z 不在否定域内，则无法拒绝虚无假设。

第三节　多变量统计与分析

上一节主要围绕一个变量进行分析，本节讨论两个变量的共变模式。在社会科学研究中，经常要处理多种变量之间的联系。比如经典的地位获得模型（图 9.8），其中父亲的教育、父亲的职业、儿子的教育、儿子的职业这些变量之间就具有一定的联系。

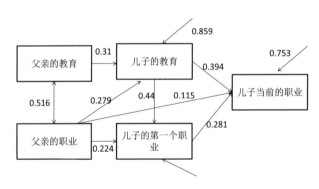

图 9.8　地位获得模型

对于两个变量的共变，可以进行两种分析：第一种是相关分析，只考虑两个变量是否一起变，不考虑两个变量孰因孰果、孰前孰后；第二是回归分析，除了看两个变量是否共同变化，还预先假设哪个变量是因、哪个变量是果。

相关分析与回归分析都是共变分析，都关注三个问题：（1）是否共变，（2）共变的方式，（3）共变的强度。

一、万物皆联系：相关分析

1. 相关关系的概念

相关是相互关系、相互关联。两个变量之间存在相关关系指的是当其中一个变量发生变化（取值不同）时，另一个变量也随之发生变化（取值不同），反之亦成立。比如，我们发现人们的年龄不同，人们的生活满意度也不同。当人们在年龄上取值不同时，其生活满意度的取值也不同。因此，年龄与生活满意度两个变量之间存在着相关关系。

2. 相关关系的方向

对于定序层次以上的变量，相关关系有正向和负向之分。正向关系指的是随着一个变量的增长，另一个变量也随之增长，如图9.9的（1）。比如受教育程度和收入。受教育程度越高，收入水平也越高；反之，那些收入水平较低的人，其受教育程度也更低。受教育程度和收入之间存在正向关系。

负向关系指的是随着一个变量的增长，另一个变量随之降低，如图9.9的（2）。比如受教育程度和希望生育的子女数。研究发现，受教育程度越高，人们希望生育子女的数量越少；那些希望生育更多子女的人们，其受教育程度也往往较低。受教育程度和希望生育的子女数之间存在负向关系。

图9.9的（3）表示的是不相关，两个变量之间没有共变关系，即一个变量的变化并没有带来另一个变量的变化。

值得强调的是，相关关系的方向性限于定序层次之上，因为定序层次之上的变量具有大小、高低之分，而定类变量只有类别之分。因此，定类变量与其他变量的相关关系不存在正负方向的问题。

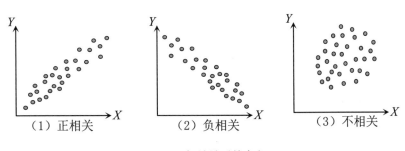

图9.9　相关关系的方向

3. 相关关系的强度

相关关系的强度是指变量之间相关关系程度的强弱或大小。这种强度可以用统计方法来测量和比较。变量间相关程度的统计表示是相关系数。根据不同变量层次，有不同的相关系数。

常用的相关系数

这些相关系数的取值通常是 -1 到 1，或者 0 到 1。以取值为 -1 到 1 的相关系数为例，小于 0 表示负相关，大于 0 表示正相关。判断相关性的强弱，可以看相关系数的绝对值。比如相关性 0.8 和 -0.8 的绝对值都是 0.8，只不过方向不同。绝对值越接近 1 表示关系越强，绝对值越接近 0 表示关系越弱。图 9.10 的（1）表示相关性更强，图 9.10 的（2）表示相关性更弱。在社会科学中，一般把衡量相关性强弱的切分点设置为绝对值 0.7。

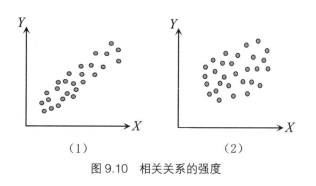

（1）   （2）

图 9.10　相关关系的强度

关于相关系数，有两点需要说明。第一，在社会科学研究中，相关系数的值不会达到 1 或者是 -1，也就是说社会研究中不存在完全的正相关或负相关。第二，相关系数只是用来表示变量间相关程度的指标，它不是一个相关量的等单位度量。换句话说，我们不能说 0.5 的相关系数是 0.25 相关系数的两倍，只能说相关系数为 0.5 的两个变量的关系比相关系数为 0.25 的两个变量的关系更为紧密，同样，我们也不能说相关系数从 0.6 上升到 0.7 和从 0.2 上升到 0.3 是一样的。

值得一提的是，社会科学研究不仅关注相关关系的强度，而且非常重视相关关系是否显著。即使样本中 X 与 Y 是相关的，也并不一定意味着它们在总体中也是相关的，因为样本中 X 与 Y 的相关关系可能是由抽样误差所引起的。因此，我们需要运用样本资料来检验总体中 X 与 Y 是否相关。常用的相关系数都有检验相关关系是否显著的方法，其步骤与上一节介绍的总体均值的假设检验相似，即以抽样分布为基础来检验虚无假设，从而判断研究假设正确的可能性（一般来说，两个变量相关的假设检验的虚无假设是总体中 X 与 Y 不相关，研究假设是总体中 X 与 Y 相关）。有兴趣进一步了解的读者可以参阅相关的统计学教材进行深入学习。

4. 相关关系的类型

从变量变化的表现形式来分可以将相关关系分为直线相关与曲线相关。所谓直线相关指的是当一个变量发生变动时，另一个变量也随之发生大致均等的变动。反映在直角坐标中，每对 X、Y 的值所对应的点分布狭长，呈直线状趋势。而曲线相关指的是当一个变量发生变动时，另一个变量的变动在取值不同时并不均等。图 9.11 的（1）和（2）反映的是直线相关，（3）和（4）反映的是曲线相关。

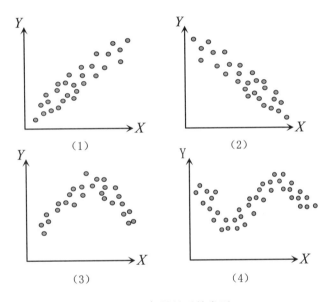

图 9.11　相关关系的类型

相关关系的这种区分有助于我们正确地揭示调查数据所反映的规律，比如当我们研究年龄和收入的关系时，发现二者之间并没有直接的关系，相关系数较小。但这不代表二者的相关关系很弱，年龄和收入之间可能存在曲线相关。年轻时期，随着年龄的增长收入会上升，但是当年龄到达一定程度之后，收入就会下降。因此，年龄和收入之间可能存在"倒 U 型"关系。如果我们忽视了变量之间存在的曲线关系，可能会对调查数据作出错误的解释。

在曲线相关中，最为常见的是"U 型"关系和"倒 U 型"关系。图 9.12 的（1）显示的是"倒 U 型"关系。图 9.12 的（2）显示的是"U 型"关系，比如年龄和收入的公平感受可能呈"U 型"关系。年轻时期，生活负担较小，对未来收入增长的预期较高，倾向于认为自己所得收入是公平的。随着年龄的增长，生活负担越来越大，经济上更容易陷入困窘，因此对自己收入的公平评价变低。到达一定年龄后，生活阅历增长，对导致收入不公的现象更能容忍，对待事物的态度也更加超脱释然，这时对收入的公平感受可能又会提升。相关系数无法捕捉曲线相关的关系强弱。因此，我们可以使用回归分析来分析曲线相关，如在回归方程中加入二次或者三次项，从而捕捉两个变量中的曲线相关关系。

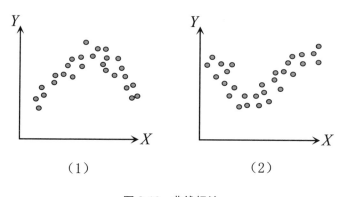

（1）　　　　　　　　　（2）

图 9.12　曲线相关

最后介绍一下散点图。散点图适用于定距以上层次的变量。当我们对数据进行探索时，可以把两个定距以上层次的变量分别放入 X 轴和 Y 轴，以观察二者呈正相关还是负相关，是直线相关还是曲线相关，这有助于我们建立变量关系的直观印象，实现对资料的初步探索。

拓展资料

市场化与陌生人信任的曲线关系 ①

真实世界中，我们经常会遇到变量与变量之间存在曲线关系。作者的一项研究表明，中国综合社会调查 2005、2012 年的两期数据中，我国省级层次的市场化水平与陌生人信任之间存在"倒 U 型"关系，即随着市场化水平推进，民众对陌生人的信任先升后降。研究中，作者使用樊纲团队总结的市场化水平（"樊纲指数"）

---

① 陈忱. 信任的滑坡与重建——基于 ABM 方法的计算社会学解释 [J]. 社会发展研究，2021，8（2）：180-200.

来估算市场发育程度。信任方面使用两次调查中省一级作为集合层面的分析单位。这一做法主要目的是和"樊纲指数"相对应，也是因为中国综合社会调查未提供区县一级代码。

为了呈现市场化水平与陌生人信任的关系，我们使用每个省（区、市）的均值测量汇总省级信任感。图 9.13 和图 9.14 分别利用中国综合社会调查 2005、2012 年数据所绘。可以看到，市场化与陌生人信任呈现明显的"倒 U 型"关系。

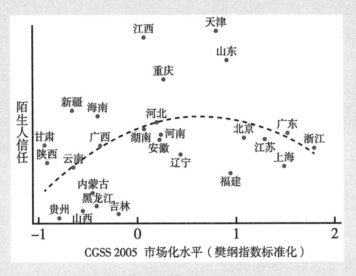

图 9.13　市场化与信任—CGSS 2005

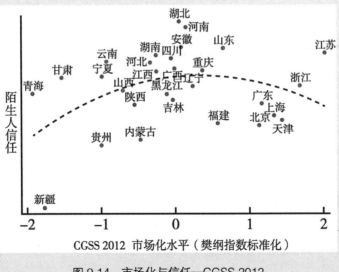

图 9.14　市场化与信任—CGSS 2012

此外，由于信任受到抽样的影响，我们对每个省（区、市）进行加权，权重基于各省（区、市）在性别和教育两个维度的边际分布。我们以市场化水平的一次项和平方项作为自变量，而经过权重调整的省级均值信任作为因变量做最小二乘法（OLS）回归分析，得到了表9.2。可以看出，市场化指数一次项对陌生人信任的影响为正向，在0.05水平上显著。市场化指数二次项对陌生人信任的影响为负向，在0.1水平上显著。回归分析结果同样说明，市场化水平与省级陌生人信任水平呈现先上升后下降的"倒U型"关系。

表9.2　市场化与省级信任水平

	模型1	模型2
市场化指数	0.616*	0.197*
	(0.287)	(0.094)
市场化指数平方	−0.041+	−0.014+
	(0.021)	(0.007)
R−平方	0.212	0.157
调查年份	2005	2012

注：* $p<0.05$，+ $p<0.1$

二、相关不等于因果：因果关系

1. 因果关系的概念

在分析两个变量之间的相关关系时，除了关注其相关的方向、强度、显著性之外，还可以进一步关注变量之间是否存在因果关系。相关关系不考虑何为因、何为果，所以我们常说相关不等于因果。在社会科学研究中，因果关系是比相关关系更进一步的变量之间的关系，它对于解释社会现象产生和变化的内在机制有很大的作用。因此，进行社会调查、开展社会科学研究需要探寻社会现象之间的因果关系。

两个变量的因果关系指的是当其中一个变量变化时会引起或导致另一个变量也随之发生变化，但反过来当后一个变量变化时，却不会引起前一个变量的变化。在这种情况下我们称发生在前面、能引起另一个变量发生变化的变量为自变量（independent variable），通常记为 X。而称发生在后面、由前一个变量变化而引起变化的变量为因变量（dependent variable），通常记为 Y。我们习惯于用 X 箭头指向 Y 来表示因果关系

（图 9.15）。

图 9.15　两个变量的因果关系

自然界现象中存在着许多因果关系，比如温度和水的形态。当温度低于 0 摄氏度，水变为固态（冰）；当温度高于 0 摄氏度而低于 100 摄氏度，水是液态；当温度高于 100 摄氏度，水会变成气态（水蒸气）。可以看到，温度的变化会导致水的形态的变化，而水的形态的变化并不会导致温度的变化。因此，温度是水的形态变化之因，水的形态变化是温度变化之果。

本节开头提到的地位获得模型就涉及多个因果关系，比如（1）父亲的教育程度为因，儿子的教育程度为果，父亲的教育程度高，会更加重视教育投资，所以儿子的教育程度通常也更高，儿子的教育程度反过来不会影响父亲的教育；（2）父亲的职业是因，儿子的职业是果，父亲的职业地位高，对儿子的教育投入、职业规划能提出更多的指导，因此会影响儿子的职业地位，儿子的职业反过来不会影响父亲的职业。

地位获得模型中同时也存在相关关系，比如父亲的教育程度和职业是相关的。当父亲的教育程度越高，其在劳动力市场上的职业地位越高。与此同时，随着父亲的职业地位提高，他可能会以继续教育的方式提升自己的教育程度，所以父亲的职业和教育之间是互为因果的，二者相关通常使用双向箭头来表示（图 9.16）。

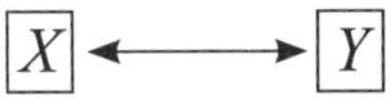

图 9.16　两个变量的相关关系

2. 因果关系的条件

社会科学研究的目标是确认变量之间的因果关系。当我们发现两个变量相关时，如何确认二者是否存在因果关系呢？因果关系应该满足三个条件。第一，变量 X 与变量 Y 之间存在着不对称的相关关系，即变量 X 发生变化时，变量 Y 必定随之变化，而变量 Y 发生变化时，变量 X 并不随之发生变化。比如地位获得模型中，父亲的教育程度影响儿子的教育程度，但是儿子的教育程度不会反过来影响父亲的教育程度。

第二，变量 X 和变量 Y 在发生的顺序上有先后之别。先有自变量的变化，后有因变量的变化。如果这两个变量的变化是同时发生的，分不出先后，则不能成为因果关系。比如，研究者假设生育行为与女性的收入存在因果关系。这里的因果关系要求生育行为在前，收入在后，即女性先有了生育的行为，然后再研究其生了小孩之后的收入变化。如果是同时发生的两件事情就很难判断其因果关系，比如一个人的健康状况和生活满意度。这二者并没有明确的时间先后。一个人身体状况很好，那么其对生活也很满意；反过来，一个人对生活非常满意，每天心情都很舒畅，那么他的身体状况也会比较好。

第三，变量 X 和 Y 的关系不受同源与第三变量的影响，即变量 X 与变量 Y 之间的关系不是某种虚假的或表面的关系。有很多经典的案例阐释了这个问题。例如，一些研究者发现，在一场重大事故中，派遣的救护车数量和最终的死亡人数之间有紧密的正相关关系。派遣救护车数量越高，最终死亡人数也越高。从前面的条件来看，派遣救护车数量和事故死亡人数存在时间上的先后关系，派遣救护车在前，统计事故死亡人数在后。如果二者存在因果关系，那么派遣救护车数量的提升会导致死亡人数增多，是这样吗（图 9.17）？

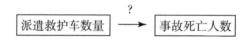

图 9.17　变量 X 与变量 Y 之间的关系示例（1）

答案当然是否定的。派遣的救护车数量和最终的死亡人数都是由这一次事故的严重程度所决定的。当一次事故越严重，急救中心会派遣更多的救护车，同时也会有更多的死亡人数。因此，派遣的救护车数量和死亡人数之间不存在因果关系，二者之因都是事故严重程度（图 9.18）。事故严重程度是影响二者的第三变量，社会科学研究中要特别注意识别这种虚假关联。

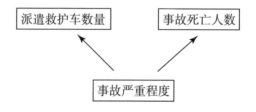

图 9.18　变量 X 与变量 Y 之间的关系示例（2）

在社会科学研究中，因果关系的识别是一项经久不衰的研究课题。学者们设计了自然实验、倾向值匹配、工具变量、断点回归等多种方法来验证变量之间的因果关系。2021 年诺贝尔经济学奖获得者约书亚·D.安格里斯特和吉多·W.伊本斯正是因为其在因果关系分析中作出的贡献而获此殊荣。有兴趣深入了解的读者可以阅读专门剖析因果关系的书籍。

三、向均值回归：回归分析

1. 回归的概念

相关分析的目的在于研究两个（及以上）变量之间是否存在关系以及关系的强度，主要使用相关系数来描述 X 与 Y 的共变特征。与相关关系类似，回归分析也是对两个（及以上）变量的共变进行分析。然而不同的是，回归分析会预先假设哪个变量是原因、哪个变量是结果。

回归分析的定义是对有相关关系的现象，根据其关系的形态找出一个合适的数学模型，即建立回归方程，来近似地表达变量间的平均变化关系[①]。回归分析增加了因果性，根据回归方程，自变量的变化会引起因变量的变化，我们可以根据回归方程及自变量的情况对因变量进行预测。回归分析的因变量是定距层次以上的变量，而自变量则没有这种限制。

图 9.19 展示了相关分析与回归分析的区别。从相关分析来看，图 9.19 中（1）的 X 和 Y 相关性较小，而图 9.19 中（2）的 X 和 Y 相关性更为紧密。如果求相关系数的话，图 9.19 中（1）的相关系数应该更小，而图 9.19 中（2）的相关系数更大。从回归分析来说，回归分析考虑的是自变量的每一个变化所带来因变量的变化，那我们可以看到在图 9.19 的（1）中，自变量每变化一个单位，因变量会变得更多，反之，图 9.19 的（2）中自变量的变化引起的因变量的变化相对较小，因此图 9.19 的（2）中 X 对 Y 的影响更小一些。这是相关分析和因果分析的区别。

---

① 回归这个词汇来自英国统计学家弗朗西斯·高尔顿，他注意到一个现象，如果父母的身高都特别高，其子女的身高不会一味地越来越高，而是会向人口平均的身高"回移"。同样如果父母的身高都特别矮，那子女的身高也不会一味地越来越矮，而是同样向人口平均的身高"回移"。这种回移的过程就类似于我们所讲的回归，是一种向均值的回归（regression），因此我们把这个过程叫作回归分析。

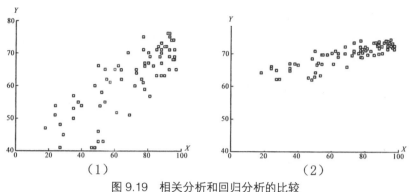

图 9.19　相关分析和回归分析的比较

回归分析有多种类型，如线性回归分析、逻辑斯蒂回归分析等。本节以最为基础，也最为常用的线性回归模型为例进行介绍。

线性回归模型是使用线性关系来表达自变量与因变量的关系。以一元线性回归分析为例，一元线性回归中，自变量 X 与因变量 Y 的关系可以表示为：

$$Y = \beta_0 + \beta_1 X$$

其中，β_0 表示截距，即 $X = 0$ 时 Y 的取值。β_1 表示斜率，即 X 每增加一个单位时 Y 的变化情况。

2. 建立回归方程

回归分析最为关键的一步是建立回归方程。以一元线性回归分析为例，假设父亲身高为 X，儿子身高为 Y，列出线性回归方程，有利于研究者用父亲的身高来估计儿子的身高。为此，我们需要收集数据，每一个成年儿子的身高对应一个自己父亲的身高。我们把这些父亲身高和儿子身高构成的数据画成一个散点图，其中 X 轴代表父亲的身高，Y 轴代表儿子的身高。图 9.20 展示了父亲身高和儿子身高的散点图。

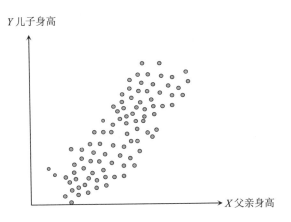

图 9.20　父亲身高和儿子身高的散点图

　　基于已收集的数据，我们需要建立一个回归方程，使得父亲身高和儿子身高呈线性关系，即 $Y = \beta_0 + \beta_1 X_0$ 那么，如何求 β_0 和 β_1？

　　如图 9.21 所示，我们使用直线估计 X 和 Y 的关系。其中，每一个圆圈代表真实的数据，直线代表线性回归方程。X 对应的真实数据是 Y，把 X 代入线性方程进行，求出来估计的值是 $\hat{Y}$。真实的数据 Y 和估计值 $\hat{Y}$ 之间往往存在一个差别，这个差别我们叫作误差或者残差，用 e 来表示（$e = Y-\hat{Y}$）。误差有大有小，有正有负，比如 e_1、e_3、e_5、e_7 是正的，e_2、e_4、e_6、e_8 是负的。线性回归方程的估计方法是使这些误差的平方和最小，即最小化 $\sum e^2$。这种估计方法称为最小二乘法（ordinary least squares）。

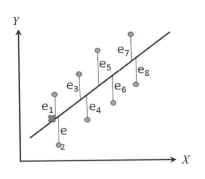

图 9.21　最小二乘法

通过最小二乘法，我们可以用简单的代数运算求出 β_0 和 β_1 的取值：

$$\beta_1 = \frac{\sum (X - \bar{X})(Y - \bar{Y})}{\sum (X - \bar{X})^2}$$
$$\beta_0 = \bar{Y} - \beta_1 \bar{X}$$

当我们求出 β_0 和 β_1 时，我们可以列出完整的线性回归方程。每给定一个 X 的值，就可以代入回归方程求出 Y。因此，回归分析可以广泛地应用于对社会现象的预测。

3. 回归分析的系数解释

在回归分析中，β_1 的含义是自变量 X 每增加（或减少）一个单位，因变量 Y 相应地增加（或减少）β_1 个单位。$\beta_1 > 0$，表示自变量 X 与 Y 的关系为正；$\beta_1 < 0$，表示自变量 X 与 Y 的关系为负。如果求出父亲身高（Y）和儿子（X）身高的回归方程是 $Y = 0.7X + 3.2$，X、Y 单位都是厘米，则可以解释为：父亲身高每增加 1 厘米，儿子身高相应地增加 0.7 厘米。如果求出受教育程度（X）和收入（Y）的回归方程是 $Y = 100X + 3500$，X 单位是年，Y 单位是元，则可以解释为：受教育程度每增加 1 年，收入相应地增加 100 元。

如果 X 是定类层次变量，应该如何解释 β_1？以虚拟变量性别为例，假设性别是自变量（男性为 1，女性为 0），收入是因变量，求出方程 $Y = 500X + 4200$。对此可以解释为：男性比女性的收入多 500 元。如果性别变量中男性为 0，女性为 1，求出方程 $Y = -400X + 4700$，这时可以解释为：女性比男性的收入少 400 元。总之，虚拟变量的解释方法是：当系数为正时，虚拟变量为 1 的组比虚拟变量为 0 的组多 β_1 个单位；当系数为负时，虚拟变量为 1 的组比虚拟变量为 0 的组少 β_1 个单位。

在实际研究中，一元线性回归相对少见，更为常用的是多元线性回归，即自变量有多个，回归方程为 $Y = \beta_0 + \beta_k X_k$（$k = 1, 2, 3, ..., n$）。与一元线性回归类似，多元线性回归中同样适用最小二乘法确定 β_k 的取值。有兴趣了解多元线性回归的读者可以阅读统计学的相关书籍进行深入学习。

✎ **小测验**

扫一扫做题

👤 **思考与实践**

1. 调查某工厂职工的工资，随即抽取 900 名职工作为样本，调查得到其月平均工资为 3120 元，标准差为 480 元，现求在 95% 的置信水平下全场职工的月平均工资的置信区间。

2. 从某校随机抽取 100 名学生进行调查，发现打算继续深造的比例为 50%，现要求在 99% 的置信水平下，估计全校学生中继续深造比例的置信区间。

3. 信息课题组开展了一项调查，调查 100 名大学男生，得出其平均体重为 62 千克，标准差为 3 千克，根据调查结果进行假设检验，判断在显著性水平为 0.05 时，健康素质资料的信息是否正确。

4. 某研究人员发现，统计报表上显示某市养老金人均收入大于 880 元，为了验证统计报表正确与否，在该市随机抽取 100 名老人进行调查，得出人均养老金收入为 871 元，标准差为 12 元，试求在显著性水平为 0.01 时，统计报表是否有误？

5. 在回归分析中，使用 SPSS 得到如下结果。表格中的女性、年龄、教育程度是自变量，因变量是月收入。（女性是虚拟变量，1 表示女性，0 表示男性。年龄是连续变量，单位是岁。）

	非标准化系数
常数	−6403**
女性	−3708***
年龄	141**
教育程度	3266***
R^2	0.335

（1）请列出回归方程。

（2）请对表格中女性和年龄的系数进行解释。

第十章 结果呈现与调查报告的撰写

在经历了漫长的选题确定、调查方案设计、调查实施、资料收集、数据分析之后，结果呈现与调查报告的撰写便成为社会调查的最终环节。甚至可以说，呈现调查结果和撰写出高质量的调查报告，堪比足球比赛中的"射门"，临门一脚的技术是否精良，会决定以往所付出的努力是否有好的结果。本章将就调查报告的概念、主要类型、一般步骤，以及应用性调查报告和学术性调查报告的写作展开分析和论述。

第一节 调查报告概述

调查报告，顾名思义便是反映调查成果的一种书面报告，它是以文字、图表等形式将调查研究的过程、方法和结果表现出来的一种文体。调查报告在我国是近代产生的，早期为大家所熟知的可能有毛泽东所写作的一系列调查报告，如《湖南农民运动考察报告》《寻乌调查》等，为中国革命胜利发挥了重要作用。发展到今天，调查报告的内涵、形式和类型都已经十分丰富。

一、调查报告及主要类型

在写作调查报告之前，要厘清调查报告都有哪些类型。按照不同的标准，可以把调查报告分为三对共六种类型。

第一，按照阅读对象分，可以分为应用性调查报告与学术性调查报告。

调查报告及主要类型

应用性调查报告往往以政府决策部门、各类实务工作人员为阅读对象，是以了解和描述社会现实情况、提供社会决策参考、解决社会实际问题为主要目的的调查报告。应用性调查报告最大的关怀就是社会现实，并针对现实中的问题找出症结之所在、评估后果、建议解决方案，也就是人们经常说的"对策研究"。

一个时代出现剧烈变动的时候，往往是应用性调查研究兴盛的时候。改革开放以来，我国正处在一个向现代化快速迈进的时期，近年来的都市化进程、Web3.0、人工智能革命、新零工经济等都对我们的社会形态产生了诸多冲击，众多社会问题凸显出来。所以，当前应用性调查研究正处于方兴未艾的状态，政府部门内设的政策研究室、决策咨询委员会、社会调查中心、发展研究中心都会做大量的应用性调查研究，推出应用性调查报告的发表平台。近年来高校也开始成立专门化的智库（think tank），为政府科学决策提供智力支持。浙江省2018年以来推出了浙江新型重点专业智库、重点培育智库建设，浙江大学、浙江工业大学、浙江师范大学等众多高校的智库入选其中，例如浙江工业大学的浙江省舆情研究中心就是从事社会舆情方面应用性调查研究的。

浙江省舆情
研究中心

学术性调查报告则主要以专业研究人员为阅读对象，着重于对社会现象的理论探讨，即分析各种社会现象之间的相互关系和因果关系，以及通过对实地调查资料的分析或归纳，达到检验理论或建构理论的目的。学术的首要使命在于拓宽人类知识的边界、追寻生命的智慧。从社会科学学术的立场来说，这些知识和智慧，是从社会调查中获取的，学术研究要为应用研究提供新思维和理论基础。在一些大家身上，我们更能看到这一点。如果费孝通先生没有深厚的学术调查积累，他不可能写出学术与应用俱佳的《乡土中国》，也不可能在20世纪80年代走遍大江南北之后，写出《小城镇四记》《小商品、大社会》等文章，并为改革开放进程中的苏南模式、温州模式提供非常好的借鉴。

费孝通的
学术人生

第二，按照功能分，可以被分为描述性调查报告与解释性调查报告。

如前文所述，描述性问题和描述性分析的核心目标在于对研究对象作"是什么""怎么样"的解释。作为描述性问题和描述性分析的产物，描述性调查报告着重于对所调查现象进行系统、全面的描述，其主要目标是通过对调查资料和结果的详细描述作，向读者展示某一现象的基本情况、发展过程和主要特点。描述性调查报告强调调查内容的广泛和详细，要求面面俱到，同时十分看重描述的清晰性和全面性，给人以整体的认识和了解。

很多社会学、人类学的质性研究都可以算作描述性调查报告，如费孝通的博士论文《江村经济》对开弦弓村的日常生活和经济状况进行了十分全面的描述。而近年来也涌现出一些不错的描述性调查报告，如清华大学的沈原教授从2018年开始陆续出版的

《中国卡车司机调查报告》就是典型的描述性调查报告，书中对卡车司机的群体特征、家庭状况、劳动过程、组织形态、物流网络等进行了全方位的描述，让我们了解了卡车司机的方方面面。

深入实践调查研究的厚重成果——《中国卡车司机调查报告》三部曲评价

与描述性调查报告相比，解释性调查报告虽然也会进行一些描述，但是它的描述很多时候是为了解释服务的，它的目标很集中，主要是用调查所得资料来解释和说明某类现象产生的原因，或者说明不同现象相互之间的关系。

这也使得解释性调查报告强调内容的集中，着重从实证性和针对性的角度对社会现象进行合理且深刻的说明。也正是因为解释性调查报告的目标是回答"为什么"，它的理论色彩往往更强。它通常是从理论假设出发，经过实地调查，收集经验材料，并通过对资料的分析来检验假设，最后达到对社会现象进行理论解释的目的。所以，很多解释性调查报告都会带有学术性调查报告的色彩。

第三，按照调查的主题分，可以分为综合性调查报告和专题性调查报告。

当调查涉及某一对象方方面面的内容、状况时，往往会采取综合性调查报告的形式来呈现结果，以反映某一总体各方面的情况，或某一现象各方面的内容。这在我国社会调查当中很常见，特别是社会科学院系统会定期出版一系列综合性调查报告。例如浙江社会科学院已经连续 25 年推出《浙江蓝皮书》，对全省政治、经济、社会、文化、生态等方方面面作发展形势分析。学术界也是如此，例如中国人民大学中国调查与数据中心综合社会调查（CGSS）项目组一直对中国社会的综合状况进行调查，内容十分全面，且会定期出版调查成果。

中国综合社会调查

专题性调查报告则是更为专门化的调查报告，特别是研究对象是某一方面的情况或社会行为时，往往采取专题性调查报告的形式，以针对某一专门问题或某一特定现象进行分析和研究。事实上，现在许多常见的"蓝皮书""白皮书"都是专题性调查报告。例如中国社会科学院每年都会出版《中国宗教蓝皮书》，调查涉及我国宗教在一年中的变化和发展。浙江工业大学浙江省舆情研究中心每年都会出版《浙江省舆情蓝皮书》，介绍浙江公众在过去一年中社会心态的最新情况和变化。

二、调查报告写作的一般步骤

调查报告写作的
一般步骤

一般来说，调查报告写作涵盖确定调查报告的读者对象、确定调查报告的题目、拟定写作提纲、选择材料、写作报告等五个步骤。

1. 确定调查报告的读者对象

调查报告的阅读对象是谁对于报告写作来说非常重要。虽说调查报告的资料都是从社会调查中获取的，但调查报告的读者是谁决定着研究者将会写作何种类型的调查报告，采用何种文体、文风，也决定着研究者将会使用哪些写作方法、选用哪些资料。如果要写作一篇应用性调查报告，就要假设读者是政府部门，用其熟悉的行政语言，围绕其关心的问题进行报告写作。如果写作的是学术性调查报告，就要假设读者是学术界的同行，就要用学术的语言尝试去回应学术界关心的研究问题，解释社会现象的内在机制和机理，尽量把报告写得有知识生产的魅力。如果把学术性调查报告提交给政府部门，而把应用性调查报告投递给专业学术期刊，那么很有可能会导致张冠李戴、吃力不讨好的结果。

2. 确定调查报告的题目

确定调查报告的题目就是确立报告的中心问题。如果将题目比喻为调查报告的窗户，那么通过这个窗户，读者就可以看到报告的全貌。细心的研究者可能会问：是否可以直接把选题和研究问题拿来作为题目呢？虽然调查选题、研究问题在调查之初就确定了，但在调查过程中会收集到海量的资料，涉及研究对象的方方面面。这也意味着研究者在写作的时候，需要择其一或者选择部分内容来形成调查报告。而且有时候，随着调查资料趋向饱和，问题焦点可能会出现转移，那么在写作阶段就要重新定位自己的研究，再审慎斟酌报告题目。

3. 拟定写作提纲

社会科学的写作与文学写作不一样，它是一个理性的、充满逻辑的推进过程，所以最好不要马上提笔进行报告写作，而是应该先拟定一份写作提纲。提纲的作用是帮助写作者理清思路、明确调查报告内容、安排好调查报告的总体结构，为实际写作打下基础。通常来说，拟定提纲的方式是围绕题目和中心问题进行分解，并将分解后的每一部分具体化。

我们以前述卡车司机调查中《自雇司机调查报告》为例，看看作者是如何构建写作提纲的。显然，研究团队先将"自雇司机"这一核心概念分解为"自雇司机的群体特征""自雇司机的劳动过程""自雇司机的组织化""结论与讨论"四个部分。再将第一部分分解为自雇司机的"个体特征""群体特征""职业特征""收入特征"；第二部分分解为自雇司机的"劳动时间""劳动地点""劳动特点""劳动关系"；第三部分分解为自雇司机的"组织化动因""组织化类型"；最后是结论与讨论，回应劳工社会学的学术问题和劳工政策。

这一份一目了然的提纲不仅便利了作者的写作，而且读者在详细阅读报告内容之前，通过浏览提纲就可以揣摩报告的大致内容，引发阅读兴趣。

对于初学者而言，或者思维偏向感性的写作者来说，拟定提纲是有一定难度的。但其实提纲也可以是一副呈现"毛坯"样态的骨架，写作者在写作过程中可以通过"精装修"将其进一步完善。

4. 选择材料

材料是调查报告的"血肉"。在开始写作之前，写作者通常会面对两大类型的材料：一是从调查中取得的数据、表格、案例等客观材料；二是在客观材料基础上通过分析、综合、概括所形成的观点、认识、建议等主观材料。

但是调查获得的材料与调查报告撰写所选用的材料不是同一个概念。材料虽然与调查选题有关，但不一定与写作题目有关，所以在写作前还会面临材料的选用过程。在选用材料的过程中，写作者可以把自己想象成一名裁缝。要常常考虑所选的布料好不好、是否能够制作出一件款式合宜的衣服。

所以，在选用材料的时候，首先应当以写作提纲的范围和要求为依据，按照研究报告的"骨架"来进行遴选，保证所选取的材料与主题密切相关。其次，应坚持精练、典型、全面的原则，做到既不漏掉一些重要的材料，又使所选用的材料具有最强的代表性和说服力。

在选用材料方面应秉持以下三个理念。

（1）为了更客观地呈现研究对象，同时有更多的材料可供选择，做调查时，应该尽可能全面地收集资料和掌握资料。

（2）选择材料是呈现分析方法的过程，应尽量把两个部分融合在一起。选用材料和分析材料的过程中很难完全避免个人价值观的干涉，因此要审慎地处理。

（3）课题不是一次性做完的，研究者也不是只做一个研究课题，在选用材料的过程中，要大胆地使用与题目、提纲相关的材料，但也要大胆地舍弃暂时不需要的材料。一些"边角料"或许可以成为后续研究调查的切入点。

5. 写作报告

社会科学研究的报告写作是较严谨的，通常可以分为以下两步。

第一步，写出报告。这一步是写作报告初稿，有经验的写作者通常会将想写的内容都先写出来，如果写一半就将其搁置，过后再接续写，那就可能写出一篇完全不同的文章。

第二步，修改报告。常言道："好文章是改出来的。"社会科学的写作更是如此。在修改的过程中，要善于想象阅读者和评审专家读了本篇作品之后会提出什么样的意见，也可以邀请一些有研究经验的专家帮忙审读，提供修改意见。通过凝练语句、雕琢细节、反复推敲，才能使报告不断丰富和完善。

第二节 调查报告的撰写

一、应用性调查报告的撰写

应用性调查报告没有固定的格式，但通常来说包括标题、导言、主体、结尾等四个部分。

应用性调查报告
的撰写

1. 标题

一个好的标题不仅能够传递文章的信息，还能够吸引他人的注意力，对研究成果的传播不无裨益。因此，为报告起一个合适的标题便成为十分重要的工作。

从总体上看，起标题的核心原则是"文要对题"，也就说调查报告的标题要与调查报告的内容相符，不能为了引起读者注意而使用超出调查报告内容的标题，或者词不达意的标题。标题的写法灵活多样，较为常见的有陈述式、结论式、问题式、双标题式。

（1）陈述式标题

即直接在标题中陈述调查对象及调查问题的标题。这种标题的特点是直白明了。例如《中国卡车司机调查报告》《浙江省高校毕业生就业质量调查报告》，读者一看标题，就明白了报告的核心问题。但其最大的问题是不够生动、传播力不强，有些时候还会掩盖文章试图传递的丰富内容。

（2）结论式标题

即用某种结论式语言或警句、格言、判断句等作为标题。例如《十年阶层巨变才是中国潜在的真正挑战》《择友不当是未成年人犯罪的重要原因》《家庭养老面临严峻挑战》等都是结论式标题。这类标题虽然表明了作者的结论或观点，具有较强的针对性且十分醒目，但是也存在不够活泼、理论色彩较浓等缺陷。结论式标题一般在学术性调查报告中使用较多。

（3）问题式标题

即以一个问题作为标题，例如《北大才子为何卖猪肉？》《数字人民币的"钱"到底是什么？》。这种标题最大的特点是博人眼球，有利于调动读者进一步阅读的兴趣，通常来说新闻报道、应用性调查研究倾向于使用这样的标题。但此类标题也存在专业性稍差的问题，容易将调查关注点窄化。

（4）双标题式标题

即由主标题和副标题共同构成调查报告的标题。例如《谁来娶我的女儿——上海相亲角与"白发相亲"》《"有钱人"就不需要做"舔狗"吗？——关于杭州市新富阶层婚恋现状的调查报告》，主标题多为提问式和结论式表达（吸引眼球、表明结论），副标题则为陈述式表达（作进一步解释）。双标题式标题具有上述三种标题的优点，其应用范围十分广泛，是学术性调查报告和应用性调查报告中都较为常见的标题形式。

2. 导言

应用性调查报告的第一部分称为导言，它的主要任务是向读者简要介绍调查背景，包括调查目的、调查内容、调查对象、调查时间、调查地点、调查方法等。导言的具体写法主要有以下几种。

（1）直述式

即开门见山，平铺直叙，直接把调查的目的、内容、对象、范围等一一写出。例如：

政府信任作为政府公共关系的一部分，是社会公众对政府及各部门、政府政策、政府公务人员行为的合理期待和主观评价。省舆情研究中心自 2014 年开始，针对我省社会公众政府信任这一主题，委托省统计局民生民意调查中心开展年度问卷调查，每次获取有效样本 2500 个左右。调查显示，公众对政府的信任程度从 2014 年的 72 分逐年提升到 2019 年的 87.2 分，折射出我省坚持以人民为中心的工作导向，制度体系、政府政策、政府服务等领域的改革措施获得了充分认可和赞许，切实提升了人民群众的获得感与满意度。

（2）悬念式

即先描述某种社会现象和社会问题，然后针对这种社会现象和问题产生的原因、它的影响等提出一系列疑问，最后介绍研究的基本情况。例如：

目前越来越多的大学生在学习之余加入到兼职的队伍中，在我国大学生兼职已经成为一种日益普遍的现象，做兼职几乎成为大学生在校期间不可缺少的经历。大学生兼职的主要目的是什么？通过什么途径寻找兼职？兼职与专业的相关性如何？兼职过程中他们体会到哪些经验和教训？他们还需要哪些帮助？带着这一系列问题，本调查小组于 2005 年 7 月至 8 月对南京地区部分高校暑期留校大学生进行了一次"大学生兼职情况调查"。

（3）结论式

即在描述现象、提出问题的同时直接写出结论。例如：

为了解我国城市农民工生活质量状况，为党和政府制定有关政策提供参考依据，2006 年 8 月，国家统计局在全国范围内开展了一次城市农民工生活质量状况的专项调查。调查结果表明：当前，城市农民工工作和生活条件普遍较差。他们劳动强度大，生活开销大；文化程度低，社会保障低；工作环境差，生活条件差；文化娱乐少，技能培训少。尽管如此，但多数农民工仍认可目前生存的状况，对未来生活充满希望。

3. 主体

主体是调查报告的正文部分，是展现作者选择资料、分析资料过程的核心部分。

通常来说，在设计提纲阶段，作者就要对主体部分有所构思，并在写作中不断进行调整和改进。以下是几种典型的主体结构。

（1）纵向结构式

即按照时间的先后来组织和安排，以突出某一现象或问题的发展过程，或者反映不同时期的变化与差异。这种纵向结构式的排布比较适合于个案调查或者某一社会现象的发展史调查。例如一篇介绍2004—2014年我国动漫产业演进的发展报告就采取了这种形式："① 2004—2007年，号角奏响，主脑初立，政策发力；② 2008—2011年，细化举措，规范管理，发展提升；③ 2012—2014年，优化布局，驱动市场，打造重点。"[①]

（2）横向结构式

即主要依照调查的内容来组织和安排，以突出某一社会现象或问题的各个方面。例如前文提及的农民工生活质量调查报告的主体部分，就是按照横向结构展开的："一、城市农民工劳动就业和社会保障状况；二、城市农民工生活与教育状况；三、农民工对城市生活的评价和希望。"[②]每个大点下面还有分别对应的横向结构式的小点。

（3）纵横结构式

即将以上两种方式加以结合，但以一种方式为主，经常用于较大规模的调查报告，以反映较复杂的内容。例如，一篇介绍传化集团为了帮助卡车司机而建设"传化·安心驿站"的调查报告就在主体部分采用了纵横结构式排布："一、项目背景；二、安心驿站运营模式；三、安心驿站社会价值。"[③]而在"项目背景"部分则专门用一小节介绍了"传化·安心驿站"的发展历程，内容包括"筹备阶段""起步阶段""稳定阶段"和"激活阶段"。

4. 结尾

应用性调查报告结尾部分的中心内容是总结调查的过程和主要结果，陈述调查研究的结论，并在阐明所调查现象产生或形成的原因、所具有影响的基础上，提出若干解决的办法或政策建议。应语言精练、简明扼要地表达调查研究的主要结果以及研究者的看法和观点。

[①] 章旭清，付少武. 2004—2014中国动漫产业发展之政策演进 [J]. 南京邮电大学学报（社会科学版），2016，18（2）：27-34.

[②] 国家统计局课题组. 城市农民工生活质量状况调查报告 [J]. 调研世界，2007（1）：25-30.

[③] 吕鹏，房莉杰. 寻找座头鲸——中国企业是如何进行社会创新的？ [M]. 北京：社会科学文献出版社，2021：75-99.

二、学术性调查报告的撰写

学术性调查报告
的撰写

由于学术性调查报告的写作对象是学术界的专业研究人员，因此其撰写往往比应用性调查报告更为严谨，格式也比较固定。下面介绍学术性调查报告的基本结构及写作时需要加以关注的基本事项。

1. 学术性调查报告的结构

学术性调查报告的结构如表 10.1 所示。

表 10.1　学术性调查报告的结构

序号	内容	要求
1	导言	说明所研究的问题及其研究的意义
2	文献回顾	说明研究报告是科学知识的一部分
3	研究方法	说明调查所采用的方法、程序和工具
4	结果与分析	说明通过调查研究发现了什么
5	小结与讨论	对研究结果的简要总结，以及说明所发现的结果具有哪些意义，从这一结果出发，还能得到什么或还能继续做些什么
6	参考文献	研究报告中所涉及的书籍和文章目录
7	附录	调查研究过程中所用的问卷、量表及某些计算公式的推导、数据计算方法等

（1）导言

与应用性调查报告相比，学术性调查报告的导言部分有两个特点：一是写作更详细，二是以研究问题为中心展开。也就是说，导言部分会首先介绍研究的背景，也就是研究问题的由来，要告诉读者该问题是从社会现象中来的，是从文献梳理中来的，还是两者结合的产物。

接着介绍文章的研究问题是什么，这是导言中最重要的内容。研究问题的具体表述方式上，可以先直截了当地表明研究的核心问题或主要目标，进而说明围绕这个核心问题有哪些子问题。

然后简要介绍研究这一问题所具有的意义。这是要向读者表明该研究问题为什么值得探索、值得讨论，是在陈述本研究的价值所在。

对于学术写作来说，好的导言会有提纲挈领的作用。如果一则导言能够较好地囊括这三部分内容，那么读者自然而然地会被研究者的思路所吸引，进入报告呈现的过程当中。当然，如果篇幅有限，或者为了使讨论更聚焦，作者也可以对某一部分有所侧重，其他部分则采取简写策略。例如香港中文大学李连江教授《差序政府信任》这篇论文的导言就从政治信任的定义入手，继而介绍政府信任对于中国政治研究具有更强的可操作性，接着介绍了不少政治社会学研究者在中国社会中发现的差序政府信任现象。顺着此思路，他提出了三个值得进一步研究的问题：（1）学者们从调查中发现的差序政府信任是不是真实存在的心态？（2）如果确实有相当数量的民众持差序政府信任，原因是什么？（3）这种心态存在的政治意义是什么？[①] 这则导言具有较强的吸引力，而且颇有雅俗共赏之风。

差序政府信任

（2）文献综述

科学研究是知识积累的过程，文献综述就是展现这一积累过程的重要内容，是调查研究的理论基础。文献综述需要特别注意四点。（1）阐述前人的研究做了哪些工作。（2）尽量全面了解相关理论和方法，即已有研究运用了哪些理论，采取了哪些研究方法，形成了哪些有价值的结果。（3）已有研究还存在哪些缺陷或不足。（4）要把文献综述的重点放在与自己的研究有关的内容上，让所有的文献为写作者的研究服务。

（3）研究方法

在学术性调查报告中，研究方法是一个十分重要的部分，这也是学术性调查报告区别于应用性调查报告的一个突出标志。在应用性调查报告当中，读者往往只关心调查研究结果，较少读者会对研究方法感兴趣。但在学术性调查报告当中，读者关心的不仅是研究结果，同时也关心研究方法，即结果是如何得到的、研究实际是如何做的。因为只有知道了研究所采取的方法，明白了研究的各种具体操作步骤，才能评价研究是否具有科学性、结果是否有价值。

所以在这一部分，作者要尽可能全地介绍自己的研究方法，其主要包括但不限于以下六个方面。

①介绍调查方式与方法。是自填问卷、派调查员进行结构式访问或电话访问，还是其他调查方法。

②介绍调查对象。要对调查总体进行描述，对调查的抽样方法、抽样程序进行说明。

③对于定量研究来说，要对研究的主要变量进行说明。要让读者明白作者通过哪

---

① 李连江. 差序政府信任 [J]. 二十一世纪，2012（6）：108-109.

几个指标来测量这些变量，又使用了哪些计分方法和计算方法。

④介绍资料收集方法和过程。向读者介绍作者是如何调查的、问卷是如何回收的、回收率如何。对问卷结构、问卷制作过程、试测试情况稍作介绍。

⑤介绍资料分析方法。要告诉读者用了什么软件进行数据分析，是采用描述性统计、相关性分析、交叉分析还是因果分析等。

⑥有些研究还会介绍研究的质量及其局限性。这是研究者对自身研究的反思，也是一种自我审查和自我保护，有些作者会把这个部分放到报告的最后。

（4）结果与分析

结果与分析是调查报告的主体部分，介绍调查研究的主要发现。这部分写作的总原则是"先总体、后个别，先一般、后具体"，要做到层次分明、条理清楚。

第一，描述结果。要将关键的统计分析结果用图表等形式表现出来，同时还要用文字把统计表格中的内容、特点、趋势进行归纳、概括、描述。换句话说，就是用文字讲清楚统计分析的结果"是什么"或者"怎么样"，同时将具体数字结果进行概括，指出其中最重要的结果，引导帮助读者抓住统计分析结果的核心。

第二，诠释结果。在描述和概括统计分析的结果"是什么"或"怎么样"的同时，还要尽可能去揭示"为什么会这样"，揭示"这一结果意味着什么"。也就是说，要更进一步诠释统计结果。

（5）结论与讨论

这是全文的结尾部分。所谓结论与讨论，就是要对结果部分的内容进行小结，即简要地告诉读者本项研究得到了什么。要以明确的叙述说明研究的假设是否得到证实，或者明确地回答导言部分所提出的问题。

此外，要进一步挖掘更深层次的研究发现，讨论部分的每一句陈述都应有助于增加读者对研究的理解。质性研究通常还会在讨论部分进行理论对话、政策反思，甚至进行哲学性的升华。

可以说，结论部分的撰写主要考验作者的归纳和总结能力，而讨论部分则是进一步考验作者的发现、演绎和推断能力。所以，在讨论部分，研究者需要进一步思考能够从结论当中推断出一些什么东西、研究结论在理论上有什么贡献、研究结果是进一步验证了还是驳倒了文献综述中列举的研究发现。同时，研究者也要阐明自己的研究局限以及未能回答或讨论的问题，并对未来作一些展望。

不过讨论的篇幅不宜过长，因为讨论是给结果锦上添花的，而不应该喧宾夺主，如果讨论写得太长，可能会让研究结果不太清晰。

（6）摘要

摘要通常放在报告的开头，并且是单独作为一个部分与报告正文相隔开的，但是摘要往往是全文写完之后才浓缩出来的。专业的学术期刊对摘要要求很高，一般要求作者通过 200 ～ 300 个字就让读者对这篇文章的主要内容、方法、结果和结论有一个总的了解。

就像文献综述一样，摘要的写作考验作者的概括能力、缩写能力、取舍能力，正是因为不可能把调查报告的各方面情况都写进摘要里，所以必须仔细考虑，做出选择，主要突出哪些内容，略去哪些内容。摘要应该呈现研究者最想呈现的内容。

文科学术论文摘要
的正确写法

（7）参考文献

与应用性调查报告不同，学术性调查报告通常需要在报告的末尾列出参考文献。这是在写作过程中阅读、评论和引证的资料，同时也给阅读文章的学术界同行提供一份可参考的文献索引。一般来说，参考文献需要列出作者、文献题目、出版机构、出版载体名、出版时间等。

学术研究者应该对中文和英文的参考文献格式均有所了解。在实际写作中，也可以借助"中国知网"或其他文献管理工具对参考文献格式进行纠正与调整。

GB/T 7714–2015
信息与文献 参考
文献著录规则

（8）附录

附录指附在正文后面且与正文有关的文章或参考资料，作为论文 GB/T 7714–2015 信息与文献 参考文献著录规则的补充部分，主要包括由于篇幅过大或取材于复制品而不便编入正文的材料。对于社会调查报告来说，有条件的话应在附录部分附上问卷、访谈记录、公式、调查场景照片等，有时还会附上作者简介。

2. 撰写调查报告的行文要则与学术规范

第一，用简单平实的语言写作，陈述事实力求客观，避免使用主观的或感情色彩较浓的语句。调查报告写作不是新闻写作，也不是文学写作，它十分强调客观性、准确性、严谨性、简洁性。

第二，行文时，应采用一种向读者报告的口气，而不要表现出力图说服读者的倾向，更不能把自己的观点强加于人。所以在叙述中最好使用第三人称或非人称代词，尽量不使用第一人称。

第三，做好学术规范，尊重知识产权。学术规范是学者的底线，也是学术界的公德，从学习研究之初就应该努力熟悉。要做到凡是有涉及他人观点，就要加以注释。在引用文献的时候，要注意以下三点。（1）引用别人的原话、原文时，要用引号标注，再以注释注明来源。（2）只援引别人的观点、结论但并非别人的原话时，则不用引号，但应以注释注明来源。（3）熟悉并遵守学术界的注释规范。

学术著作中的注释：一个出版社编辑的视角

✏️ **小测验**

扫一扫做题

👥 **思考与实践**

1. 调查报告的写作与新闻写作、文学写作有什么不同？

2. 为什么说方法部分是学术性调查报告区别于普通社会调查报告的一个突出标志？

第十一章　定量、定性及综合评估方法

社会项目评估的方法很多，社会调查在社会项目评估中应用很广泛。定量、定性及综合方法是其中非常重要的方法模式。本章将详细介绍社会项目评估中的定量评估方法、定性评估方法及综合评估方法。

第一节　定量评估方法

定量评估方法是在实证主义理论影响下形成的一种研究和评估方法，是当今社会科学研究领域最具影响力的方法之一。

一、定量评估方法的含义

定量研究就是通过统计调查法或实验法，像自然科学那样建立研究假设，收集精确的数据资料，然后进行统计分析和检验。把定量分析作为一种分析问题的基础思维方式始于伽利略，他第一次把定量分析在自己的研究中全面展开，从动力学到天文学，伽利略摒弃了以前人们对事物原因和结果以主观臆断为主的分析，代之以实验、数学符号、公式。从理性的发展过程来看，伽利略提出的以定量代替定性的科学方法使人类的认识对象由模糊变得清晰，由抽象变得具体，使得人类的理性在定性之上又增加了定量的特征，而且由于这种替代，那些与定量无关的概念，如本质、起源、性质等，在一定的领域内和一定的范围内被空间、时间、重量、速度、加速度、惯性力、能量等全新的概念所替代。

定量研究的理论基础来自实证主义方法论。实证研究者受到自然科学量化研究范式的影响，认为只有客观的、实证的和定量的研究才符合科学的要求，才具有价值。而社会科学要取得进步，量化的测量和分析是必不可少的。"只有当社会世界能够用数学语言来表示时，它的各个部分之间的确切关系才能得到证实。只有当资料可以通过可信的计量工具用数量来加以表示时，不同研究者的研究结果才能直接地加以比较。"[1] 包括孔德、迪尔凯姆在内的众多社会科学家为定量研究的发展作出了重要的贡献[2]。尤其是迪尔凯姆的研究论，标志着社会研究进入现代阶段。而孔德实证主义思想在社会研究中第一次得到完备的经验体现，是理论与经验结合的首次范例，促进了社会研究从单变量、描述性的研究转向多变量、解释性的研究，他首次将"多元分析法"引入社会学，为如何利用统计资料、如何从经验现象中概括出理论认识提供了范例。20 世纪 30 年代，西方社会学家开始用定量方法研究社会和政治问题。50 年代起，定量研究逐渐演变为全球社会学研究中的新潮。现在，社会定量方法的学术地位获得公认，用数据说话并以之论证各自观点遂成为学界时尚。定量研究通过技术手段和统计工具运用，在社会控制、社会预测、社会工作、社会管理和社会问题领域发挥了重大作用。

所谓定量评估方法便是运用定量研究方法进行评估研究，具体地说，就是将观察到的现象转化为数字，并以图形、频数分布及其他统计值加以描述的评估研究[3]。定量评估方法是最传统，同时也是最常见的一种评估研究方法。传统评估研究形式中的财务管理和审计都是以定量的形式呈现的；方巍等指出，以成本为基础的收益和效益评估以及其他各种项目评估，也大量表现为定量形式[4]。

在社会项目评估中，定量评估方法侧重于测量与计算，通过数字和量度来描述，强调客观事实和现象之间的关系以及变量之间的因果联系。定量评估方法与演绎过程更为接近，从一般的原理推广到特殊的情境中，倾向于以理论为基础。当实际的评估研究以理论的检验为目标时，也通常采取定量的方式进行。定量评估方法取向的评估者经常认为这个领域主要关注的是总和性评估，其焦点是发展对项目的特征、进程和影响的测量，使项目的有效性得到高可信度的评估[5]。

---

① 哈拉兰博斯 . 社会学基础 [M]. 上海：上海社会科学出版社，1986：60-61.
② 袁方 . 社会研究方法教程 [M]. 北京：北京大学出版社，1997：51.
③ Ginsberg. Social Work Evaluation: Principles and Methods[M]. Boston: Allyn and Bacon, 2001：68.
④ 方巍，张晖，何铨 . 社会福利项目管理与评估 [M]. 北京：中国社会出版社，2010：54.
⑤ 罗西，弗里曼，李普希 . 项目评估：方法与技术 [M]. 邱泽奇，译 . 北京：华夏出版社，2002：313.

二、定量评估方法的特征

以实证主义为哲学基础的定量评估方法，注重科学主义的研究范式，采取实验、调查等方式，通过量表、问卷、结构观察等技术收集资料，运用统计分析等方法来客观地确定相关关系与因果关系，具有以下几种典型特征。

1. 在评估的程序上，定量评估方法强调评估研究程序的标准化

标准化主要体现为这种评估方法所有的过程都遵循一套非常严格的程序，尤其是定量评估方法一般会采用实验法、调查法以及结构式观察法等一系列标准化要求极高的方法。这些方法的选题、设计、方案制定、抽样、测量工具制定、具体实施、结果呈现等每一个环节都有相对固定的标准化程序。研究者在实际的操作中，都必须严格按照这些标准化程序开展评估研究工作。

2. 在评估的过程上，定量评估方法强调评估的系统化

系统化要求定量评估的各个部分是一个有机的系统，具有一定的结构性。评估的各个环节相互联系、相互制约。每个环节都有一定的功能，具有特定的目的。在研究者采用定量评估方法进行社会项目评估的过程中，不能人为地割裂评估的各个技术环节，尤其是一些定量化的测量技术的运用，更是对这一过程的系统性提出了更高的要求。换言之，定量评估的过程是一个系统化的过程，定量评估的各个阶段与各个环节组成了一个相对完整、相对封闭的系统。系统中的每一个步骤、每一个部分都不可或缺，都承担着评估过程中的特定职能，而定量评估想要取得圆满的效果，亦有赖于这一系统过程的有效执行。

3. 在评估的具体技术上，定量评估方法强调评估的操作化

操作化是定量研究的一个核心环节和核心特征之一。操作化要求将一些抽象的、笼统的概念通过具体的、可以测量的指标表示出来。定量评估方法一般采用量表、问卷和结构式观察等方式来收集量化资料，这些资料的收集需要事先进行概念的操作化。由于社会项目评估过程多面临着主观性较强、较为抽象的社会现象，而要通过这些社会现象收集定量化的资料，就必须运用操作化的方法，通过制定一系列具体的指标体系来收集量化资料。因此，无论是量表还是问卷，测量的工具强调的就是操作化的方

法技术。另外，定量评估方法亦要求在具体的评估实施过程中，各种可行方案和具体方法皆有操作性。

4. 在研究者与被研究者的关系上，定量评估方法强调中立性与客观性的原则

在定量评估方法中，为了对社会项目进行客观公正的评估研究，研究者必须与研究的项目完全分开，以避免偏见。定量评估主要用观察、实验、调查、统计等方法来对社会项目进行评估，对评估的严密性、客观性、价值中立都提出了严格的要求，以求得到客观事实。定量评估方法通常采用数据的形式对社会项目进行说明，通过演绎的方法来预见理论，然后通过收集资料和证据来评估或验证在研究之前预想的模型、假设或理论。而事实上，在对社会项目进行定量评估研究之前，社会研究者所提出的研究问题、建立假设的理论基础及其对社会事实的抽取和分析，都隐含着其自身的价值倾向。所以，将研究者与其所研究的社会项目分开是一件相当困难的事情。

三、定量评估方法的一般过程

定量评估方法具有标准化、系统化和操作化的特点，强调通过量化资料的处理和分析来对社会项目进行精确的评估。参照定量研究的一般过程，在社会项目评估中，定量评估方法的一般过程可概括为界定问题、研究设计、具体实施、资料分析和结果呈现五个阶段。下面将结合一项具体的社会项目评估来阐述这一过程。

1. 界定问题

项目评估的本质是收集和解释有关项目绩效的信息，从而能回答有关决策的问题，或者至少是能回答一个或多个项目各方关心的问题。因此，评估中一个至关重要的方面就是对评估所涉及的问题进行识别和阐述。从程序上讲，界定问题是一项社会项目评估活动的起点，是整个评估工作的第一步。这就需要与决策者和项目各方进行交流与商议，并且将评估问题阐述出来 [1]。研究问题一旦确定，整个社会项目评估活动的目标和方向也就随之确定。一旦问题得到界定，与评估有关的数据源得到回顾，评估者就比较有把握确认需要哪些数据来弥补各种资料缺口。将调查和其

---

[1] 罗西，弗里曼，李普希 . 项目评估：方法与技术 [M]. 邱泽奇，译 . 北京：华夏出版社，2002：313.

他可以执行的技术一同考虑，就有可能决定哪个是收集资料的最佳方式[①]。这一过程强调项目各方的参与，要求确定项目绩效的维度和标准，并提出切合实际的、与评估直接相关的、能够被回答或者解释的问题。罗希等人概括了几类较为典型的评估问题，包括项目服务需求、项目的概念化、项目操作和服务送达、项目结果以及项目经费和效率等方面[②]。

例如，我们要进行一项城市居民最低生活保障制度的评估。这项评估工作首要解决的问题就是界定问题。城市居民最低生活保障制度作为一项全国性制度，在中国城市中已普遍实施二十多年时间，这一过程中社会形势发生了变化，城市贫困家庭作为制度的客体，其贫困的状态、福利需求等都发生了很大的变化，各种情况表明，这一制度到了"拐点"，需要加以调整与转型。因此，对这一制度进行评估的核心就在于一个主要问题：这一制度为何转型以及如何转型。结合研究者的理论分析，根据艾米特依·埃特奥尼的综视决策模型（mixed-scanning model）的要求[③]，将问题主要集中于三个方面：制度理念、制度的目标和制度的具体方案框架。这一评估问题的提出，实际上是综合了各方主体意见的结果，国家民政部门、地方民政部门、城市贫困救助对象以及从事这一领域专业研究的专家学者，都对这一制度的实施过程和效果提出了多维度的审视。这些多维度的审视就形成了这一制度的绩效维度和标准。研究者在理论分析和前期探索性实证调查的基础上，提出了这一核心的评估问题，并在一定程度上进行了多维度的设计，使得这一问题更具有操作性和可解释性。由此完成了项目评估第一个阶段的工作。

2. 研究设计

研究设计阶段的全部工作可以理解成为实现研究的目标而进行的道路选择和工具准备，即进行研究思路、策略、方式、方法以及具体技术工具方面的设计，同时还需要准备好研究所依赖的问卷、量表、实验手段等测量工具或信息收集工具[④]。毫无疑问，这一阶段仍然属于项目评估的准备阶段。在这一阶段，需要明确评估的目的，而且必须加以明确陈述，这是设计评估方案的重要前提。在此基础上设计评估的思路，选择合适的评估方法，如果需要采用抽样调查的方式收集资料，还需要进行样本的抽

① 泰勒，布莱恩，古德里奇. 社会评估：理论、过程与技术 [M]. 葛道顺，译. 重庆：重庆大学出版社，2009：307.
② 罗西，弗里曼，李普希. 项目评估：方法与技术 [M]. 邱泽奇，译. 北京：华夏出版社，2002：59，65.
③ 张金马. 公共政策分析——概念·过程·方法 [M]. 北京：人民出版社，2004：132.
④ 风笑天. 社会学研究方法 [M]. 北京：中国人民大学出版社，2001：14.

取工作，也就是尽可能按照等概率的原理抽取具有代表性的样本，以方便通过对样本的定量分析来推论到总体，进而得出正确的评估结论。此外，这一阶段还需要解决收集数据的方法问题，一般常用的调查技术包括邮寄文件、电话调查和面访等，这三种调查方法各有优缺点，项目研究者需要根据具体的情况选择合适的数据收集方法。与此同时，还需要设计好相应的调查问卷，准备好量表等测量工具。

例如，我们要进行一项城市居民最低生活保障制度的评估，首先要解决的问题就是为何进行这项评估。弄清城市低保制度为何转型以及如何转型是我们评估工作的最终目的，因此，在评估方案中要明确地陈述这一目的，这成为指导整个评估工作的基础。在此基础上，研究者需要通过问卷调查的方式收集资料，通过对这些资料的定量分析来开展评估工作。因此还需要确定评估样本。我们以浙江省四个城市的低保家庭调查为例进行评估，也就是在浙江省按照不同的地域特点和经济发展状况，选择四个不同类型的城市，在这四个城市中再按照多阶段抽样的方法，抽取 600 户城市低保家庭，最后从这些家庭中抽取 600 名调查对象。样本规模的确定与抽样的精确度要求以及总体的规模等因素都有关系。另外，根据城市低保对象文化程度普遍偏低的特点，收集数据的调查工作采用当面访问的方式进行，即访问员根据事先设计好的结构式访问问卷进行调查资料的收集工作。因此，在这一阶段，研究者除了需要制定好相关的调查方案、确定好调查方法、做好时间和经费安排以外，还需要进行样本的实际抽取和问卷的设计工作。

3. 具体实施

这一阶段的主要任务就是具体贯彻研究设计中所确定的思路和策略，按照研究设计中所确定的方式、方法和技术进行定量资料的收集工作。在这一阶段，研究者或者要深入实地，接触被研究者；或者要设计出实验环境，实施实验刺激和测量；或者要收集大量的文献资料[①]。社会项目评估的具体实施是对前期项目评估设计思路的贯彻执行，也是取得有效评估数据的必经阶段。在这一阶段，还有一项重要的工作需要完成，即调查问卷的试调查。调查问卷是项目研究设计阶段需要准备的测量工具，但问卷初稿设计出来以后，还需要通过客观检验法，即试调查的方式来进一步完善。这有助于澄清逻辑问题并解决问卷长度以及问卷的具体内容范围等可能出现的一些问题[②]。通过

① 风笑天. 社会学研究方法 [M]. 北京：中国人民大学出版社，2001：15.
② 泰勒，布莱恩，古德里奇. 社会评估：理论、过程与技术 [M]. 葛道顺，译. 重庆：重庆大学出版社，2009：143.

将试调查这种客观检验法和把问卷给相关专家审查的主观检验法相结合的方法，数据收集的工具可以更为有效，具有更高的信度。

还是以城市居民最低生活保障制度的评估项目为例。这一评估项目进展到具体实施阶段，首先要做的就是将设计出来的问卷初稿进一步完善。完善的方式一般有两种：客观检验法和主观检验法。主观检验法是将问卷交给相关社会调查领域的专家进行评判，客观检验法就要进行试调查。我们在城市低保对象的总体中选择20名左右的对象进行试调查，对问卷中可能存在漏答、误答的问题、问卷过长的问题以及一些逻辑性错误等进行进一步的核实和修正，结合主观评价的结果进一步调整提升，形成最后的调查问卷。不过，这一工作有些时候可以放到研究设计阶段来进行。但不管怎么样，这是一个必不可少的程序。在此基础上，按照设计好的方案，研究者带领访问员深入浙江省的四个城市中进行定量资料的收集工作。在每一个城市，根据研究设计的要求，抽取一定的样本进行结构式访问。在面访过程中，应做好相关记录工作，每天回到住地后，还要进行问卷的编码工作，为后期的资料分析打下良好的基础。

4. 资料分析

通过具体实施阶段收集到项目评估所需要的定量资料后，接下来就是对这些定量资料进行系统的审核、整理、归类、统计和分析。这一阶段实际上也有许多具体的工作要做，例如对原始数据资料的清理、转换和录入计算机等，对原始文字资料的整理、分类和编码加工等，以及对原始资料进行统计分析等。通过定量的统计分析技术，尝试找出各种变量之间的关系，对社会项目评估中的各种要素进行描述、解释和预测。这一阶段非常注重定量分析方法的运用。研究者要根据实际的需要选择适当的定量数据分析方法，找出变量之间的各种相关关系、因果关系，可以将交互分类统计、回归分析、因子分析、聚类分析等多种定量统计分析方法综合运用，当然，也可以只运用最简单的描述性统计，在一些实验评估中，还需要采用对比分析的方法。总之，具体的方法要服务于研究的需要，采用最能体现评估结果的方法。

在城市居民最低生活保障制度的评估中，通过具体实施阶段的调查，研究者收集到来自浙江省四个城市的有关数据，再根据设计好的评估方案，对城市低保家庭的基本生活状况进行描述统计，同时解释原因并预测将来的生活趋势。在这个基础上，研究者通过对原始数据的整理、审核和统计分析，清除一些错误的数据，并通过编码的方式录入计算机，形成较为完整的数据库文件。再结合研究的需要，运用多种统计分析方法对这些数据进行统计分析，对城市低保制度运行以来的状况进行系统评估，总结出这项制度的直接效果、附带效果和意外效果，对现行城市低保制度进行客观的评价，并提出未来制度转型的可能方向、原则以及目标转型的可能性，最后结合各种定量数据分析的结果，提出构建新型制度的设想。

5. 结果呈现

这一阶段的主要任务就是撰写评估报告、评估研究质量并交流研究成果。评估报告是一种以文字和图表将整个评估研究工作所得到的结果系统地、集中地、规范地反映出来的形式，它是整个评估研究结果的集中体现。问卷调查的结果可以包含在评估总报告中，或者有时也可以单独呈列[①]。评估报告需要对评估的问题进行详细解释，描述获取资料的方法、样本的抽取方法、样本概况、资料分析的方法，详细呈现资料分析的结果和结论。定量评估一般强调评估的标准化、系统化和操作化，因此评估报告的最终呈现在形式上基本差不多，只是具体的结论与实际获取的数据以及数据分析的结果有差异。

在城市居民最低生活保障制度的评估中，最后的评估报告就是以相对标准化的形式呈现出来。在这份评估报告中，研究者要详细介绍本次评估的主要问题、主要目的、具体的方案设计、资料收集与分析的方法、样本情况等，还要系统地介绍定量数据分析结果以及最后得出的评估结论。这些结果主要是以统计表、统计图以及文字说明的形式呈现出来。评估报告的最后还要加上一些附录，包括定量资料收集过程中所使用的调查问卷、问卷的编码方式等，这些附录同定量数据分析结果一起成为完整的评估报告的一部分。至此，整个社会项目定量评估工作结束。

定量评估方法
的案例

第二节　定性评估方法

将定性分析方法应用于项目评估经历了一个较为漫长的过程，但当前也取得了较大的发展，定性评估方法越来越受到重视，在社会项目评估中发挥了重要的作用。

---

① 泰勒，布莱恩，古德里奇. 社会评估：理论、过程与技术 [M]. 葛道顺，译. 重庆：重庆大学出版社，2009：146.

一、定性评估方法的含义

定性研究发端于 19 世纪，在 20 世纪二三十年代因社会调查运动而开始得到发展。所谓定性研究是指在自然环境中使用实地体验、开放型访谈、参与性与非参与性观察、文献分析、个案调查等方法对社会现象进行深入细致的和长期的研究；其分析方式以归纳为主，在当时当地收集第一手资料，从当事人的视角理解他们行为的意义和他们对事物的看法，然后在这一基础上建立假设和理论，通过证伪法和相关检验等方法对研究结果进行检验；研究者本人是主要的研究工具，其个人背景以及和被研究者之间的关系对研究过程和结果的影响必须加以考虑；研究过程是研究结果中一个必不可少的部分，必须详细记载 [1]。定性研究的理论基础则包括建构主义、后实证主义、解释学、现象学等各种理论流派。定性研究注重从研究者本人内在的观点去了解他们所看到的世界。它强调在自然情境中作自然式探究，在自然的情境中收集现场发生的事件的资料，最主要的研究工具是研究者本人。他们在自然的情况下和参加者交谈，和被研究者进行长期的接触，观察他们的日常生活，自然地、直接地接触被研究者的内心世界，以期获得被研究者在自然情境中的第一手研究资料。具体方法上，定性研究多采用参与观察、行动研究、历史研究等方法，通过研究者对资料的收集来进行归纳，由具体到抽象并最终形成理论。将定性研究方法应用于社会项目评估中即为社会项目的定性评估。传统意义上，很多人将定性评估方法界定为"不经统计过程或量化手段得到研究发现的社会科学方法"，即定性评估者必须承诺非数字的主张，不会出现计算的概念，也不会以百分比、平均数、标准差或相关系数等统计观念诠释研究发现 [2]。施特劳斯与科尔宾认为这种看法是错误的，定性评估绝不是非量化研究，它是一种分析归纳法、内容分析法、诠释学研究法、生活历史的系统研究方法 [3]。定性评估方法具有共同特征：集中于原始的自然调查方法；将研究者作为数据收集手段；其报告对叙述的强调超过数量 [4]。同时，定性评估方法还具有非标准化和非正式的特征。

定性评估方法的应用十分广泛。在一些项目的定量评估中，往往需要考察这一项目的社会背景，而对这一背景的充分考察是理解该项目的关键所在。在营销研究和教

---

① 陈向明. 社会科学中的定性研究方法 [J]. 中国社会科学，1996（6）: 93-102.

② 李允杰，丘昌泰. 政策执行与评估 [M]. 北京：北京大学出版社，2008：234.

③ Strauss, Corbin. Basics of Qualitative Research[M]. Newbury, CA: Sage, 1990.

④ 罗伊斯，赛义，帕吉特，等. 公共项目评估导论 [M]. 王军霞，涂晓芳，译. 3 版. 北京：中国人民大学出版社，2007：75.

育评估中，对焦点人群进行采访的定性技术和对参与者的观察都有着悠久的历史 [1]。定性评估方法的优点在于能够通过更为深入和更容易感知的挖掘来发现项目的内在工作状况，得出一些令人意想不到但十分有意义的认识，能够精确抓住项目的细微差别，尤其是在项目的构建阶段，定性方法作用很大。

二、定性评估方法的特征

史蒂芬·泰勒与罗伯特·博格丹认为定性评估是"产生描述性资料的研究过程，包括人类自我的书面或会话的文字与可观察的行为" [2]。定性评估可以揭示社会现象背后更多不为人知的事实，可以弥补定量评估所无法说明的有关社会现象的细节。定性评估在社会项目评估中有着大量的应用，一般具有以下典型特征。

1. 在评估情境上提倡自然情境

定性评估通常发生在研究者不想控制的自然情境下，该情境中所发生的事件、计划、社区活动与社会互动都是自然存在，而非事前决定的。定性评估的目的主要在于了解自然专题下所呈现的自然现象，在自然情境中对个人的生活世界和社会世界进行完整、系统的研究，因为个人生活和社会活动都与周围社会文化情境密不可分。要理解个人生活和社会组织运作，研究人员就需要深入实地进行观察，全面系统地了解他们的生活事件、对事件的解释、事件发生的社会文化背景，只有这样才能全面把握整个社会项目的发生和发展的全过程 [3]。

2. 在分析方法上注重归纳分析

定性评估在资料分析上较为注重归纳法的应用，即从研究人员进入现场收集资料开始，就使用研究对象的概念来界定自己的研究问题，扩大自己对问题的理解，在研究思路上获得理解和顿悟，对人和事物进行描述和解释，创造性地将当地人的生活事件和意义解释组合成一个整体 [4]。定性评估必须应用探索、发现与归纳的逻辑，开始于

[1] 罗伊斯，赛义，帕吉特，等. 公共项目评估导论 [M]. 王军霞，涂晓芳，译. 3 版. 北京: 中国人民大学出版社，2007 : 75.
[2] Taylor, Steven, Bogdan. Introduction to Qualitative Research Methods: A Phenomenological Approach to the Social Sciences[M]. New York: John Wiley & Sons，1975.
[3] Denzin, Lincoln. Handbook of Qualitative Research[M]. Thousand Oaks, CA: Sage，1994: 1-18.
[4] 顾东辉. 社会工作评估 [M]. 北京: 高等教育出版社，2009 : 120.

开放性的观察，然后设法从研究发现中找出共同的形态，从而建构理论。这个评估研究过程不必受制于先验的假设与变量关系。定性方法是带着问题深入实地收集资料，然后在分析资料的过程中深化对研究问题的认识，并循环往复，直至对研究或评估的现象达成深入而详尽的认识。运用定性方法评估一个项目时，研究人员将深入现场，直接观察项目实施情况，与项目利益相关各方（通常包括投资者、项目发起者、项目实施者和服务对象）反复交谈，阅读项目各种文件档案记录，在上述过程中不断推敲并形成自己的评估结论[①]。

3. 在评估研究取向上重视互动关系的分析

在定性评估过程中，田野工作是其主要的活动。定性评估研究者为了了解现实，必须强调接近人与情境的重要性，与人群发生互动，观察其外在行为和内部心理状态，投入被观察者的现实生活中，借助内省的手段了解其内心。因此，定性评估要求研究人员重视与项目利益相关方的互动，要分析项目评估者的行为会对研究对象、研究过程以及研究结果可能带来的影响。访谈者需要观察访谈所在地的环境和回答者透露出来的非言语的暗示并且把这些观察记录下来。无论何时，有可能的话，定性评估者也应该通过反省观察自己，这种自我监控过程能够帮助研究者识别在评估过程中可能出现的个人偏见[②]。这种对研究者与研究对象互动关系的强调是定性评估的一个特点。

4. 在评估的逻辑上推崇整体性

定性评估研究者追求整体性，探讨特定情境的整体特点，最终目的是了解整体的社会现象。也就是说，定性评估会通过多种途径从整体上去解释社会事实，而不是孤立地看待社会项目中的某一个部分或环节。这是一种系统论与整体论的思想。这种整体性研究假定整体并不是个别与部分的总和，而必须将之视为一个复杂系统加以全面了解。对社会环境或组织的政治环境的了解与描述是全面了解所要观察现象的必要条件[③]。定性评估方法反对过分通过量化来简化现实世界经验的复杂性，强调要重视那些无法加以量化的重要因素，要对项目整体的意义进行描述，要从整体上来理解社会项目。在一些对文本内容的研究中，研究者尝试理解文本所提出来的整体观点，然后发

---

① 方巍，张晖，何铨. 社会福利项目管理与评估 [M]. 北京：中国社会出版社，2010：58.
② 罗伊斯，赛义，帕吉特，等. 公共项目评估导论 [M]. 王军霞，涂晓芳，译. 3 版. 北京：中国人民大学出版社，2007：85.
③ 李允杰，丘昌泰. 政策执行与评估 [M]. 北京：北京大学出版社，2008：236.

展各部分与整体之间的关联性。

定性评估在评估过程中强调动态发展性。定性评估方法认为社会项目是动态的和发展性的,项目的自然情境与实验情境等各个部分都会发生变化。因此,定性评估方法非常强调描述与了解动态的计划过程及其对项目参与者的全体性影响。定性评估研究者认为,社会项目在自然情境中开展,充满了多变的因素,甚至研究者和研究对象都有可能发生变化,因此,研究方法也需要随着研究过程的改变而改变。所以,在社会项目评估的整个过程中,包括资料的收集、分析、解释,甚至是结果的呈现,都需要有一个动态发展性的思维来主导。定性评估尤其强调现场观察的重要性,而且要求现场观察必须是灵活的和全盘性的[①],即要求现场观察要足够敏感地抓住整个项目中的细微之处,并且要注意各个变量的变化。

三、定性评估方法的一般过程

定性评估方法与定量评估方法对社会项目进行评估的一般过程其实是一致的,包括界定问题、研究设计、具体实施、资料分析和结果呈现五个阶段。两者的区别在于一些关键的过程与环节中存在方法上的差异。

1. 界定问题

界定问题是一项社会项目评估工作的起点,是整个评估工作的第一步。界定问题的重要性不言而喻,这一点和定量评估方法相比并没有太大的区别。但定性评估方法所界定的问题不像定量评估方法那样明确和具体不变。定量评估方法出于收集定量数据的需要而对问题的界定非常明确。定性评估方法对问题的界定则具有较大的灵活性——问题可以在研究过程中不断修正和明确化。这主要是因为定性评估方法的理论基础主要是建构主义、后实证主义、解释学、现象学等,在实践中重视观察、理解和诠释。一般而言,定性评估方法的问题界定始于较大范围的筛选,从一个大的范围出发,逐步集中,形成一个对项目主体各方都具有意义的问题,这一问题最终以适当的问题类型呈现出来。这些问题类型包括探索事件发生的全部历程的过程性问题、探索研究对象是如何建构自己的生活意义的意义性问题、探讨事件全貌的描述性问题、解

---

① 罗伊斯,赛义,帕吉特,等.公共项目评估导论[M].王军霞,涂晓芳,译.3版.北京:中国人民大学出版社,2007:85.

释某种原因的解释性问题以及探索特定情境事件的情境类问题。

在城市居民最低生活保障制度评估的例子中，除了采用定量评估的方法以外，还采用了定性评估的方法，即通过对城市低保救助对象的访谈来获取定性资料，通过对定性资料的分析来进一步佐证对定量资料的分析。在这一评估中，除了运用定量评估方法将核心问题集中于城市低保制度为何转型以及如何转型这个问题以外，还需要分析这一制度的客体，即城市低保救助对象的反应。因此，定性评估就集中于城市低保救助对象的生活状况究竟如何、城市低保制度在这些群体的关键生命事件中有没有起到其应有的作用等问题上。而解答这些问题就需要通过定性评估的方法，即观察、访谈的方式收集定性资料，对这些资料进行整理和分析以进一步论证研究假设。

2. 研究设计

同定量评估方法一样，定性评估方法在研究设计阶段要确定分析单位、抽取样本以及设计收集资料的工具。尽管对一个社会项目而言，项目评估的分析单位，也就是研究对象，一般是此项目本身，但在具体的评估方法的运用中，却存在着不同的分析单位。换句话说，在定量或定性评估的过程中，某一环节的具体研究目标对应着不同的分析单位。就定性评估而言，分析单位一般是个体，通常为项目的主体或者客体，但也可能包括机构各部门或者其他任何针对一个特定的项目所组织的人类活动的团体，这些团体为了解项目的全景和它的关键参与者的人种学观察者提供了一个自然的实验场景①。

定性评估方法的样本抽取同定量评估方法不太一样。定量评估更多采取概率抽样的方式抽取样本，而定性评估更多采取非概率抽样的方式抽取样本。定性评估方法的抽样逻辑为：研究结果的效度不在于样本数量多少，而在于样本是否合适，也就是说该样本是否能够比较完整、相对准确地回答研究者的研究问题。一般而言，滚雪球抽样、偶遇抽样等抽样方法应用较多②。

在收集资料的工具方面，由于定性评估较多采用实地研究的方式进行，观察、访谈等方法运用较多，因此，定性资料收集的工具一般为访谈提纲。当然，一些物质准备也是必需的，例如录音笔、照相机等。

---

① 罗伊斯，赛义，帕吉特，等.公共项目评估导论 [M].王军霞，涂晓芳，译.3 版.北京：中国人民大学出版社，2007：78.
② 风笑天.社会学研究方法 [M].北京：中国人民大学出版社，2001：119-122.

除此之外，同定量评估方法一样，定性评估方法也要设计一份完整的评估研究计划，主要内容包括研究对象、研究问题、研究的目的与意义、研究方法描述、样本选择、资料收集手段、资料分析方法的初步设计、时间与进度安排等。需要注意的是，定性评估方法的研究设计要相对灵活一些，并没有定量评估方法所要求的那么标准化和程序化，这主要是为了应对多变的现实生活。研究人员可以根据实际情况及时调整计划，使之更符合当下情境。

3. 具体实施

这一阶段的主要任务就是资料的收集。定性评估中有三类基本形式的数据：（1）由一次性观察产生的田野记录；（2）由深入访谈产生的文档和手抄本；（3）其他已有的数据源。定性评估者一般情况下应追求不止一个来源的数据①。

所谓观察法（observational method），就是指研究者在实地研究中，有目的地用感觉器官或科学仪器去记录人们的态度或行为。和日常生活中人们的观察不同，系统的观察必须符合以下的要求：（1）有明确的研究目的；（2）预先有一定理论准备和比较系统的观察计划；（3）由经过一定专业训练的观察者用自己的感官及辅助工具去直接地、有针对性地了解正在发生、发展和变化的现象；（4）观察记录是有系统的；（5）观察者对所观察到的事实有实质性、规律性的解释。观察法在定性评估中有着非常重要的地位。通过调查得来的数据往往并不全面，甚至会出现较大的偏差，而观察法是一种非常有效的弥补方式。在实地观察的过程中，要注意采取中立的原则，对所观察到的内容要有选择性地加以鉴别，选择最有利于该项目评估的资料。例如，在城市居民最低生活保障制度的评估中，我们需要观察城市低保救助对象家庭生活的各个细节，如房屋类型、家具的摆设、家电等各种能够直接观察到的东西，这些重要细节能够帮助我们对城市低保救助对象的经济状况进行较为真实的评估与测量。

无结构式访谈又称非标准化访问（unstandardized interview），它是一种半控制或无控制的访问。与结构式访谈相比，它事先不预定问卷、表格和提出问题的标准程式，只给调查者一个题目，由调查者与被调查者就这个题目自由交谈，各方可以随意地给出自己的意见和感受。调查者事先虽有一个粗略的问题大纲或几个要点，但所提问题是在访问过程中形成的。因此，在这种类型的访问中，无论是所提问题本身和提问的

---

① 罗伊斯，赛义，帕吉特，等. 公共项目评估导论 [M]. 王军霞，涂晓芳，译. 3 版. 北京：中国人民大学出版社，2007：83.

方式、顺序，还是被调查者的回答方式、谈话的外在环境等，都不是统一的。同结构式访谈相比，无结构式访谈的最主要特点是弹性和自由度大，能充分发挥访谈双方的主动性、积极性、灵活性和创造性，但访谈调查的结果不宜用于定量分析。尤其值得注意的是，在定性评估中，集体访谈法（或焦点访谈法）应用较广。集体访谈也称为团体访谈或座谈，它是指由一名或数名访问员召集一些调查对象就访问员需要调查的内容征求意见的调查方式。通过集体座谈的方式进行调查，可以集思广益、互相启发，能在较短的时间里收集到较广泛和全面的信息。集体访谈要求访问员有较成熟的访谈能力和会议组织能力。一般需要准备调查提纲，如果在会前将调查的目的、内容等通知被访者，访谈的结果往往更加理想。参加座谈会的人员要有代表性，一般不超过 10人。访问员要使座谈会现场保持轻松的气氛，这样有利于被访者畅所欲言。如果座谈中发生争论，要支持争论进行下去；如果争论与主题无关，要及时引导回问题中心上来。主持人一般不参加讨论，以免打断与会者的思路。另外还要做好详细的座谈记录。例如，在城市居民最低生活保障制度的评估中，就可以采用无结构式访谈的方式收集许多定性资料，这些资料对评估效果有着重要的参考意义。

在定性评估中，文档是最后的和较重要的数据来源。文档是机构活动自然而然的副产品，是记录机构生活中内部工作方式的重要信息源，包括笔记、备忘录、通信、议事程序、任务综述、财政记录、控制方针、筹集资金的建议书和其他任何与项目及其功效有关的打印材料[①]。例如，在城市居民最低生活保障制度的评估中，研究者还可以收集各个地方的相关政策文件、规章制度、相关的办事程序安排细则等文档资料，这些资料也在评估中起着非常重要的作用。

4. 资料分析

定性评估方法所收集的资料一般包括访谈笔记、观察记录、录音文件、照片、文档及其他一些文字、图片和符号等材料。这些资料具有来源多样性、形式无规范性以及在不同阶段呈现变异性的特点[②]。定性评估方法收集到的多是定性资料。定性资料的分析很少有标准化的程序和技术，而且定性资料的分析实际上从资料收集工作伊始就同步开启了，且在整个评估的过程中一直进行。

---

① 罗伊斯，赛义，帕吉特，等.公共项目评估导论[M].王军霞，涂晓芳，译.3版.北京：中国人民大学出版社，2007：86.

② 风笑天.社会学研究方法[M].北京：中国人民大学出版社，2001：297.

在定性评估方法中，从资料的整理到分析是一个完整的过程。资料的整理主要包括分类、建档和编码等具体内容。首先将观察和访谈得到的内容不做任何修改地、如实地输入计算机中，可以借助一些专门的定性分析软件如 Nvivo、Nudist 等来进行这些资料的整理工作。在资料整理过程中，可以着手建立各种资料档案。接下来最重要的工作之一就是对定性资料进行编码。在定性研究中，编码是资料分析中的一个完整部分，研究者将原始资料组织成概念类别，创造出主题或概念，然后用这些主题或概念来分析资料。编码是在研究问题的指导下进行的，而其结果又会导致新问题的提出，这使得研究者摆脱了原始资料的细节，在更高层次上思考这些资料，并引导研究者走向概括和理论[1]。

施特劳斯定义了三种定性资料的编码类型，包括开放式编码、轴心式编码和选择性编码[2]。开放式编码是资料处理的第一步。研究者在仔细阅读访谈笔记等资料的基础上，寻找关键词或关键事件，设定一些主题，并给资料贴上最初的编码或标签，把大量的零散资料归纳成若干类别。开放式编码要求研究者尽可能采取中立的原则。资料处理的第二步就是轴心式编码。在轴心式编码中，研究者从一组有组织的初步标签或概念入手，重视初步编码的主题而非资料本身。在这一过程中，研究者可能会产生新的观点或思想，并随时记录下来。轴心式编码着重于发现和建立类别之间包括因果关系、时间关系、语义关系等在内的各种联系。研究者思考原因和结果、阶段和过程，并寻找将它们聚合在一起的类别或概念[3]。选择性编码是对资料与先前编码的浏览。研究者有选择性地阅读凸显主题的个案，并在大部分或所有资料收集完成以后进行比较对照。在进行选择性编码时，重要的主题或概念最后将引导研究者在资料中开展搜寻工作，重新组织先前编码时发现的特定主题，并详细说明一个首要主题。

定性资料的分析实际上是一个多编码后的资料检验、筛选、归类、评估、比较、综合的过程。这一过程主要包括初步浏览观察记录与访谈笔记等资料，在阅读中进行资料的各种编码工作，最后根据不同的标准和角度审阅资料，思考和比较不同的主题及分析备忘录，并在这一过程中寻找资料的相似性与相异性。连续接近法（successive approximation）、举例说明法（illustrative method）、比较分析法（analytic comparison）等具体的定性资料分析方法得到了广泛的应用[4]。

① 风笑天. 社会学研究方法 [M]. 北京: 中国人民大学出版社，2001 : 305.
② Strauss. Qualitative Analysis for Social Scientists[M]. New York: Cambridge University Press，1987: 55.
③ 风笑天. 社会学研究方法 [M]. 北京: 中国人民大学出版社，2001 : 306.
④ 纽曼. 社会研究方法 [M]. 郝大海，译. 北京: 中国人民大学出版社，2007 : 569-581.

5. 结果呈现

撰写定性研究报告就是把定性资料分析的结果呈现出来的过程。定性研究报告同定量研究报告有所不同，它没有十分固定的格式。定性评估报告最重要的要求是资料与分析的有机连接，要在纷繁复杂的定性资料中迅速找出问题的要点。因此，定性评估报告的撰写面临的第一个问题就是如何恰当地缩减资料。与此同时，撰写定性评估报告的时候，还需要考虑到研究报告的读者。在报告的行文过程中，往往会采用一些较为主观的、非正式的语气和方式来进行描述和表达。

在定性评估报告中，研究者也需要对评估方法、评估过程进行介绍和说明，包括抽样技术、资料收集和分析方式等。在开头部分陈述评估目标并且简练地总结发现，在报告的主题部分描述项目（历史、目标、职员等）和评估的背景。在定性评估报告中，可以使用数字，一些表格、曲线图等表述形式往往具有较好的效果[①]。报告的最后部分一般是结论与建议，在这一部分，除了进行总结以外，还可以指出该项目与相关的项目评估的联系以及该项目评估中存在的不足。此外就是致谢。总体而言，定性评估报告的描述和说明不像定量评估报告那样格式化，而是一种自然的研究过程的记述。

无论是从方法论角度来看还是从实践角度来看，定性方法都是项目评估研究不可或缺的重要手段。从逻辑上来说，定性方法主要是通过实地研究并借助归纳方法来获得评估结论，因此，一方面它的贡献是能够在丰富的资料基础上发现新的事实，尤其是评估人员原来没有掌握的事实，对于知识的积累有着重要意义；但是另一方面，它也存在着主观性过强、结论缺乏普遍性、耗时且成本高的缺限。因此，在实际的评估研究中，定性方法主要适用于非大样本的场合。当我们试图考察一个具体项目的实施过程时，或者是进行某一项社会工作服务成效评价时，定性方法可能是一种十分有效的手段[②]。

定性评估方法
的案例

---

① 罗伊斯，赛义，帕吉特，等.公共项目评估导论 [M].王军霞，涂晓芳，译.3 版.北京：中国人民大学出版社，2007：90.

② 方巍，张晖，何铨.社会福利项目管理与评估 [M].北京：中国社会出版社，2010：60.

第三节　综合评估方法

综合评估方法试图弥补定量评估方法与定性评估方法的不足。在社会项目评估中,一定数量的综合方法设计是可以采用的 [1]。当前的社会项目评估越来越多地将定量评估方法与定性评估方法综合运用,以发挥两种方法的优点。

一、综合评估方法的含义

所谓综合评估方法,指的是在一项评估研究中,根据研究目的同时运用定性方法和定量方法的做法 [2]。美国学者约翰逊和奥屋格普兹认为,"综合方法研究就是研究者在同一研究中综合调配或混合使用定量研究和定性研究的技术、方法、手段、概念或语言的研究类别" [3]。它区别于其他两种研究方法范式的核心在于必须在同一研究中分别运用一种以上定性研究和定量研究的方法,学界基本认同定性与定量方法的综合运用是其实质。这一点在社会项目评估中体现得尤为明显,因为不同的社会项目具有不同的复杂性;而从现实情况来看,综合评估方法的运用越来越广泛。当然,定性方法与定量方法也并非截然不同,它们在很多方面是相互重合的,例如,参与式观察或非正式访谈也可以像定量方法一样被用于检验某一理论或假说,而定量方法中的问卷调查也可以被用来了解对某一社会现象的理解与解释。人类的认识过程经常是通过观察实际的情景、事件,并进行归纳、抽象以获得推理性的一般观念或理论,然后通过调查等演绎的方式对理论假说进行验证,定性与定量的方法共同构成了认识过程的这一循环 [4]。

在社会项目评估中采用综合研究方法,也就是在同一项目的评估与研究过程中使用两种以上的方法来收集与分析资料,以其中一种方法为主。资料搜集可以同时或循序进行,但在项目评估研究过程中要留意不同性质资料的整合。项目评估选取综合研究方法,主要是出于以下理论与实践层面的考虑。

---

[1]　罗伊斯,赛义,帕吉特,等.公共项目评估导论 [M].王军霞,涂晓芳,译.3版.北京:中国人民大学出版社,2007:79.

[2]　方巍,张晖,何铨.社会福利项目管理与评估 [M].北京:中国社会出版社,2010:60.

[3]　Johnson, Onwurgbuzie. Mixed Methods Research : A Research Paradigm Whose Time Has Come[J]. Educational Reasearcher, 33(7): 12−26.

[4]　邓猛,潘剑芳.论教育研究中的混合方法设计 [J].教育研究与实验,2002(3):56−61.

　　从理论层面上讲，定量研究方法的认识论基础是实证主义，并且遵从科学主义的研究范式。科学主义的研究范式采用假设—推理的方式，也就是说，研究者始于某一个理论命题，并且在此命题的基础上建立起一套符合此命题的研究假设，这些假设尝试去预测两个或更多现象之间的关系。为了验证这些假设，不同学科的研究者均对要进行调查的现象进行严格的控制和设计，不然，研究者就无法说现象之间的关系是真实的、客观的。定量研究立足于收集事实，注重测量程序的信度和效度，遵从科学的方法，强调研究结果的一般性与可重复性①。20 世纪 60 年代以后，随着人类学、人种志的方法在社会科学研究中的应用和发展，解释主义也成为揭示社会现象、人类经验和客观事实的主要范式之一。解释主义的范式是指对不同的主观意义的重构。其认识论者以主观主义为主，假定认识的主体与客体是不可分的，研究发现则是二者交互作用的结果，因此研究者的价值观在研究中扮演着重要的角色，与之对应的定性研究方法则是归纳性质的，始于具体的观察并逐渐建构起一般模式与概念。无论是定量方法的支持者还是定性方法的支持者都相信实证主义与现象学、建构主义、解释主义理论及其相对应的定量与定性研究方法范式是泾渭分明、不能相容的。他们都属于单一方法论或纯粹论的阵营，相信由于哲学基础和范式不同，同一研究只能使用单一方法范式进行②。单一方法论者非此即彼的争论不但夸大了定量研究方法与定性研究方法范式之间的区别，阻碍了两种方法范式之间的沟通与交流，影响了研究质量的提高，更重要的是影响了一些实践问题的解决。为此，一些学者在 20 世纪晚期先后提出了定性研究方法与定量研究方法可以相容、和谐共处，在同一研究中可以共同使用的观点。这就是综合研究方法的提出，综合研究方法也称多元研究方法。

　　在哲学上，综合研究方法以实用主义和系统哲学为理论基础。首先，综合研究方法论者认为，从实用主义的观点来看，尽管定性研究方法与定量研究方法有着各自不同的哲学基础，且受各自不同的方法范式所制约，但正是由于它们有着不同的逻辑，才可以交叉或联合起来完成某项具体的研究。在多数情况下，研究者是根据研究的问题选取有效的研究方法，很少考虑到方法背后的范式及哲学基础问题③。因此，综合研究方法是在解决研究问题过程中使多元方法合法化的一种努力，而不是限制或约束研究者的选择。它是一种可扩张的和创造性的研究形式，而不是一种限制性的研究形

①　周明洁，张建新 . 心理学研究方法中"质"与"量"的整合 [J]. 心理科学进展，2008（1）：163-168.
②　邓猛，潘剑芳 . 论教育研究中的混合方法设计 [J]. 教育研究与实验，2002（3）：56-61.
③　邓猛，潘剑芳 . 论教育研究中的混合方法设计 [J]. 教育研究与实验，2002（3）：56-61.

式；它是包容的、多元的和交叉的。最为基础的内容是研究的问题——研究方法应该随着研究的问题走，凡是能够解决问题的方式就是最好的方式。许多研究问题最好是通过综合研究的方式来解决。其次，定性研究方法与定量研究方法并非截然不同，它们有很多方面是相互重合和互补的。如果在研究资料收集和分析阶段能够恰当地使用不同的策略、手段和方法，那么就很可能产生交叉性优势和非重叠性弱势，从而使研究的效度与信度得到加强[①]。

从实践层面上讲，一项经验研究的研究方法与主题紧密相关。研究者应该根据社会现象及其局部场景的特点"因地制宜"地采取研究方法，使方法和研究对象统一起来。而不是将一个预先设计好的固定模式套用在各种不同的经验环境中，否则就会导致常人方法学家所谓的"使现象消失"的结果[②]。虽然近二十年来，定量研究和定性研究在西方社会科学界形成了比以往任何时候都要强大的壁垒，但是同为社会科学研究的两大支柱方法，这两种方法没有孰优孰劣的差别。在社会研究者认识社会现象的过程中，它们发挥着各不相同的作用。对于有些研究情景和研究问题而言，最合适的方式或许是定量研究，而有的研究情景和研究问题则只适合采用定性研究的方式进行探讨。在实际的研究中应该运用哪种方式，这不仅取决于研究者的个人兴趣，而且取决于其所要研究的问题[③]。

从总体上讲，综合研究方法的优势在于它能够解决由使用单一研究方法而带来的问题。使用综合研究方法的优势至少有如下十点：第一，研究中使用的文字、图片和解说可以被用来增加其中数字的意义；第二，研究中使用的数字可以被用来增加文字、图片和解说的准确性；第三，可以充分展示定量研究方法和定性研究方法的优点；第四，研究者可能产生和检验一个扎根理论；第五，由于研究者并不局限于单一的方法或手段，因而可以回答一个更宽泛和更全面的研究问题；第六，在一项研究中，通过使用两种方法，研究者可以利用一种附加方法的优点去克服另一种方法的弱点，形成交叉性优势；第七，通过结果的集中和证实可以为研究结论提供更有力的证据；第八，可以增加可能被忽略的洞察和理解；第九，可以提升结果的概括化水平；第十，定性研究方法和定量研究方法的综合使用可以产生沟通理论与实践所需要的更加完全的知

---

① 田虎伟.混合方法研究：美国教育研究中的新范式 [J].高等教育研究，2006，27（11）：74-78.
② 李猛.经典重读与社会学研究传统的重建 [J].社会理论论坛，1998（5）：2.
③ 风笑天.社会学研究方法 [M].北京：中国人民大学出版社，2001：13.

识①。当研究者用不同资料来交叉解释同一个社会事实时，得到完整资料的可能性就大于单一的方法视角，另外，当研究者位于综合研究方法的视角时，从一个大样本中获得的数据也就有了深入描述的可能性，多元视角的资料收集必然有一个资料综合分析的策略②。

关于综合研究方法的优势，从总体上来讲，在于它能够克服一些由使用单一方法而带来的问题。具体包括两个方面：一方面，在同一框架内通过定量和定性分析技术，综合研究方法可以合并两种方法范式的优点；另一方面，也是更为重要的一个方面，即采用综合研究方法的研究者更有可能根据他们的研究问题来选择研究方法和手段，而不是根据一些在社会科学研究中预先形成的关于研究范式的偏见来选择研究方法和手段③。可以预知的是，通过缩小定量研究者和定性研究者之间的分歧，在探索提升社会项目评估的历程中，综合研究方法将会释放出越来越大的能量。

二、综合评估方法的特征

综合评估方法由于同时采用定性与定量的评估方式，因此其具有定性评估方法与定量评估方法的典型特点，如定量评估方法的程序化、标准化、系统化、中立与客观的特点，以及定性评估方法的注重归纳、重视互动、推崇整体和强调动态性的特点。除此之外，综合评估方法还具有其自身的特征。

1. 方法设计的交叉性

综合评估方法由于同时采用了一种以上的定性评估方法与定量评估方法，因此在方法设计上非常注重交叉性。具体而言，综合运用定性评估方法与定量评估方法不是将两种方法简单叠加，而是将其在一次完整的社会项目评估中有效体现，按照一定的逻辑关系加以有效整合。在具体的项目评估中，可以基于同一目标，采用不同的定性评估方法与定量评估方法，交叉分析，互为佐证，对同一问题从不同的角度加以检验，以提高项目评估的信度与效度。

---

① Johnson, Onwurgbuzie. Mixed Methods Research: A Research Paradigm Whose Time Has Come[J]. Educational Reasearcher，33(7): 12–26.
② 彭华民. 福利三角中的社会排斥——对中国城市新贫穷社群的一个实证研究 [M]. 上海：上海人民出版社，2007：54.
③ Sechrest，Sidana. Quantitalive and Qualitative Research Methods: Is There an Alternative?[J] Evaluation Program Planning，1995，18(1): 77–87.

2. 方法使用效果的互补性

综合评估方法的互补性特点主要体现在通过完全不同的定性评估与定量评估方法，对同一现象的不同侧面进行研究与分析，以达到相互补充的效果。具体而言，在一些社会项目评估中，定性方法与定量方法的使用并没用主次和先后之分，其作用与地位同等重要，彼此之间是一种互补的关系。例如，在对城市居民最低生活保障制度的评估中，可以通过访谈的定性方法了解对城市低保家庭影响较大的关键生命事件，同时还可以采用问卷调查的定量方法来了解城市低保家庭的整体生活状况，从而对城市居民最低生活保障制度的效果进行分类描述与解释。

3. 方法使用的发展性

所谓方法使用的发展性，主要是指在社会项目评估中，定性评估方法与定量评估方法的作用并不相同，两者会存在时间上的逻辑先后顺序。也就是说，采用一种评估方法所取得的分析结果会成为发展另外一种方法的基础。尤其是在一些大型社会项目评估中，这一特点体现得更加明显。在社会项目评估的开始阶段，甚至是在研究设计与探索阶段，往往会采用定性方法来对作用主体和评估对象进行初步的资料收集，这些资料往往通过个案访谈获取，定性色彩较为浓厚，并没用经过较为系统的整理与分析，但是这些初步的资料是为后期定量方法的设计做准备的。在正式评估开始时，往往会重点采用另外一种方法，也就是定量评估方法，而定量评估方法中样本的选取、抽样方案的设计、问卷中关键变量的测量等，都需要以通过定性方法收集的资料为基础。

4. 整体与动态性的综合

社会项目评估会涉及诸多环节，而不同环节的评估，如过程评估、效果评估等，都需要不同的评估方法。具体而言，项目评估时需要通过一种评估方法（一般是定性方法）来了解整个项目的过程和具体状况，还需要通过另一种评估方法（一般是定量方法）来检验其效果，甚至需要借助定量方法来建立一定的模型，对这一项目发展的趋势作出动态性预测。而在这一过程中，综合定量方法对于宏观方面和定性方法对于微观方面的研究将有助于增加研究者对社会现象不同层面的了解。例如，在对城市居民最低生活保障制度的评估中，需要通过定性方法，如个案访谈等来了解整个制度运行的具体状况，尤其是对一些制度细节的考量。此外，还需要借助定量方法，通过数据模型的检验来分析城市居民最低生活保障制度的实施效果、救助率以及未来的动态走势等。

整体而言，综合评估方法除了具有定性评估方法与定量评估方法所具有的一般特征以外，其独特性主要表现在定性方法与定量方法设计的关系上。如果从数理排列组合来看，就是定性方法与定量方法的主次、先后以及同等地位的组合问题。需要注意的是，无论定性方法与定量方法如何进行有机的整合，综合评估方法要发挥出其最佳的效果，关键在于根据不同的社会项目和研究问题做出不同的方法设计。在综合性的框架下，定性与定量两种方法充分发挥其各自的功能，而这一功能的实现具有动态性的特点。社会项目评估的组织者要具有发展性的眼光，根据项目的需要选择合适的方法组合。

三、综合评估方法的一般过程

综合评估方法的一般过程同定性评估方法与定量评估方法的一般过程类似，主要包括界定问题、研究设计、具体实施、资料分析和结果呈现五个阶段。所不同的在于综合评估方法在评估过程中会根据研究的需要采用定性与定量两种方法，并在具体的环节中将两种方法有机整合。

1. 界定问题

在采用综合评估方法的社会项目评估中，界定问题时可同时采用定性与定量的方法。也就是说，事先通过定性方法，如观察法、访谈法等，收集一些照片、视频、音频以及一些文件等资料，对所要评估的问题有一个初步的认识。在此基础上，为进一步明确问题，尤其是为进一步明确后期的评估设计，需要采用定量方法进一步对问题进行明确化和具体化，这一过程使得社会项目评估更具有操作性。

2. 研究设计

研究设计阶段的主要任务是评估方案具体内容的构建。一般而言，评估方案需要对评估的目的、内容、样本抽取、方法选择以及具体的人员分工、经费安排等进行较为详细的设计。在这一点上，综合评估方法与定性评估方法和定量评估方法并无二致。三者的不同之处在于，综合评估方法在研究设计阶段需要进一步地明确评估过程中的具体方法，尤其是如何将定性评估方法与定量评估方法进行有机的整合，这是在研究设计阶段需要解决的关键问题之一。下面以城市居民最低生活保障制度的评估为例，对综合评估方法的研究设计阶段进行说明。

从严格意义上讲，对城市居民最低生活保障制度的评估属于政策项目评估，主要是从具体的社会问题出发，通过对具体制度的分析，来发现这一制度自身以及在执行过程中所存在的问题，并试图建构一种更新、更好的制度，以期达到完善制度的目的。对具体制度的分析，从方法论层面上讲，至少要具备几个方面的条件。首先就是理论上的铺垫与突破，这一政策项目评估所要探讨的核心问题是贫困问题。具体而言，就是有关贫困与贫困救助的研究。针对我国城市贫困家庭面临的贫困问题，我们试图从一种新的研究视角出发来看待它。其次，从方法上来讲，对一项制度或一项政策的研究离不开对这项制度或政策本身内容的分析以及对这项制度或政策效果的分析。制度研究经常描述具体的政府制度，即它们的结构、组织、职责和功能。这就需要根据实际的数据来论证有关的研究假设，因此，定量的分析方法就成为可能的选择之一。本研究需要的数据主要应该来自两个方面：一个是宏观的数据，主要是我国城市居民最低生活保障制度运行的最新数据，来自国家的统计年鉴和中央与地方民政部门的统计数据；另一个是微观的数据，主要是城市居民最低生活保障家庭有关状况的数据。如此就从宏观与微观层面解决了这项制度研究所需要的实证数据的问题。

我国城市居民最低生活保障制度是支持家庭的社会政策之一，而家庭是社会的基本单位之一，在具体的制度评估过程中，无疑要涉及大量的城市贫困群体。这些群体的贫困体验和典型性的个案状况及其态度与行为等因素，对一项社会救助制度而言具有重要的现实意义。研究者甚至需要深入到贫困个体的生活细节中，去发掘其贫困的深层次原因，寻找帮助其摆脱贫困、规避社会排斥风险的各项社会政策措施。而这些往往不是单靠定量的调查数据就能实现的。因此，还需要采用定性方法，即个案研究来实现研究目的。个案研究是社会调查的一种类型。在社会学中，个案研究的对象可以从个人扩大到团体、组织、社区、社会。其资料来源主要有个人的文献资料、访问资料以及观察所得的资料。其主要采用两种形式：其一，描述和解释该个案，提供有关当前的状况和它不断运动的信息，利用一般规律或规则进行特殊个案的分析，即用一个已知的概括进行特殊的分析；其二，通过对个案的分析，发展出经验的概括或理论，即用特殊个案发展一般的陈述。

因此，总体来讲，对城市居民最低生活保障制度的评估，将在理论分析的基础上主要采用定量研究与定性研究相结合的综合研究方法。具体方式为将问卷调查与个案访谈相结合，并通过对资料的整理分析，结合宏观层面的二次数据分析，来验证研究假设。综合研究方法的运用将会使得研究的结果互相佐证，能够给我们提供多元、不同的解释，提供新的研究方向。

在确定采用综合评估方法以后，该项目评估中研究设计的具体环节就显得水到渠成、比较简单了，例如抽样的具体方法可以采用定量的方法，而个案样本的选取则需要按照定性方法的要求来进行。

3. 具体实施

具体实施阶段进一步体现了综合研究方法的特点。这一阶段需要将定性评估方法与定量评估方法进行有机整合。定量方法中的变量测量、变量操作化、问卷设计，定性方法中的观察法、无结构式访谈法等都将一一派上用场。因此，在这一阶段中，将会出现不同取向的评估方法，也会收集到不同类型的资料。至于如何将这些方法进行有机整合，将取决于所需要解决的研究问题。所以，综合评估方法现在之所以被广泛采用，主要是因为它能够扬长避短，充分发挥定性与定量这两种方法的优点，获取评估所需要的资料，使得最后的结果呈现更有说服力。

以城市居民最低生活保障制度的评估为例，在具体的实施阶段，根据具体的问题，首先收集量化数据，再收集定性资料，先进行问卷调查，再进行深度访谈；诠释数据时将两种数据合并，重点在于量化数据；定性资料用以帮助解释量化分析结果，提供分析的脉络。在问卷调查中，会选择结构式访问的方法来收集问卷资料，这是根据项目评估中具体对象的具体特点而定的。另外，在选择调查地域时，会根据定量方法的要求，综合考虑浙江省人口和经济发展状况，选择四个规模与特点不同的城市，这样可以增强研究样本的代表性。此外，在进行个案访谈的过程中，可以选取具有典型性的个案作为访谈对象。访谈对象的抽样应对本研究问题具有重要意义，如样本的性别、年龄、职业、家庭背景，但定性研究中可供选择的抽样方法很多，一般常用的是"目的性抽样"，又称"理论型抽样"（theoretical sampling），即抽取能够为研究问题提供最大信息量的人、地点和事件。因此在兼顾访谈对象的典型性和一定代表性的基础上，需要选取能够提供最大信息量的目标。

当然，与定性评估方法和定量评估方法相比，在具体实施阶段，综合评估方法将更为复杂，尤其是对研究者的要求更高。研究者要善于根据不同的问题选择合适的评估方法，而评估方法的选择更多的是建立在一定的理论认知与实际经验基础上的。也就是说，虽然综合评估方法有着单纯采用定性评估方法或定量评估方法所不可比拟的优点，但运用的难度也是三者之中最大的。

4. 资料分析

综合评估方法在资料分析阶段主要针对两种类型资料进行分析：定性资料与定量资料。对于定量资料，需要进行系统的审核、整理、归类、统计和分析，对原始数据资料进行清理、转换和录入，并运用现代统计分析技术进行统计分析等。研究者要找出各种变量之间的关系，对社会项目评估中的各种要素进行描述、解释和预测。对于定性资料，需要进行分类、建档和编码等具体工作。以城市居民最低生活保障制度的评估为例，在资料分析阶段，先对问卷的数据进行编码，再输入计算机，并进行数据的审核和整理，之后通过统计软件对数据进行单变量、双变量以及多变量的定量分析。

对定性资料的分析主要经历两个过程。一个是事后的立即回忆与整理，一个是对访谈录音的整理分析。在资料的收集过程中，每一次访谈完毕后，都需要撰写调研日志，除了对当天的调研工作进行小结以外，还需要对当天的访谈过程进行回忆，以真实地再现当时的情景。通过这样的一个工作，不断地思考研究过程和所收集到的资料，使得早期的资料分析结果不断指引后续的资料收集工作，形成一种系统的、不断积累的资料收集和资料分析的过程。在对访谈录音材料进行整理时，一般都是逐字逐句地将原话整理出来。在分析这些资料时，尽可能让资料"自己说话"，不要带入自己的主观价值判断。在对定性资料进行阅读与分析时，尽可能让自己沉浸在文字材料中，贴着材料走，逐字逐句地寻找关键词、关键句。尤其在阅读对一些城市低保对象的访谈资料时，更是要设身处地地去体会其所处的生活困境，梳理其话语当中透露出的种种信息，尽可能还原这些低保对象本来的意思表达。

由于研究中的资料包含问卷资料和个案访谈资料，资料的分析也包含定量方法与定性方法，因此，如何将这两种分析方法进行有机的整合，充分发挥综合研究方法的优势，便成为研究关注的重点之一。一般而言，整合定量资料与定性资料的原则是将资料根据具体的研究问题、概念、变项来分类，进行相互支持和验证，然后得出研究结论。如果在资料分析过程中发现通过不同方法收集的资料有矛盾或相互冲突的地方，必须找出具体的原因，可能来自研究设计的不当，也可能来自调研过程中的误差。在城市低保制度的评估中，主要通过以下几种方式进行两种资料的整合。（1）通过对问卷调查获得的定量资料进行统计分析，然后根据具体的问题采用相应的定性资料进行验证或者补充。（2）对定性资料进行分析，得出具有典型意义的结论，然后通过定量数据的分析加以推论统计，尽可能使得研究结论具有代表性。（3）使用文字及访谈资料来增加定量数据分析中数字的意义。（4）通过定量数据的分析增加定性资料的准确性。（5）在适当的时候进行数据转换，将一种数据形式转换成另一种数据形式，比如可以通过数字编码方式将定性资料进行量化，或将问卷调查获得的定量数据转换为"质化"的数据形式。（6）类属发展，也就是对一种类型的数据的分析所产生意义的类属系统被用来作为分析另外一组数据的概念或类属框架。例如，可以将对问卷调查定量数据的因子分析所获得的概念作为定性资料的编码与类属标准，或将定性资料发展出来的概念系统作为定量数据处理，比如回归分析的解释性变量。（7）将一种数据中发现的极端案例在另一种数据中进行检验或解释，比如，对定量数据的回归分析得到的较高残差所代表的极端案例可以通过定性资料的继续分析来进一步解释。（8）联合使用定性资料与定量数据以创造出新的或聚合的变量或数据形式，以加深资料分析的深度和创新性。

5. 结果呈现

同其他两种评估方法一样，综合评估方法在这一阶段的主要任务就是撰写评估研究报告、评估研究质量、交流研究成果。由于综合评估方法是根据需要采用了定量与定性评估方法，因此在研究报告的呈现上显得更具有综合性。

在综合评估方法的研究报告中，定量与定性分析的结果呈现方式各异。有的报告以定量分析结果为主，以定性分析结果为辅，有的报告则相反，而有些报告则是两者并重。在综合性评估报告中，同样需要对评估的方法与过程加以详细介绍，包括抽样方案、样本抽取过程、访谈过程与问卷调查过程、分析方法的选择等。有些评估报告还需要加上一些附录，附录的内容能在一定程度上体现出综合评估方法的运用。附录的内容一般包括定量评估时所使用的问卷与量表以及一些统计图表，或是一些分报告等。同时，综合性评估报告的附录也包括进行定性评估时所使用的访谈提纲及定性资料的编码方法等。

综合评估方法
的案例

四、评估的信度与效度问题

信度即可靠性，它指的是采取同样的方法对同一对象重复进行测量时所得结果相一致的程度，也就是测量结果的一致性和稳定性，即测量工具能否稳定地测量所测的事物或变量[1]。综合评估方法是定性研究与定量研究的结合，因此，在综合评估研究中，定性资料与定量资料对研究结论支持的一致性程度将是检验综合研究信度的重要指标。影响研究信度的因素主要来自三个阶段：调查的准备阶段、调查的过程以及之后的数据整理阶段。因此，可以从以下几个方面着手来保证研究资料的信度。

第一，在正式调查之前，可以进行较长时间的探索性调查，对研究的问题和现象进行初步了解，为更深入、更系统、更周密的研究提供指导和线索，为设计具体的问卷和访谈提纲做好准备。在设计好问卷之后，对问卷的题目以及有关量表在正式应用之前进行严格的信度检验[1][2]。在调查的准备阶段，还需要对调查员进行严格的培训，包括如何入户、如何进行问卷调查、如何进行个案资料收集、如何寻找样本、如何记录资料等。

第二，严格控制调查过程。调查过程控制得好不好，直接影响到数据采集的质量及最终的分析结果。在资料的收集过程中，应严格按照事先设计的抽样方案进行抽样；样本的选取要具有一定的层次性、代表性。调查应及时取得国家政府部门的支持和帮助，这样才能对调查对象的总体有一个宏观的把握，对调查的难度有一个客观的了解，便于及时调整调查方案以获取真实的调查资料。在调查过程中，研究者应全程督导，及时发现和纠正可能带来调查误差的行为；每天回到住地后，应及时总结，发现当天调查过程中可能存在的问题，尽可能为取得真实可靠的研究资料扫除障碍；在访谈过程中，对访谈环境、访谈对象以及访问员都应进行有针对性的安排，尽量在访谈对象感到自然、轻松和熟悉的环境中进行访谈，这样有利于访谈对象表达真实的想法，获取真实的资料；在调查结束后，应采用随机抽样的方法，进行部分问卷和个案的回访。

第三，对于资料整理阶段同样应加以严格控制。应设立统一的数据库，及时进行统一编码，并组织经过培训的访问员进行数据的录入、汇总和整理，检查和适时更正

---

[1] 风笑天.社会学研究方法 [M].北京：中国人民大学出版社，2001：109.

[2] 由于调查问卷题目众多，量表设计较为复杂，对其信度与效度的检验过程较长，这些都是在正式调查之前所要进行的准备工作，因此这里不再进行专门的讨论。

数据文件中的无效数据等。为防止调查过程中访问员的记录行为可能会对访谈对象造成干扰，从而影响访谈资料的可信度，可以在征得被访者同意的情况下采用录音的记录方式①。同时访问员一般应懂得当地方言，这样有利于将访谈原话记录转换成文字，这也在一定程度上保证了资料的信度。

　　效度也称有效度或准确度，指测量工具或测量手段能够准确测出所要测量的变量的程度，或者说能够准确、真实地度量事物属性的程度，主要包括表面效度、准则效度和构造效度②。要保证资料的效度，最重要的在于做好评估研究的设计。被调查者的回答是否符合调查者的要求？调查所得结果是否为调查者所希望调查的内容？当调查访问的时间、地点和调查员发生变化时，对测量的结果会有什么影响？这些问题都是在评估研究设计阶段需要弄清楚并准确回答的。为保证研究资料的效度，可以从以下几个方面着手。

　　第一，表面效度也称为内容效度或逻辑效度，指的是测量内容或测量指标与测量目标之间的适合性和逻辑相符性，也可以说是指测量所选择的项目是否"看起来"符合测量目的和要求。评价一种测量是否具有表面效度，首先必须知道所测量的概念是如何定义的，其次需要知道这种测量所收集的信息是否和该概念密切相关，然后评价者才能尽其判断能力之所及，作出这一测量是否具有表面效度的结论③。在研究设计阶段，研究者要十分清楚调查问卷所要测量的概念，围绕核心概念来进行测量，并细分纬度，将指标操作化。所收集的信息只有与研究设计想要测量的概念紧密相关，研究资料才会具有较高的内容效度。

　　第二，准则效度指的是用一种不同以往的测量方式或指标对同一事物或变量进行测量时，把原有的一种测量方式或指标作为准则。将新的方式或指标所得到的测量结果与原有准则下的测量结果相比较，如果两者具有相同的效果，我们就说这种新的测量方式或指标具有准则效度④。在采用综合评估方法的社会项目评估中，一方面通过问卷的方式进行资料的收集，这是定量的测量方法，另外一方面通过个案访谈的方式收集资料，这是定性的测量方法。在具体的评估研究过程中，针对同样一个问题，可能

---

① 尽管录音这种行为本身也有可能会对被访者造成干扰，促使被访者的回答有意无意地带有一定的偏向性，但在访谈过程中，如果尽可能地进行隐蔽的录音，比如将录音笔放在包里等，就算被访者事先被告知录音，但其在访谈过程中未见录音笔，访问员也尽可能保持正常的交谈和聊天方式，那么这种方式要比采用现场记录好得多，也在一定程度上保证了访谈资料的信度。
② 风笑天.社会学研究方法[M].北京：中国人民大学出版社，2001：110-112.
③ 风笑天.社会学研究方法[M].北京：中国人民大学出版社，2001：111.
④ 风笑天.社会学研究方法[M].北京：中国人民大学出版社，2001：111.

会综合运用这两种不同的测量方式来进行测量，尽可能保证两者具有较高的一致性。另外，针对同样的一个问题，应调查不同对象来检测资料的效度。如果能够满足这两方面的要求，该项目评估的资料就具有准则效度。

第三，考察构造效度就是要了解测量工具是否反映了概念和命题的内部结构，主要是通过与理论假设相比较来检验。如果社会项目评估研究的测量结果刚好印证了研究者在设计阶段提出的若干假设，那么该项目评估研究就具有一定的构造效度。

一般而言，定量的、通则式的结构化的技术更可信，而定性的、表意式的方法更有效。当无法就测量某个概念达成共识时，就用多种测量方法进行测量，这有助于我们了解周围的世界[①]。不同的测量方法常常采用不同的测量指标，相互之间在效度与信度上存在着一定程度的差别，因此，我们应尽可能将这些方法结合起来，提高测量的准确性和一致性。

拓展资料

城镇社区服务业评估研究面临的问题与对策[②]

评估研究在西方社会已十分流行，已由"为什么做"变为"如何做得更好"。中国的服务评估工作还有待发展。因此，开展和推广评估必然会遇到一些问题。

第一，观念和认识问题。服务评估会遇到服务机构和社会工作者的抵触、抗拒甚至厌烦，特别是当评估者是来自外面的人时。树立"过程"的概念是克服这一问题的方法之一，即将评估视为服务过程中不可缺少的一部分；同时提高对服务评估必要性、重要性的认识也是发展评估的一种策略。Sugarman 认为，"管理优良的社会服务机构"的条件之一便是必须拥有一套有效的"方案监察与回馈结构"以评估机构对服务的"投入"成功与否，并能识别问题和探求必要的改善行动。

第二，评估研究者的素质和评估技术及方法性问题。评估设计的逻辑、样本与抽样、测量、资料收集与其他社会科学研究方法并无本质区别。Grinnell 指出服务评估会遇到的方法论题是：（1）目标不清和不可测量；（2）测量的结果并不存在；（3）随机性选择和分派案主于实验和控制组的问题；（4）有时候自变量是无法控制的；（5）内在的因素是难以控制的，而它们可能使评估的内在效度陷入困境。克服评估方法性问题的策略：一是在评估设计时尽量采取简单的方法，二是举办一些服务评

---

① 巴比．社会研究方法 [M]．邱泽奇，译．北京：华夏出版社，2005：142.
② 王卓祺，刘继同．城镇社区服务业的服务计划评估与管理 [J]．民政论坛，1998（4）：22–25.

估的专题性讨论会和培训班，三是提高社会服务人员的专业化水平。

在城镇社区服务效果评估中，应坚持以下基本原则。第一，应尽可能避免复杂的评估方法与技术设计。第二，有一个清楚界定的评估目标。第三，避免将服务评估集中于服务过程和服务本身，而是集中于服务结果和影响。服务成果才是服务评估的目标。第四，在评估指标与资料的选取中，应充分利用现有的各种指标与统计资料适当开展调查研究，而且指标要有可行性、代表性和可操作性。第五，善用比较的方法：（1）与同一机构过去的表现比较；（2）与其他相似机构的表现比较；（3）与其他不同机构的表现比较；（4）与一些"理想"标准的理论模式比较。

🖊 小测验

扫一扫做题

👥 思考与实践

1. 定量评估方法的一般过程是什么？
2. 定性评估方法具有哪些特点？
3. 综合评估方法的一般过程是什么？

第十二章　实地研究评估方法

实地研究是一种定性研究方式，在方法论背景、研究目标、研究策略、资料收集和资料分析等方面都有其自身的特点。实地研究评估方法是社会项目评估中常见的方法之一，有着广泛的应用。

第一节　实地研究与评估

一、实地研究评估的含义

实地研究评估是一种深入到社会生活背景中，以参与式观察和非结构式访问的方式收集资料，并通过对这些资料的定性分析来对社会项目进行评估的一种评估方式。实地研究评估实际上是定性评估方法的一种，其中观察法与访谈法被广泛采用，这两种方法的核心地位值得重视 [1]。实地研究评估与实验评估等其他评估方法的区别在于其所使用的收集资料的方法多为观察法与访谈法等实地调查的方法，且以定性分析为主。在一定意义上，实地研究评估是实地调查法在社会项目评估中的应用。

实地调查有时也被称为人种志研究，是定性研究方法中发展较快、较有代表性的一种方法。实地调查法是处于方法论和具体的方法技术之间的一种基本研究方式，既包括收集资料的途径和方法，又包括分析资料的手段和技术。实地调查法收集的资料通常是定性资料，收集资料的方法主要是参与式观察和非结构式访问，分析资料的方法是定性分析法。这种方法起源于 20 世纪初，60 年代兴起于美国，80 年代后得到普及。早期的实地调查多用于文化人类学领域，是文化人类学最具特色的研究法，它与

---

[1] Emil, Posavac，Raymond, et al. Program Evaluation: Methods and Case Studies[M]. New Jesey: Prentice Hall，Inc，1997：217.

"民族志研究"或"民族志"（ethnography）一起构成人类学家收集资料的有效方式。文化人类学家提出的具有一定程度可能性的理论都来自将观察与假设结合在一起的归纳过程，而这种归纳过程只能由文化人类学家在田野中完成。研究者要做好到研究人群或民族中生活几年的准备，要与这些人建立尽可能密切的关系。

实地调查法所收集的资料常常是描述性的材料，是研究者对现场的体验和感性认识，这也是实地研究的一个特色。与日常社会生活中的无意观察相比，实地调查是有目的、有意识和更系统、更全面的观察和分析。早期的实地调查研究多为西方学者对城市下层阶级居住区生活的研究，或对城市流浪汉、贫民、黑人等群体的研究。当今的研究者则采用这种方法来研究社会中的各种个人、群体、组织或社区。在社会项目评估中，实地调查法亦有着广泛的应用。其基本特征在于强调"实地"，要求研究者深入社会生活中，通过观察、询问、感受和领悟，去理解社会项目的过程与特点。

实地研究评估要求评估者参与社会项目中主体的实际生活。它是一种以定性为主的调研，在收集资料时，很少使用量化的工具，力求在自然的氛围下倾听研究对象的意见，与其交谈，从而获得观察结果。同时，实地研究评估把研究对象的行为看成其所生存的整体环境中的一个部分，注重了解研究对象的外部环境的性质、传统、价值，以及行为规范等，并以局外人的身份进行观察，从研究对象的角度进行解释。在实地研究评估中，研究者也会采取一些辅助的方式来推动整个评估进程，包括人工制品的收集以及某些辅助性的问卷调查等。

二、实地研究评估的特点

实地研究评估由于采用了实地调查法，其自身具有诸多不同于其他评估方法的特点。主要体现在以下几个方面。

1. 评估研究过程持续时间一般较长

实地研究评估较多采用观察法和访谈法来收集评估所需的资料，这些方法都较为耗时。尤其是参与式观察法，研究者不可能在短期内对大量的现象进行细致深入的考察，需要花费一定的时间进入现场，取得研究对象的信任，从而广泛深入地参与研究对象的生活，在实地互动中收集所需资料。在实地研究评估中，研究者可能更为关注一些具有典型意义的个案。

2. 个体、群体互动更深入

实地研究评估强调"实地"这一特性。整个评估研究过程要求研究者与社会项目中的个体、群体进行深入的互动，通过实地的观察、访谈来加强对研究对象的认知，并建立起一定的情感交流关系。因此，在实地研究评估中，研究者需要结合当时、当地的情况并设身处地地解释、判断观察到的现象，这往往体现了研究者本人对现象本质和行为意义的理解。

3. 资料收集方法的多样性

一般来说，实验评估方法收集资料的方式较为单一，主要是通过情境实验来收集定量与定性资料，而实地研究评估则广泛采用观察法、访谈法等方式收集资料，也会辅助使用一些其他的方法。实地研究评估还会借助一些特殊的工具，如录音机和照相机等来收集资料。

4. 强调研究者的主体参与性

实地研究评估的不同阶段都强调研究者的"亲身"实践。尤其是在资料收集阶段，研究者需要通过参与式观察或访谈的方式获取资料，其要设法成为研究对象中的一员，直到达成共识。这一阶段收集的资料是否具有信度与效度与研究者本人的素养高低有着密切联系。同时，研究者的身份在研究对象中有时是模糊的，即使被研究对象知晓身份，也不能干涉他们的日常生活，应尽可能地保持"原汁原味"的活动状态。只有通过这种方式，所获取的资料才会具有较高的信度与效度。在资料的分析阶段，研究者需要充分运用自己的经验、想象、智慧和情感，对定性资料进行"解释性理解"。

5. 注重归纳推理

实地研究评估假设特定人群对某种事物达成了相同的意识，研究者的目的就是加入该人群并分享其所拥有的共识。研究者进入现场时，不是要证实某种理论假设，而是要从经验材料中归纳出理论观点。即实地调查法获得结论的途径是归纳推理，而非演绎推理。通过观察法与访谈法，研究者能收集到大量的定性资料，在资料的分析阶段，则需要对这些资料进行归纳与推理，从个别性知识推出一般性结论。

三、实地研究评估的一般过程

实地研究评估根据具体方法运用的特点，其一般过程可以简单地分为以下六个步骤：准备阶段、进入现场、抽样、资料收集、资料分析和结果呈现。

1. 准备阶段

实地研究评估的准备阶段需要研究者完成不同的工作，主要包括界定问题、确定资料收集方法、选择实地调查地点及其他一些专门的准备工作。

首先，界定问题。项目评估的本质是收集和解释有关项目绩效的信息，从而回答有关决策的问题。在评估中，一个至关重要的方面就是对评估所涉及的问题进行识别和阐述[①]。问题的界定是社会项目评估的起点。研究者要通过查阅与研究问题相关的资料来增加对研究对象的了解，以便确定基本框架。根据文献提供的信息，可以向已经做过同类研究的前辈请教其对于评估问题的看法。

其次，确定资料收集方法。观察法、访谈法等都是实地研究评估中较为常用的方法，其共性在于研究自然情境下的态度、行为和跨越时间的社会过程。研究者要根据项目评估的具体要求选择适当的资料收集方法。在实际研究中，为了得到更全面的信息，有时是多种方法并用，既有参与式观察，又有深度访谈，同时还辅以其他的方法。

再次，选择实地调查地点。实地选择要符合两个原则：一是相关性，二是方便性。所谓相关性，是指要尽量选择与社会项目密切相关的现场。所谓方便性，是指在符合相关性的前提下，现场要易于进入和观察。在实际操作过程中，实地的选择往往与研究者的社会资源息息相关。

最后，做一些与社会项目评估相关的专门性准备。如果研究问题对现场的人来说是一个敏感的话题，他们就可能拒绝合作。研究者要事先到现场做一个初步调查，看此类研究是否可行。如果研究者针对一项研究设计了几种不同的方案，也可以先到实地做一个预研究，分析哪种方案比较合适。

2. 进入现场

实地研究评估强调"实地"这一特点，研究者如何进入现场就成了如何完成"实地"研究的关键。在这一过程中，要特别注意"关系"的运用。这里的"关系"主要包

---

① 罗西，弗里曼，李普希 . 项目评估：方法与技术 [M]. 邱泽奇，译 . 北京：华夏出版社，2002：59，313.

括私人关系以及正式的组织关系。

在私人关系层面，实地研究评估注重研究者的主体参与性及互动性。在这个过程中，尤其是在资料收集过程中的"人情"关系显得特别重要。研究者要顺利进入现场，需要借助一定的人情关系。这就要求研究者设法了解现场的权力结构、人员关系以及行为规范。如果研究者有这样的"关系"，就可以和这些人员取得联系，听取他们对进入现场的建议。

在组织关系层面，为了增加自己身份的"可信度"，降低进入现场的难度，研究者可以在工作开始前请单位领导写一封介绍信，或者请研究对象单位的领导写一封批文。事实上，无论是通过私人关系还是正式组织关系进入现场，抑或是二者结合，都要求研究者根据具体项目特点加以取舍。

在进入现场之前，研究者还应学习一些与研究对象建立良好关系的"诀窍"，最重要的是获得研究对象的信任。

进入现场的方法有很多，研究者要根据具体情况选择适当的方法。一种为隐蔽进入式。当研究者无法通过商议进入现场时，只能采取隐蔽的方式进入。这种方式避免了通过协商进入研究现场的困难，而且有较多的个人自由。但是，研究者需要以成员的方式参与其中，不能表明身份。

另外一种为逐步暴露式。有些具体的社会项目需要表明研究者的身份，即进入现场要通过正式的组织途径，或通过一些私人关系征得研究对象的同意，以研究者的身份进行直接而正式的观察和访谈。例如，在进行城市居民最低生活保障制度评估过程中，需要到社区收集一些有关城市低保家庭的资料，从而进入现场，对城市低保对象进行访谈。

在有些情况下，两种方式可以结合。例如，在进行城市居民最低生活保障制度的评估过程中，一方面可以事先以较为隐蔽的方式进行观察，了解城市低保救助对象的日常生活状态，另一方面也可以通过各级民政部门及街道、社区等相关组织进入需要收集资料的地点，采用访谈法来收集资料。不管是采用哪一种方法，取得调查对象的信任是获取有较高信度与效度的资料的必要条件，也是实地研究评估过程中需要解决的问题之一。

3. 抽样

在进入现场后，为了使选择的研究对象具有代表性，有时还需要进行抽样。研究者不可能观察到一切现象，访问到所有对象，只能从现场的研究对象中抽出一个样本进行观察或访谈。研究者不能期望观察到所有事物，也不可能记录所有观察到的东西，观察代表的是所有可能观察到的实际样本 ①。

需要指出的是，实地研究评估中所用的抽样方法一般都是非概率抽样，如判断抽样、滚雪球抽样等，主要是为了选取特定的观察或访谈对象，获得所需要的资料，样本只需要满足典型性的要求即可，而对代表性一般并不作要求。对于脱离正常模式的个案的研究可以加深对人们态度及行为的正常模式的理解。例如，为了解城市居民最低生活保障制度的实际效果，除了访问一些接受救助的对象，还可以选择一些没有接受低保救助的常态居民进行访问，也许会获得一些重要的信息，加深对问题的理解。

4. 资料收集

实地研究评估所采用的资料收集方法主要以观察法和访谈法为主，在进行资料收集时需要注意一些关键问题。

首先，在进行实地调查的记录时，应该是描述性的，同时注意收集不同维度的信息与资料；其次，在选择观察或访谈对象时，应尽可能选择那些能够提供主要信息的对象，并对他们的回答进行提炼 ②；再次，时刻切记与研究对象保持良好关系，这是获取真实研究资料的前提。研究者要尽可能地参与整个过程，因为实地研究非常注重研究者自身的主观理解与体验，这会直接影响整个项目评估的结果。

另外，在实地调查收集资料的过程中，做好记录尤为关键。笔记不但要记录观察到的，而且还要捕捉灵感，将"想到的"也记录下来。记录要完整翔实，先记下关键的词语或短语，然后再做详细的整理。参与式观察的记录通常是先看在眼里，然后记录在本子上。一般必须在当天晚上进行回忆和整理。白天观察时，研究者应尽可能多地记住所观察到的行为、现象，记住关键人物的关键话语。访谈的记录可以分为两种情况：一种是比较正式的、事先约好的访谈；另一种是非正式的、偶然的、闲聊式的访谈。正式访谈可在征得被访者的同意后用录音笔现场记录。非正式访谈可先在头脑中反复强化记忆，事后再进行详细整理。

无论是现场观察记录，还是访谈记录，最好能够做到"不引人注目地记录"，即记录

---

① 巴比 . 社会研究方法 [M]. 邱泽奇，译 . 10 版 . 北京：华夏出版社，2005：296.
② 袁振国 . 教育研究方法 [M]. 北京：高等教育出版社，2000：171.

的动作要小，记录的速度要快，记录的时间要尽可能短①。另外，要把访谈对象的行为、现象以及事实如实记录下来，同时还要把自己的感想等单独记录下来。

5. 资料分析

首先，进行资料的审查。原始资料在记录过程中可能出现虚假、遗漏、自相矛盾等问题。资料审查的目的是保证资料的信度和效度。资料的收集和审查必须同时进行，直到研究方案将近完成。收集资料不是机械式地记录资料，而是在记录的同时分析和解释资料，并判断这些资料是否互相矛盾，是否需要进一步收集更多的资料。当主题显然可见时，研究者才能准备结束收集工作，专注于资料的综合分析和解释。

其次，就是为观察、访谈的资料建立相应的档案，以便于后期评估过程中的分析。在研究活动结束后，研究者要以记录的大纲为线索，尽快整理出完整详细的笔记。然后根据实地调查的时间，将这些记录编目，形成背景档案、人物档案、文献档案及分析档案等。

最后，进行资料的分析。实地研究评估通常会采用归纳推理的方式建立理论，这是一个不断深入的过程，得出理论雏形以后便进一步指导评估研究，整个评估研究过程可以得到不断的修正。研究者可以通过定量评估的方法加以佐证，可以通过请教专家，也可以通过不断的自我反省来获取正确的结论。当然，现在已有一些专门的定性分析软件，如 Nvivo 质性分析软件等来帮助研究者进行资料的分析。

6. 结果呈现

在分析资料的基础上，经过归纳总结与抽象概括，可以得出研究结论。结论的形成常常要经历很长的过程，一般而言，研究者要力图避免人的主观因素诱发的一些错误。最后的结论是以研究报告的形式呈现出来的。在实地研究评估报告中，研究者也需要对评估方法、评估过程进行介绍和说明，包括抽样技术、资料收集和分析方式等。在开头部分陈述评估目标并且简练地总结发现，在主题部分描述项目（历史、目标、职员、案主等）和评估的背景。在定性评估报告中，可以使用数字，一些表格、曲线图等表达形式往往

实地研究评估案例

---

① 风笑天. 社会学研究方法 [M]. 北京：中国人民大学出版社，2001 : 247.

具有较好的效果 [①]。要尽可能详尽地将整个研究过程进行介绍，让读者能够根据研究者的研究方法以及资料收集过程来判断结论的可信度。

四、对实地研究评估的评价

在实地研究评估中，首先要注意研究的伦理道德规范问题，还要考虑信度和效度。

1. 实地研究评估中的伦理问题

在实地调查中，研究者进入现场是否要事先征得研究对象的同意？研究是否该向被研究者公开？洛夫兰夫妇对此曾提出 7 点疑问来表达他们的观点 [②]。

（1）在人们不知道你们将记录交谈内容的情况下和他们交谈，是合乎伦理的吗？

（2）为了自身的目的而从你们讨厌的人身上取得信息，是合乎伦理的吗？

（3）目睹人们强烈需要援助却并无直接反应，是合乎伦理的吗？

（4）身处一个你们自己并不全心全意赞同的情境，是合乎伦理的吗？

（5）在派系林立的情况下投靠一方或是保持中立，是合乎伦理的吗？

（6）为了接近人们的生活和心灵，不惜和他们进行金钱交易，是合乎伦理吗？

（7）利用线人或结盟的方式来接近人群或不了解的事物，是合乎伦理吗？

虽然实地研究的过程通常都有一定程度的秘密性，但多数研究者都倾向于采用公开的策略。研究者在研究初始可以向研究对象简要说明自己的研究，以免造成伦理道德方面的问题。

2. 实地研究评估的信度与效度问题

实地调查都在自然情境中实施，并关注过程。艾尔·巴比认为即使是实地调查的深度测量，也是非常个人化的 [③]。研究人员已经提出了一些方法来解决这一问题，如运用多种方法收集资料和三角互证法来提高研究的内在信度。实地研究常常是几个人之间的合作研究，研究者一起交流观点，讨论对问题的阐释并对他人的描述作出评价。研究者必须清楚地辨别、详尽地讨论资料的分析过程，并进行回顾性的描述。

---

① 罗伊斯，赛义，帕吉特，等. 公共项目评估导论 [M]. 王军霞，涂晓芳，译. 3 版. 北京: 中国人民大学出版社，2007 : 90.

② 巴比. 社会研究方法 [M]. 邱泽奇，译. 10 版. 北京: 华夏出版社，2005 : 299.

③ 巴比. 社会研究方法 [M]. 邱泽奇，译. 10 版. 北京: 华夏出版社，2005 : 300-301.

实地调查是在自然情境中进行的，不可能像实验那样严格控制相关变量。实地调查常常具有相当长的时间跨度，这就增加了外来影响的可能性。事件的发生顺序、对各种信息的看法，以及无序变量的影响，都是影响内在效度的因素。但是与问卷调查以及实验的测量方法相比，实地调查能够提供更好的测量效度[①]。

第二节　访谈评估

访谈法是实地研究评估过程中最为常用的资料收集方法之一。通常用开放的、非结构式的访谈去了解社会项目的细节，它能让研究对象用自己的语言和思维方式以及价值观来回答问题[②]。

一、访谈评估的含义

访谈是访谈者直接向受访者提问的资料收集方式，访谈可以面对面进行，也可以通过电话进行。这种方法不是让受访者亲自阅读并填答问卷，而是由研究者派遣访问员口头提问，并记录受访者的回答[③]。访谈法又称谈话法或访问法，是一种研究性交谈，也就是两个人（或更多人）之间一种有目的的谈话，其中由访问员通过询问来引导被访者回答，以此了解调查对象的行为或态度。访谈的内容一般包括研究对象的背景、事实与行为、意见与态度等。因此，所谓访谈评估，实际上就是借助访谈的方法来进行资料的收集，并通过对访谈资料的分析来完成评估的一种社会项目评估方式，是实地研究评估的一种。因此我们讨论访谈评估，更多是对访谈法本身的讨论，以及对访谈法在社会项目评估中的应用加以分析说明。

实地研究评估中的访谈一般为非结构式访谈，又称为深度访谈或自由访谈。它与结构式访谈相反，并不依据事先设计的问卷和固定的程序来进行，而是只有一个访谈的主题或范围，由访谈员与被访者围绕这个主题或在这个范围内进行自由的交谈[④]。被

① 巴比 . 社会研究方法 [M]. 邱泽奇，译 . 10 版 . 北京：华夏出版社，2005；300.
② Emil，Posavac，Raymond，et al. Program Evaluation: Methods and Case Studies[M]. New Jesey: Prentice Hall，Inc，1997: 221.
③ 巴比 . 社会研究方法 [M]. 邱泽奇，译 . 10 版 . 北京：华夏出版社，2005；255.
④ 风笑天 . 社会学研究方法 [M]. 北京：中国人民大学出版社，2001；254.

访者可以尽情地说出自己的意见和感受。访问员虽然事先有一个粗略的问题大纲，但一些问题是在访谈过程中形成并提出的。因此，在这种类型的访谈中，无论是所提问题本身和提问的方式、顺序，还是被访者的回答方式、谈话的外在环境等，都不是统一的。其类型有重点访谈、深度访谈、客观陈述式访谈等。同结构式访谈相比，非结构式访谈的最主要特点是弹性和自由度大，能充分发挥谈话双方的主动性、积极性、灵活性和创造性，但访谈调查的结果不宜用于定量分析。

访谈法一般以面对面的个别访谈为主，也可以采用小型座谈会的形式进行团体访谈，还可以通过电话进行电话访谈。它不仅可以及时了解社会现象，还可以了解被访者的主观动机、感情、价值观等问题。同时，访谈法也可能获取一些意外的信息[1]。

二、访谈评估的特点

访谈评估的特点主要体现在以下几个方面。

1. 强调研究者与社会项目中个体之间的面对面互动

访谈法在实施过程中，一般是访问员（较多时候就是项目研究者本人）与被访者之间的面对面调查。与各种间接的资料收集法相比，它能了解到更多、更具体、更生动的社会情况。访问员与被访者通过口头方式反复交谈某些社会项目的情况，并深入探讨有关问题，彼此之间相互作用、相互影响，并对调查结果产生影响。访谈评估对研究者的素质提出了较高的要求，尤其是研究者本人对访谈技巧与方法的掌握，甚至成为影响整个项目评估成败的关键所在。因此，研究者要根据研究对象的特点，进行较为周密的研究设计，经过适当的访谈培训，掌握必备的访谈技巧，从而获取真实的访谈资料。

2. 双向传导的互动式研究

在访谈评估过程中，研究者与研究对象之间的访谈比较灵活，有利于发挥双方的主动性和创造性。研究者通常会根据特定情境和研究需要临时提出一些问题，进一步加深对问题的了解。与此同时，研究者对被访者的回答会有一定的信息反馈，这种信息反馈会通过语言和表情等方式传导到被访者身上，被访者会根据这一反馈作出回应。

---

[1]　周德民，廖益光，曾岗 . 社会调查原理与方法 [M]. 长沙：中南大学出版社，2006：206.

也就是说，两者之间进行的是相互影响、双向传导的互动过程。研究者要尽量避免提一些"是"或者"否"的问题，而要提一些"什么"和"为什么"的问题[1]，以更有利于真实资料的获取。

3. 环境具有可控性

当被访者对问题不理解甚至产生误解时，访问员可以及时引导解释；当被访者的回答不完整时，访问员可以追问[2]。研究者可以通过多种方式来获取更多的信息，追问、点头、微笑甚至是沉默等，都是控制与引导的方式[3]。这些行为与表情都会促使被访者根据研究者的需要作出更为详细的回答。当然，当研究者没有及时理解被访者的回答时，可以通过适当重组并复述被访者回答的方式来促使其再次作出更为详细与合理的解释。

4. 整体具有计划性

具体什么时间进行访问、在什么地点进行访问、找什么类型的人进行访问等，都需要事先计划好，整体而言计划性比较强[4]。从准备访谈到发展建立密切关系、提问、获取更多信息、记录回答以及结束访谈等，研究者都需要进行周密的计划。虽然非结构式访谈应用较多，提问与回答似乎很随意，但这种访谈并非单纯的聊天，而是研究者带着非常强的研究目的来进行的实地研究活动，整个访谈过程中的提问是紧紧围绕一定的主题来进行的。

5. 成本较高

这既是访谈法的特点，又是其缺点之一。由于收集资料时较多采用面对面的访谈，这就增加了时间成本、人力成本以及金钱成本。因此，大规模访谈会受到条件的限制。

访谈主要是通过访问员与被访者面对面直接交谈实现的，具有较好的灵活性和适应性。由于访谈的方式简单易行，即使被访者阅读困难或不善于文字表达，也可以口头回答，因此它尤其适合于文化程度较低的成人或儿童群体。它也适用于问题较深入、

---

[1] Emil，Posavac，Raymond，et al. Program Evaluation: Methods and Case Studies[M]. New Jesey: Prentice Hall，Inc，1997：221-222.

[2] 袁方. 社会研究方法教程 [M]. 北京：北京大学出版社，1997：292-293.

[3] Emil，Posavac，Raymond，et al. Program Evaluation: Methods and Case Studies[M]. New Jesey: Prentice Hall，Inc，1997：222.

[4] 李莉. 实用社会调查方法 [M]. 广州：暨南大学出版社，2002：177.

研究对象差别较大、样本较小或者场所不易接近等情况。

三、访谈评估的分类

实地研究评估中的访谈一般采用的是非结构式访谈，非结构式访谈也称自由式访谈。非结构式访谈事先不必制定完整的调查问卷和详细的访谈提纲，也不规定标准的访谈程序，而是由访问员围绕某个主题与被访者进行交谈，相对自由和随意。这种访谈能根据访问员的需要灵活地转换话题，变换提问方式和顺序，追问重要线索。通常，质的研究、心理咨询和治疗等常采用这种非结构式的"深层访谈"。非结构式访谈有利于充分发挥访问员和被访者的主动性、创造性，有利于适应随时变化的客观情况，更有利于对社会问题进行深入的探讨。

1. 正式访谈与非正式访谈

根据访谈的性质，可以将实地研究评估中的访谈分为正式访谈与非正式访谈。正式访谈指的是研究者事先有计划、有准备、有安排、有预约的访谈。非正式访谈则指的是研究者在实地参与式观察研究对象社会生活的过程中，随时碰上的、无事先准备的、更接近一般闲谈的访谈。比如在对城市低保家庭进行调查的过程中，临时碰到一些较为特殊的个案，或者接触到一些社区干部，对其进行随机访谈。这种非正式访谈无法事先预料，交谈的进程不能由研究者严格控制，交谈内容也不能完全按研究者的研究目标进行选择，只能随具体的谈话情景、谈话对象而定。所以一般情况下研究者只能因势利导、随机应变。正式访谈则通常需要按事先拟好的提纲进行，提纲中列有一些根据研究文献和研究者个人经验应该了解的问题，但提纲也只能是起到提示的作用，在实际的访谈过程中仍然需要有相当大的灵活性和机动性[①]。

2. 个别访谈与集体访谈

根据被访者的数量，访谈可分为个别访谈与集体访谈。个别访谈是访谈调查中最常见的形式，与结构式访谈中的当面访谈有很多相同点。实地调查中的个别访谈不依据问卷进行，只需要围绕一定的主题或在一定范围内进行询问和交流即可。其优点是访问员和被访者直接接触，可以得到真实可靠的材料，有利于被访者详细、真实地表

[①] 风笑天.社会学研究方法 [M].北京：中国人民大学出版社，2001：255.

达其看法。访问员与被访者有更多的交流机会，被访者更易受到重视，安全感更强，访谈内容更易深入。

集体访谈则是将若干研究对象集中在一起进行访谈。在访谈的时候，通常有一个主持人，主持人提出某个较为集中的主题，访谈对象根据这一主题发表自己的看法，研究者做好现场观察和记录，事后进行整理和分析。整个访谈过程不仅是访问员与被访者之间的互动过程，也是被访者相互之间的社会互动过程。参与集体访谈的人不宜过多，但也不能过少。过多就难以控制，过少又达不到访谈的效果。在集体访谈过程中要注意控制好访谈的节奏，防止讨论偏题。例如，在对城市居民最低生活保障制度进行评估的过程中，经常会由民政部门组织包括低保对象、社区干部、街道干部、民政工作人员等在内的对象进行集体访谈，集思广益以了解更多的信息，但讨论很容易偏题，因此研究者要善于引导，控制访谈环境与过程。

3. 直接访谈与间接访谈

按照人员接触情况，访谈法可分为直接访谈与间接访谈。直接访谈是一种由访谈双方进行面对面的直接沟通来获取信息资料的访谈方式，是最常用的收集资料的方法。访问员可以看到被访者的表情、神态和动作，以便了解更深层次的问题。

间接访谈则是访问员借助一定的工具向被访者收集资料。间接访谈又可以分为电话访谈和网上访谈。电话访谈可以减少人员来往的时间和费用，提高访谈的效率。访问员与被访者相距越远，电话访谈越能提高效率，因为电话费用的支出总要低于交通费用的支出，特别是人员往返的支出。但是电话访谈也有它的局限性。它不如面对面访谈那样灵活、有弹性。不易获得更详尽的细节，难以控制访问环境，也不能观察被访者的非言语行为等。网上访谈是访问员与被访者用文字进行交流的调查方式。它有减少人力成本和时间成本的优势，甚至比电话访谈更节约费用。另外，网上访谈是用书面语言进行的，这便于资料的收集和事后的分析。但网上访谈也有一定的局限性，如无法控制访谈环境，无法观察被访者的非言语行为等。同时，由于网上访谈能否顺利实施与被访者是否熟悉电脑操作以及是否有宽带等物质条件息息相关，这在一定程度上增加了不确定性。

随着科学信息技术的发展，越来越多的高科技也被应用于访谈过程中。当前，CATI（computer-assisted telephone interview，电脑辅助电话访谈）应用越来越普及。访问员借助电脑拨号并根据电脑上的问卷提示来进行电话访谈。此外，还有 CAPI （computer-assisted personal interview，电脑辅助亲身访谈），它和 CATI 类似，但更多用于面对面的访谈，而非电话访谈。CASI（computer-assisted self-interview，电脑辅助自我访谈）是由研究人员将电脑带到被访者家里，被访者直接在电脑上阅读问卷并输入答案。CSAQ（computerized self-administered questionnaire，电子化的自我填答问卷）是由被访者通过软盘、电子公告牌或者其他方式获得问卷，并运行相关程序，该程序能够提问并接收被访者的答案，之后被访者返还数据文档即可。

TDE（touchtone data entry，按键输入资料）是由被访者打电话到研究组织，一系列的电子化操作随之激活，被访者利用电话的按键来输入答案。VR（voice recognition，声音确认）系统则能够辨别声音[①]。现在，越来越多的新技术得以运用，有效推进了访谈调查的发展。

总之，访谈的类型多种多样，一次访谈可能同属于两种甚至多种类型。在实际研究评估过程中，研究者可根据研究的具体需要扬长避短、灵活运用。

四、访谈评估的一般过程

访谈评估是一种有目的、有计划的研究活动。访问员要按照一定的程序和步骤与被访者进行访谈，在访谈前应该做好充分的准备。访谈过程一般分为三个阶段：准备阶段、访谈阶段、结束阶段。

1. 准备阶段

一般而言，在进行正式的访谈之前，有许多准备工作需要完成。

（1）制定好访谈计划

制定访谈计划是访谈顺利进行的前提。访谈计划应对访谈所涉及的主要问题作出明确的规定，如访谈目的、访谈类型、访谈内容、访谈对象、访谈时间等，还要编写好访谈提纲、明确分工、进行访谈前的预约工作等。访谈计划中还要明确调查工具，如访谈问卷、访谈大纲、访谈记录表、各种证明材料、采访机、录音机等。

（2）选择访谈对象

被访者的选择非常重要，因为访谈调查的信息资料是由被访者提供的，它与访谈的成功与否有着直接联系。选择访谈对象时应该首先考虑整个评估研究项目的目的，

---

① 巴比 . 社会研究方法 [M]. 邱泽奇，译 . 10 版 . 北京：华夏出版社，2005：262-263.

然后确定访谈对象的总体范围，再在总体范围中采用随机抽样的方法，选取有代表性的样本。访谈样本的大小多半由研究的目的和性质决定，当然也必须考虑时间、经费等条件。同时，还要了解被访者的相关情况，如性别、年龄、职业、文化水平、经历等。

（3）培训访问员

访谈要由访问员与被访者进行沟通和互动才能完成。尽管研究所需要的信息资料是由被访者提供的，但在访谈中，访问员本人的素质水平与访谈工作能否成功关系重大。因此，访问员应该具备访谈调查的基本素质。现在访问员的培训常采取录像的形式，将一段示范性的片段录下来，供访问员反复观看，熟悉访谈的言语、动作、表情，了解访谈的技能技巧，然后让访问员扮演角色模拟访谈，并将模拟情境录下来，供分析比较。在实地研究评估中，我们一般主张由研究者亲自参与访谈，这对后期访谈资料的分析与理解有着重要的影响。

2. 访谈阶段

（1）进入现场

作为一种实地研究评估方法，访谈法对现场的考察尤为重要。访问员要通过自我介绍、身份证明等方式，逐步与被访者建立起密切的关系。此外，还需要对整个项目进行介绍，在强调研究重要性的同时让被访者对访谈目的、内容等有一个初步的了解。同时，还需要特别告知被访者，研究者对所获取的资料会进行严格的保密。所有这些行为的目的只有一个，就是消除被访者的顾虑，建立起融洽的访谈氛围。

（2）按计划进行访谈

在访谈双方融洽的访谈气氛下，访问员可以按照事先拟定的访谈计划自然地进行正式访谈。在访谈过程中，访问员要按照访谈计划中确定的访谈内容、访谈方式、问题顺序进入访谈，以保证访谈获得成效。访问员应该尽量保持亲切、尊重和平静的态度，使被访者能在轻松的环境中自然地敞开心扉。同时，访问员要掌握发问的技术与提问的方式，也要选择恰当的用词，争取被访者的配合。要注意的是，访问员不能受到被访者情绪的影响，无论他们是否合作、怎样合作，也无论被访者的回答是否在访问员意料之中，访问员都不能表示不满，更不能对被访者予以批评和指责。此外，访问员要注意采用多种方法来加强对访谈过程中环境的控制，善于引导被访者更好地回答。

（3）做好访谈记录

记录访谈内容要做到客观准确，尽可能完整地按被访者的回答记录，而不能加入访问员本人的主观意见。记录时可对某些不太明确的回答作记号，以便进行追问，以免误解被访者的原意。如无法及时记录，事后要追记，访谈后也要及时整理分析访谈记录。

3. 结束阶段

结束访谈是访谈活动的最后一步，结束访谈时要注意以下几个问题。

（1）掌握好访谈结束的时机

结构式访谈的结束方式较简单，即一份完整的访谈问卷中的所有问题提问结束，整个访谈基本也随之结束。而非结构式访谈结束的时间多以事先确定的大纲问题提问结束、被访者回答完毕为标志。一些非正式交谈的结束时间则需要由研究者根据具体的情况来决定，以不妨碍被访者的正常工作和生活秩序为原则。

（2）关于结束语

访谈结束时，要对被访者的支持与合作表示感谢。如果这次访谈尚未完成任务，还需进一步调查的话，那么还要与被访者约定下次再访的时间和地点，最好还能简要说明再次访问的内容，让被访者有思想准备。需要注意的是，对一次完整的评估过程而言，访谈的结束并不意味着评估的结束。

访谈结束只是资料收集过程的结束，同时也是资料分析阶段的开始。因此，在访谈结束以后，还应该进行资料分析并呈现结果。

访谈评估案例

第三节　观察评估

观察法在实地研究评估中有着广泛的应用。定性评估研究者参与资料的收集，并对观察对象的行为作出回应，直接影响评估目标的调整。同时，要尤其重视观察者在这一评估过程中的作用[1]。

---

[1] Emil，Posavac，Raymond, et al. Program Evaluation: Methods and Case Studies[M]. New Jesey: Prentice Hall，Inc，1997: 217-218.

一、观察评估的含义

观察评估主要通过观察法来收集资料，并对这些资料进行整理分析，进而完成项目评估。我们对观察评估的讨论，基本上可限于对观察法这种社会科学中最为常用的具体方法技术之一的探讨。

观察法指的是带着明确目的，用感官和辅助工具直接地、有针对性地了解正在发生、变化着的现象[1]。和日常生活中的观察不同，系统的观察必须符合以下的要求：有明确的研究目的；预先有一定的理论准备和系统的观察计划；用经过专业训练的观察者的感官及辅助工具去观察分析现象；观察记录是有系统的；观察者对所观察到的事实有实质性、规律性的解释。

以下是观察法在内容上必不可少的要素[2]。

情境： 情境指事件、活动的舞台与背景，观察任何事件或活动，首先应该注意到它出现的情境。情境制约着事件或活动，因此要先对其情境作详细的观察。

人物： 人物是观察研究的主要对象，无人物则不能构成事件与活动，因此对人物的观察是最重要的工作。观察人物应包括身份、数目、性别、相互间的关系等内容。

目的： 每一事件或活动都有它的目的，观察者应注意观察对象的目的，例如参加婚礼、祭祀、舞会、音乐会、座谈会等。此外，还应注意观察对象的态度，观察他们除了基本目的之外是否还有其他动机或想法。

社会行为： 观察人物的各种行为，包括事件如何产生，行动的趋向、目标、内容细节、性质及其影响等。

频率与持续期： 指事件发生的时间、出现频率、延续时间、是单独出现还是重复出现等。

观察法可以观察到自然状态下的行为表现，获得的结果比较真实。研究者能够根据观察到的行为表现把握当时的整体情况、特殊气氛。同时，研究对象有时并不知道观察者的存在，其行为表现自然而生动，具有真实性和直接性的特点。但是，在观察评估过程中，由于研究者实际上处于被动地位，往往难以观察到研究所需要的行为。因此，用观察法收集资料比较费时。同时，研究者对于突发性的事件是无法预知的，对于尚未发生的现象以及隐蔽的社会活动也无法进行观察。观察法所收集到的资料不

[1] 风笑天. 社会学研究方法 [M]. 北京：中国人民大学出版社，2001：248.
[2] 帅学明. 谈谈社会调查方法中的观察法 [J]. 贵州大学学报（社会科学版），1988（1）：87-91.

可避免地会受到研究者的思想方法、经验或知识水平的影响，具有一定的主观性。

二、观察评估的特点

观察法的特点主要体现为以下几个方面。

1. 自然情境下的高有效性

观察总是在自然条件下进行的。观察对象可以在最自然的状态下行动，观察所获取到的资料的真实性与准确性都是其他方法所不能比拟的。常规的方法一般都是通过询问调查对象来获取信息资料，均不同程度地存在着反应性行为及应答改变。而观察法则完全或基本避免了这一缺点，研究者是在自然情境下观察研究对象的行为，研究对象的反应性越低，结果的有效性就越高。

2. 直接观察行为及行为痕迹的高可靠性

一般的调查与访谈只能了解人的行为动机，但无法知晓人的行为本身。而观察法能直接观察人的行为特点，这是其他调查方法所不具备的优点。对人行为痕迹的研究则只能通过观察法进行，它可以很好地避免一些误差，从而使信息的可靠性大大提高。访谈法是指研究对象对已经发生的事件或行为加以回忆，并通过口头表述的方式呈现出来，这就会导致诸多的误差和信息的损耗。正所谓"眼见为实"，直接观察到的资料更具有可靠性。

3. 观察带有主观选择性

观察总是带有一定的选择性，观察者要准确选择与研究目的有关的事实或心理活动，要清晰地了解观察过程中必须解决的任务。社会环境所传递的信息是纷繁复杂的，而人所能接受的信息量又是有限的，因此需要进行信息的筛选。尤其是对进行社会项目评估的研究者而言，必须明确观察的主要目的是什么，进而有针对性地收集资料。因此，在实地观察过程中，研究者要对已经筛选出来的人物、事件、行为予以观察，从而更好地收集项目评估所需的资料。

4. 需要较长的周期

这是观察法在时间维度上的特点。对于人的行为及其变化的深入了解常常需要一个长期的过程。尤其是参与式观察，为了置身于观察对象的组群活动中，往往需要居住在观察现场数周乃至数年以上，其艰苦程度可想而知。研究者要制订观察计划，花时间记录观察结果，经过一定的资料积累，分析人的行为特点，从而预测社会发展的趋势。

5. 便于一些特殊资料的收集

这些特殊资料主要指难以获取的资料、敏感性资料等。观察法能突破一些障碍来获取这些研究所必需的资料。例如，涉及隐私的行为、某些宗教风俗习惯、未开发地区居民的生活状况等。同时，观察法能够获取无法直接表达或不便公开表述的资料，如婴儿、聋哑人士无法直接表达他们的感想和愿望，这些资料就要靠观察来收集。

三、观察评估的分类

1. 非参与式观察与参与式观察

根据观察中研究者所处的位置或扮演的角色，观察法可分为非参与式观察和参与式观察。

非参与式观察也称局外观察，即观察者处于被观察的群体或现象之外，完全不参与其活动，尽可能不对该群体或环境产生影响[1]。例如在对城市居民最低生活保障制度的评估过程中，在观察低保家庭的居住情况时，观察者就无须参与其生活，只对这些家庭的房屋类型、家电以及家具摆设等进行直接的观察即可。采用非参与式观察时一般有两种方法。其一为近距冷淡法，即观察者在距离被观察者很近的地方观察，但对被观察者及其行为不表示任何兴趣，例如采用单面镜的方式进行观察。其二为远距仪器法，即借助望远镜、摄像机等设备在距离较远的地方进行观察。例如进行一项交通项目的评估，观察车流量的情况，可以在楼顶高处对底下及远处街道的车流量进行观察。

---

① 风笑天. 社会学研究方法 [M]. 北京: 中国人民大学出版社，2001: 249.

参与式观察也称为自然观察，即研究者在自然状态下参与某一情境，从而对研究对象进行观察的行为。对实地研究而言，参与式观察需要长年累月住在当地社区，并将自己融入社区生活，但同时要与之保持一个观察者应有的距离。通过这种方式，观察人们的日常生活，了解他们的基本信念和期望，并系统地完成资料记录。

参与式观察的优点是观察者生活在研究对象的环境中，二者的行为都是真实而自然的，资料更具信度和效度。但这种方法也不可避免地会存在伦理道德问题。同时，观察者的"成员"身份可能也会影响所观察的社会过程。参与式观察者有被同化的概率，可能全盘接受研究对象的观点，从而无法客观分析所观察到的现象。非参与式观察虽然没有上述问题，但观察难以深入，不能对研究对象进行全面的了解，观察结果也就显得比较简略和空泛。

2. 结构式观察与无结构观察

根据观察方式的结构程度，观察法可分为结构式观察和无结构观察。结构式观察是事先对要观察的内容进行分类并加以标准化，而后进一步确定记录方法，它所获得的资料大多可以进行定量处理、分析。但是在一般情况下，结构式观察只适用于小群体研究和行为科学研究。无结构观察一般无须事先规定好观察的内容，也不用专注于某些特定的行为与现象，只要对场景下的行为和现象进行观察便可，它所获得的资料也多是从定性角度进行描述。

3. 直接观察与间接观察

根据观察对象的不同，观察法可分为直接观察和间接观察。直接观察是对那些正在发生的社会现象进行观察。间接观察是对人们行动后或事件发生后所遗留下的痕迹这一中介物进行观察。间接观察包括痕迹观察和行为标志观察两种类型。痕迹观察有两种形式：一种是磨损测量，即观察人们在活动时有选择地使用某物造成的磨损程度。这种间接观察获得的资料的真实性往往高于访谈法和问卷法。例如，通过观察图书馆中书籍的封面、里页的磨损程度，来判断各类书籍的普及程度，由此反映一定时期内人们的兴趣爱好或社会潮流。另一种是累积测量，它主要是观察人们遗留下的物质。教室黑板上随便涂写的内容就是一种可度量的"累积物"。例如在进行校园文化建设项目评估过程中，需要研究课桌文化问题，可以通过对课桌上一些刻写的文字、图案的观察来了解部分人的心理状况，由此来了解校园文化建设的状况。行为标志观察是通过一些表面的或无意识的现象推测人们的行为方式和价值观。例如，可以根据城市居民家庭所居住的房屋类型、家具的摆设等来估计其社会和经济地位。

四、观察评估的一般过程

观察评估的一般过程主要包括准备阶段、实地观察阶段和结果呈现阶段。

1. 准备阶段

观察评估的准备阶段是十分重要的。这一阶段需要完成观察设计、前期物质准备及人员培训等。

首先要进行观察设计。研究者要对社会项目评估前所界定的问题进行仔细的思考，包括问题的性质、研究价值、客观限制与研究的可能性等。在可能的情况下，对问题中相关的因果关系先提出一个假设性的陈述作为观察的指引。在此基础上，研究者根据一定的标准确定观察的具体对象、大致的观察内容、合适的观察方法。

其次需要进行一些必要的物质准备。研究者应根据社会项目评估的需要制作观察记录表。根据研究目的选定观察现场及对象后，要尽可能了解社区的基本情况，如风俗习惯、地方语言等。还需要准备足够的研究用品，如文具纸张、录像设备、笔记本电脑等。

最后就是人员的培训。应根据研究的需要选择合适的观察人员，注意性别、年龄、民族等特征的合理搭配。也可以通过情境模拟的形式对所选择的人员进行培训，提高其观察能力与实地研究能力。

2. 实地观察阶段

实地观察阶段是观察评估的核心阶段。这一阶段的主要任务就是通过各种各样的途径来收集社会项目评估所需的资料。其中参与式观察与非参与式观察的方法都有所应用。实验室观察就是典型的非参与式观察，研究人员一般通过单面镜来观察研究对象的行为活动。在这一过程中，可以将录音、录像设备置于现场，它们所记录的观察结果往往由研究人员逐一分析并作出解释，从而归纳出研究对象的行为模式，寻找出一些最有利于该项目评估的突破口。当然，也可以在一些公共场所采用非参与式观察的方法来收集资料，例如对客流量大的高铁站行人的行为及购票习惯的观察。在进行非参与式观察时，要善于采用一些必要的设备，如照相机、摄像机等。影像追踪是另一种非参与式观察的方法，通过智能型摄像机对监视物的跟踪摄影，获取影像，并将录影存档以备查询之用。近年来，网络的飞速发展为影像监视系统的数据传输带来了便利，互联网传输监视影像成为自动监视系统的新兴途径。现在很多学校的教室里都装有摄像头、拾音器等设备，可以进行较好的影像追踪。但是，这在一定程度上也会涉及一些隐私及伦理问题。

参与式观察根据参与的程度可以分为半参与式观察与完全参与式观察。在半参与式观察中，观察者并不一定要参与观察对象的所有活动。可以在不妨碍观察对象生活的前提下保留自己的生活习惯，但应尽量在语言和生活习惯上与其保持一致，使他们认为自己是受欢迎的客人或者"自己人"。研究者在进行完全参与式观察时要时刻牢记自己是团队的一个普通成员，在团体中应多看、多听、少发言、少提问，以免被其他成员察觉。在进入现场后，应第一时间入住观察地点，如村庄、机构、单位等，并尽快地熟悉当地的基本情况。观察法收集资料时通常要对观察对象进行连续性的追踪观察，必要时可以进行录像、录音，也可以采取非正式面谈的方式。

记录形式包括日记、工作日志、观察记录、编码记录等。这些记录形式可能有重复之处，但可以相互补充。例如，没有闲暇进行观察记录时，日志便可以补充一些重要信息。总之，记录应尽量详细。

值得一提的是，在一些需要长期观察的社会项目评估研究中，一些新的观察方法也得到了广泛的应用，如图片日记法和影像故事法。图片日记是研究对象使用研究者所提供的相机，通过图片的形式对自己的日常生活进行记录。记录的内容包括重要的人物、感兴趣的活动及物品等。通过这些图片日记，研究人员可以了解他们的行为特征，并分析得出一些需要长期观察才能获取的潜在资料。照相机是视觉的延伸和记录，能充分地掌握现场的视觉现象，帮助研究者更深入地认识现场。尤其是在某些难以用语言文字描述的现场，就可以借助照相机直接留存视觉意象。所拍摄的照片可以用作访谈的参照资料，让研究对象解释其中的意义。

影像故事是研究对象自己制作的影像资料。它提供了关于用户生活方式的一些片段，是叙述性的故事。制作影像故事时一般会采用摄像机，它能捕捉不被注意或易被遗忘的连续性细节，也能长时间记录人们的行为，特别适用于微观地分析人们的沟通和互动过程。实地研究者通常会让当事者看着影片中自己的行为举动描述和解释他们当时的感受。

3. 结果呈现阶段

观察结束后，通常采用合适的方法整理并分析资料，然后将结果与原来的假设相对照，判断二者的相符程度。观察结果最后要以文字的形式写成报告，报告的内容主要包括项目评估的性质、评估方法、最终结果等，同时，应衡量此次观察研究的理论贡献与实际贡献。

需要说明的是，访谈法与观察法在实际的社会项目评估中往往是交叉运用的。也就是说，在访谈时会配以观察的方法来收集资料，而在观察的过程中亦会有访谈法的运用。二者结合，才能够有效地扬长避短，最终实现研究的目的。

观察评估案例

拓展资料

公共管理研究需要强化因果推理与实地实验①

在公共管理与政策研究中，特别是公共政策与项目的影响评估方面，实地实验方法具有现实且长远的应用前景，可以克服传统的政策与项目评估方法在因果推断方面存在的不足，进行更为有效的政策影响评估。实验研究方法在自然科学和社会科学中的应用已经发展得相对成熟，但公共管理领域中的影响评估研究尚属凤毛麟角，强化公共管理领域实验方法的训练与应用，以增强影响评估的科学性是公共管理学界面临的一项重要任务。曹堂哲的论文《基于结果链的影响评估及其实验方法》从结果链的视角对影响评估及其实验方法的研究表明：公共管理影响评估与结果链紧密相关，政策项目的产出、成果和影响等环节构成了一个结果链。在结果链中，影响评估重点关注干预与净影响的关系，目的是将净影响从总影响中分离，并证明干预与净效果之间存在因果关系。公共管理领域的影响评估几乎涉及了公共管理研究的所有议题。影响评估的实验方法通过建立控制组和比较探索干预与影响存在的因果关系。在结果链中，影响评估重点关注如何将净影响从总效应中分离出来，完成影响评估。一般而言，成果评估是描述性的，侧重产出与对利益相关者目标的满足程度，并不重点关注如何将干预的净效应分离出来。影响评估则是因果分析式的，目的是将干预的净效应从总效应中分离出来，发现干预与净效应之间的因果关系。因此从方法论上来讲，影响评估通常需要使用独立的鉴别器、建立控制组、测量一个长期的改变。在公共管理领域，影响评估的

---

① 朱春奎. 专栏导语: 公共管理研究需要强化因果推理与实地实验 [J]. 公共行政评论, 2018, 11 (1): 83-86.

实验方法应用具有广阔的前景。改革开放以来，中国公共管理学科获得突飞猛进的发展，但研究方法的不足尤其是实验法的缺失，是公共管理研究不可忽视的问题。公共管理领域的许多问题涉及因果关系，例如是什么影响了公共部门的行为？如何使决策更为有效？如何使项目和政策更具有效性和回应性？对于研究人员而言，公共管理领域当中这些涉及因果机制的问题，实验法提供了很好的研究设计方案，通过建立适当的控制条件，使特定的因果机制问题得到解决。

✏ 小测验

扫一扫做题

👥 思考与实践

1. 实地评估方法具有哪些特点？

2. 访谈评估的一般过程有哪些？

3. 结合具体实例，谈一谈如何进行观察评估？

参考资料

一、中文文献

（一）专著及教材

[1] 艾尔·巴比 . 社会研究方法 . 邱泽奇，译 . 北京：华夏出版社，2009.

[2] 彼得·罗西，霍华德·弗里曼，马克·李普希 . 项目评估：方法与技术 . 邱泽奇，译 . 北京：华夏出版社，2002.

[3] 陈向明 . 质的研究方法与社会科学研究 . 北京：教育科学出版社，2000.

[4] 查尔斯·赖特·米尔斯 . 社会学的想象力 . 李康，译 . 北京：北京师范大学出版社，2017.

[5] C. 尼古拉斯·泰勒，C. 霍布森·布莱恩，科林·G. 古德里奇 . 社会评估：理论、过程与技术 [M]. 葛道顺，译 . 重庆：重庆大学出版社，2009.

[6] 戴维·罗伊斯，布鲁斯·A. 赛义，德博拉·K. 帕吉特，等 . 公共项目评估导论 . 3 版 . 王军霞，涂晓芳，译 . 北京：中国人民大学出版社，2007.

[7] 方巍，张晖，何铨 . 社会福利项目管理与评估 . 北京：中国社会出版社，2010.

[8] 菲利普·钟和顺 . 会读才会写：导向论文写作的文献阅读技巧 . 韩鹏，译 . 重庆：重庆大学出版社，2015.

[9] 风笑天 . 社会研究方法 . 6 版 . 北京：中国人民大学出版社，2018.

[10] 风笑天 . 现代社会调查方法 . 6 版 . 武汉：华中科技大学出版社，2020.

[11] 冯友兰 . 新理学 . 北京：北京大学出版社，2014.

[12] 顾东辉 . 社会工作评估 . 北京：高等教育出版社，2009.

[13] 哈拉兰博斯 . 社会学基础 . 上海：上海社会科学出版社，1986.

[14] 江立华，水延凯 . 社会调查教程精编本 . 2 版 . 北京：中国人民大学出版社，2020.

[15] 李莉 . 实用社会调查方法 . 广州：暨南大学出版社，2002.

[16] 李连江 . 戏说统计：文科生的量化研究方法 . 北京：中国政法大学出版社，2017.

[17] 李允杰，丘昌泰 . 政策执行与评估 . 北京：北京大学出版社，2008.

[18] 刘军强 . 写作是门手艺 . 桂林：广西师范大学出版社，2020.

[19] N. R. 汉森 . 发现的模式：对科学的概念基础的探究 . 邢新力，周沛，译 . 北京：中国国际广播出版社，1988.

[20] 彭华民 . 福利三角中的社会排斥——对中国城市新贫穷社群的一个实证研究 . 上海：上海人民出版社，2007.

[21] 培根 . 新工具 . 许宝骙，译 . 北京：商务印书馆，1984.

[22] 谭祖雪，周炎炎 . 社会调查研究方法 . 北京：清华大学出版社，2013.

[23] 王卫东，唐丽娜 . 中国综合社会调查（CGSS）实地抽样绘图手册 . 北京：中国社会出版社，2012.

[24] 威廉·维尔斯曼 . 教育研究方法导论 . 6 版 . 袁振国，主译 . 北京：教育科学出版社，1997.

[25] 魏巍 . 社会调查研究方法 . 南京：江苏凤凰科学技术出版社，2017.

[26] 文军 . 西方社会学理论：当代转向 . 北京：北京大学出版社，2017.

[27] 吴增基，吴鹏森，苏振芳 . 现代社会调查方法 . 5 版 . 上海：上海人民出版社，2018.

[28] 谢宇 . 社会学方法与定量研究 . 北京：社会科学文献出版社，2012.

[29] 袁方 . 社会研究方法教程 . 北京：北京大学出版社，2011.

[30] 袁振国 . 教育研究方法 . 北京：高等教育出版社，2000.

[31] 张金马 . 公共政策分析——概念·过程·方法 . 北京：人民出版社，2004.

[32] 张静 . 社会学论文写作指南 . 上海：上海人民出版社，2018.

[33] 张蓉 . 社会调查研究方法 . 北京：知识产权出版社，2013.

[34] 周德民，廖益光，曾岗 . 社会调查原理与方法 . 长沙：中南大学出版社，2006.

[35] 祝建华 . 城市居民最低生活保障制度的评估与重构 . 北京：中国社会科学出版社，2011.

[36] 方巍，祝建华，何铨 . 社会项目评估 . 上海：格致出版社，2012.

[37] 王学川，杨克勤 . 社会调查的案例与实用方法 . 北京：清华大学出版社，2011.

（二）期刊论文

[1] 毕铁居，赵丽江. 行政资源配置：资源依赖与优化选择. 长江论坛，2016（5）：54-60.

[2] 蔡禾. 语境与问卷调查. 中山大学学报（社会科学版），2004（3）：115-120.

[3] 陈向明. 社会科学中的定性研究方法. 中国社会科学，1996（6）：93-102.

[4] 邓猛，潘剑芳. 论教育研究中的混合方法设计. 教育研究与实验，2002（3）：56-61.

[5] 方晓玲. 西藏人口结构现状的描述性研究. 西藏研究，2006（1）：98-106.

[6] 高和荣，马敏. 地图抽样法在社会调查中的应用. 中共福建省委党校学报，2011（10）：83-87.

[7] 国家统计局课题组. 城市农民工生活质量状况调查报告. 调研世界，2007（1）：25-30.

[8] 经素，吴亚子，赵燕. 大学生兼职情况调查报告——以南京地区高校为例. 青年研究，2005（10）：23-27.

[9] 廖仕贤，邓辉，朱谢鹤，等. 浅谈如何保证问卷调查的质量. 浙江医学教育，2014，13（1）：1-3.

[10] 林静蔚. 语言、言语及言语的语言学. 陕西师范大学学报（哲学社会科学版），2002（S1）：209-211.

[11] 林泽炎，刘理晖. 转型时期中国企业家胜任特征的探索性研究. 管理世界，2007（1）：98-104.

[12] 罗永义，仇军. 比较视域中我国社会体育与竞技体育价值的社会评价——基于特定人群的立意抽样调查. 山东体育学院学报，2019，35（3）：1-8.

[13] 戚雨村. 现代语言学的特点和发展趋势. 外国语（上海外国语学院学报），1989（5）：3-11.

[14] 帅学明. 谈谈社会调查方法中的观察法. 贵州大学学报（社会科学版），1988（1）：87-91.

[15] 谭旭运，董洪杰，张跃，等. 获得感的概念内涵、结构及其对生活满意度的影响. 社会学研究，2020，35（5）：195-217.

[16] 田虎伟. 混合方法研究：美国教育研究中的新范式. 高等教育研究，2006（11）：

74–78.

[17] 辛斌. 巴赫金论语用：言语、对话、语境. 外语研究，2002（4）：6–9.

[18] 颜玖. 论社会调查的种类和程序. 北京市总工会职工大学学报，2001（1）：46–53.

[19] 张军，高远，傅勇，等. 中国为什么拥有了良好的基础设施？经济研究，2007（3）：4–19.

[20] 章旭清，付少武. 2004—2014 中国动漫产业发展之政策演进. 南京邮电大学学报（社会科学版），2016，18（2）：27–34.

[21] 赵鼎新. 质性社会学研究的差异性发问和发问艺术. 社会学研究，2021，36（5）：113–134.

[22] 周明洁，张建新. 心理学研究方法中"质"与"量"的整合. 心理科学进展，2008（1）：163–168.

[23] 庄虔友. 略论社会科学研究中的研究设计. 社会科学管理与评论，2012（1）：11–17.

（三）学位论文

[1] 王雅方. 用户研究中的观察法与访谈法. 武汉：武汉理工大学，2009.

二、英文文献

[1] Denzin N K, Lincoln Y S. Handbook of Qualitative Research. Thousand Oaks, CA: Sage, 1994.

[2] Emil J P, Raymond G C. Program Evaluation: Methods and Case Studies. New Jesey: Prentice Hall, Inc, 1997.

[3] Ginsberg L H. Social Work Evaluation: Principles and Methods. Boston: Allyn and Bacon, 2001.

[4] Johnson R B, Onwurgbuzie A J. Mixed Methods Research: A Research Paradigm Whose Time Has Come. Educational Reasearcher, 2004, 33（7）：12-26.

[5] Maxwell J. Qualitative Research Design: An Interactive Approach. Thousand Oaks: Sage, 1996.

[6] Sechrest L, Sidana S. Quantitalive and Qualitative Research Methods: Is There an

Alternative? Evaluation Program Planning, 1995, 18（1）: 77-87.

[7]　Strauss A, Corbin J. Basics of Qualitative Research. Newbury, CA: Sage, 1990.

[8]　Strauss A, Qualitative Analysis for Social Scientists. New York: Cambridge University Press, 1987.

[9]　Taylor, S J, Bogdan R. Introduction to Qualitative Research Methods: A Phenomenological Approach to the Social Sciences. New York: John Wiley & Sons, 1975.

[10]　Neuman W L. Social Research Methods. Boston: Allyn and Bacon, 1997.

后　记

从本科开始，我就同研究方法的学习与教学结下了不解之缘，多次随着恩师风笑天教授到全国各地开展社会调查，实现了从理论到实践的完整的学习，有了深刻的体会。参加工作以后，我也一直在浙江工业大学从事"社会调查方法"这门课程的教学工作。这门课程目前开设了将近 20 年时间，受到了广大师生的热烈欢迎，一直以来是学生最喜欢的课程之一。正是这种来自师门的传承和学生的热爱，激励着我在这个领域不断探索与实践，努力上好课，服务于培养公共管理专业复合型人才的目标，充分将这门课程的综合性、方法性和实践性的特点体现出来。

在这些年的教学中，我们围绕课程教学进行了系列探索与实践。"社会调查方法"这门课程经历了如下教学改革：2010 年"计算机辅助电话访谈系统与社会调查方法课程改革"；2012 年校优秀课程；2015 年"CATI 电访专家实验项目的设计与开发"实验教学改革；2018 年"CATI 电访专家实验项目的设计"创新实验项目；2020 年校重点建设教材《社会调查：设计与评估》；2020 年校一流本科课程建设重点培育项目，浙江省线上线下混合式一流课程；2022 年浙江省首批劳动教育线下一流课程，浙江省普通本科高校"十四五"首批重点立项建设教材。在课堂教学方面，我们采用线上线下混合教学模式。2020 年团队引入线上慕课视频与线下翻转课堂的混合教学模式，引入的"国家精品"线上课程较好地梳理了知识点，夯实了学生的知识基础。2021 年底团队不再仅依赖于在线开放课程的购买式使用，在总结了近两年混合式教学的良好经验与不足之处后，开始了慕课视频的自主拍摄，并于 2022 年初在智慧树平台上线"社会调查"慕课。上线后学生普遍反馈较好，混合式教学已然成熟，而相应的配套教材也应运而生。应该说，本教材的出版是教学团队多年的教学、研究的积累，是"社会调查方法"一流课程建设的阶段性成果。

因此，我们希望本教材能有效弥补学生在参加科研活动时研究方法上的不足，引导学生通过科学的调查方法、问题式的研讨，对浙江改革发展的社会事实有更深层次的认识，对公共管理人应充分树立资政建言的"天下为公"情怀有进一步体会。教材内容吸纳最新抽样与调查技术等，与时俱进。作为新形态教材，本书注重传递最新的抽样技术、网络调查与资料收集技术，及时适应互联网、大数据时代的调查需要，促进社会调查教学与中国情境的高度匹配。

本教材是在主编主持下由集体合作编写的。具体分工如下：

祝建华：第一、六、七、八、十一、十二章；

肖云泽：第二、三、十章；

陈忱：第五、九章；

傅衍：第四章。

本教材的顺利出版得到了浙江大学出版社的大力支持，编辑郑成业、柯华杰老师等付出了辛勤劳动。感谢恩师风笑天教授多年来的帮助，本教材的很多思想均来自恩师的教诲和指导，感谢风门师兄弟的互帮互助，也感谢中国社会学会社会调查研究方法专业委员会各位同仁的关注和支持。

本教材还得到了浙江工业大学教务处的大力支持，来自浙江工业大学公共管理学院的研究生张子璇、王菲等同学在文字编排工作方面付出了艰辛的劳动。

感谢浙江省普通本科高校"十四五"首批重点立项建设教材项目及浙江工业大学重点建设教材项目的支持。

由于编者水平有限，加上时间仓促，教材中难免有不妥之处，恳请各位读者批评指正。

祝建华

2023 年 7 月于杭州西子湖畔